La muerte contada por un sapiens a un neandertal

Juan José Millás
Juan Luis Arsuaga

La muerte contada por un sapiens a un neandertal

ALFAGUARA

Papel certificado por el Forest Stewardship Council®

MIXTO
Papel | Apoyando la silvicultura responsable
FSC® C117695

Penguin Random House Grupo Editorial

Primera edición: febrero de 2022
Novena reimpresión: septiembre de 2024

Printed in Spain – Impreso en España

ISBN: 978-84-204-6105-2
Depósito legal: B-18937-2021

Compuesto en MT Color & Diseño, S. L.
Impreso en Unigraf, Móstoles (Madrid)

A L 6 1 0 5 D

Índice

Cero. *Carpe diem*

Habíamos empezado Juan Luis Arsuaga y yo a disfrutar del segundo plato de la cena cuando me preguntó si me gustaría saber los años que me quedaban de vida.

—Dime tú primero cuánto vino nos queda —le dije, pues la cubitera en la que se enfriaba el blanco caía de su lado.

El paleontólogo levantó la botella.

—Poco —dijo—. Habrá que pedir otra.

—Adelante entonces —concedí yo envalentonado por la ingesta alcohólica.

Discurrían los primeros días de octubre, aún cálidos. Nos encontrábamos en Sevilla, adonde habíamos acudido para promocionar nuestro libro anterior, *La vida contada por un sapiens a un neandertal*, y la editorial nos había alojado en un hotel muy céntrico desde cuya terraza, en la que ahora cenábamos, se apreciaban los volúmenes extraordinarios de la catedral y la Giralda, profusamente iluminadas. La brisa, un tanto húmeda, completaba con su arquitectura invisible el decorado.

El paleontólogo sacó el móvil y buscó una aplicación en la que, tras introducir cuatro o cinco datos de mi existencia, leyó que me quedaban doce años y tres meses de vida.

—Redondeando —añadió con una sonrisa irónica.

—Redondeando —repetí yo con expresión de cálculo—. Dispongo, pues, del tiempo justo para escribir un par de novelas, además del libro que quizá acabamos de empezar en este instante. Te agradezco mucho la información.

—De nada. Pueden ser unos años arriba o unos años abajo. Es la media para los varones españoles de tu edad.

—Es posible entonces que ni siquiera terminemos este libro.

—Es posible. Debemos darnos prisa —dijo él mientras se llevaba a la boca una porción de carne blanca de la lubina que compartíamos.

Luego, tras quejarse de los excesos lumínicos perpetrados en los monumentos de la ciudad, atribuibles, según él, al *horror vacui* del temperamento español, añadió:

—Ya que tengo la aplicación abierta, ¿te gustaría saber también de qué vas a morir?

—No estoy seguro —dije—, la lubina está en su punto.

—Bueno —continuó sin hacer caso de mi duda—, en primer lugar, están los accidentes cardiovasculares; después, el cáncer. Las enfermedades cardiovasculares y los tumores están muy igualados como causa de muerte hasta los setenta años, pero más tarde las cardiovasculares se disparan.

—¿Y luego?

—En tercer lugar, las complicaciones respiratorias, agrupadas bajo el paraguas EPOC, acrónimo que seguramente has oído ya y que significa «enfermedades pulmonares obstructivas crónicas». Las demás causas quedan lejos. En resumen, a tu edad uno se muere de viejo.

—Bueno —dije yo solicitando con un gesto que me rellenara la copa—. Doce años y tres meses, bien aprovechados, pueden cundir.

—Hay una mala noticia para los que lleguen o lleguemos a los ochenta y cinco.

—¿Cuál?

—La mitad de ellos, o de nosotros, sufrirá algún tipo de demencia, o ya la está sufriendo. *Carpe diem*, amigo.

—¿Desde cuándo somos amigos?

—Es un modo de hablar.

—Por si acaso, que quede esto claro: no somos amigos. ¿Te apetece un postre?

—Quizá algo de dulce acompañado de un vino oloroso. A ver qué tienen.

Observé los arbotantes de la catedral, los remates de la Giralda. Entre los dos monumentos sumaban dieciséis o diecisiete siglos de existencia: una mota de polvo en el devenir del universo. Lo mío, en consecuencia, no llegaba ni a un parpadeo en la historia del mundo ni en la de los hombres y sus obras. Dentro de dos novelas, quizá una si la muerte o la demencia así lo decidieran, sería un kilo de cenizas en el interior de una urna de mármol (doy por descontada la incineración, aunque no la he dispuesto).

El paleontólogo debió de interpretar mi gesto de nostalgia como una añoranza de la eternidad y atacó el postre —un bizcocho plano y exquisito, de nombre «mostachón»— con la expresión golosa de un crío.

—Cuando volvamos a Madrid —sentenció blandiendo la cucharilla en el aire— te enseñaré la eternidad, y creo que no te va a gustar.

Uno. Inmortales

Llevaba razón: no me gustó.

La eternidad se llamaba «rata topo desnuda» y se trataba, en efecto, de una especie de rata delgada, de unos doce centímetros, que vivía en galerías subterráneas y cuya carencia absoluta de pelo parecía el resultado de una quimioterapia agresiva, aunque supe enseguida que el animal era inmune al cáncer, además de a otras enfermedades. Su piel, muy delicada en apariencia, oscilaba entre el rosáceo de un hámster recién nacido y el pardo oscuro de una bellota. Disponía de dos incisivos desmedidos y móviles, dos auténticas palas que ocupaban la mitad de su cara y que le proporcionaban una expresión, si no de idiota consumada, sí de pánfila.

Como decimos, se movía en el interior de unas galerías subterráneas, semejantes por su configuración a las de los hormigueros, y a cuya vista teníamos acceso gracias al corte longitudinal efectuado en la tierra y protegido por una plancha transparente (de metacrilato o de cristal, no sé) que proporcionaba al hábitat el aspecto de un escaparate por el que los animales iban y venían con los movimientos nerviosos de quien no halla su lugar en el mundo. Advertí que tenían ojos, aunque los llevaban cerrados. Pregunté si eran vestigiales porque me gusta mucho utilizar esa palabra, *vestigial*.

—Son capaces de ver, pero como viven en la oscuridad se fían más del tacto y del olfato —me respondió Arsuaga.

Lo extraordinario es que nosotros, los visitantes, también estábamos dentro de un túnel angosto, lóbrego y de suelo irregular, semejante a aquel que era objeto de nuestra curiosidad. Este túnel se encuentra en la zona de un zoológico de Madrid, Faunia, conocida como «Misterios bajo tierra», dedicada al universo del subsuelo. Nuestro comportamiento desde el punto de vista de las ratas, si hubieran podido vernos, que quizá sí, no parecía muy distinto al de ellas, pues los niños corrían y tropezaban por la oscura galería como los roedores por la suya.

—¿Y dices que este bicho es inmortal? —pregunté a Arsuaga.

—Es lo más aproximado a la inmortalidad que te puedo mostrar. Un ratón casero vive unos tres años. La rata topo desnuda vive en torno a treinta. Diez veces más, lo que constituye una barbaridad para su tamaño.

—¿Hay relación entre longevidad y tamaño?

—Claro. Una mosca vive unos treinta días y un elefante puede alcanzar los noventa años.

—¡De todos modos, no es inmortal! —exclamé decepcionado.

—Imagínate que a ti te garantizaran mil años de vida, unas diez veces más que al resto de los de tu especie. ¿No te considerarían un inmortal tus semejantes? ¿No te sentirías tú mismo un poco inmortal?

Lo pensé: mil años, qué bárbaro, más que Matusalén, un mito bíblico. Pues sí.

—¿Y en qué estado llegaría yo a esa edad? —pregunté.

—Esa es la cuestión. Este animal no envejece, no desarrolla cáncer ni ninguna otra enfermedad —respondió él.

—¿Solo muere por accidente?

—Lo cierto es que, si le quitas todas las causas externas de muerte, podríamos casi casi decir que es, literalmente hablando, inmortal.

—Pero es feísimo —apunté.

En esto apareció en la galería una rata más alargada que las demás, con una especie de joroba.

—¿Esa tiene escoliosis? —pregunté.

—No, no, esa es la reina —rio Agustín López, el conservador general y director biológico del parque, que nos acompañaba en la visita—. La joroba es una deslomación de las vértebras, que se les amplían y ensanchan, de forma que aumentan su cavidad abdominal y de ese modo pueden tener más crías.

—¿Y se reproducen con la frecuencia de un ratón? —seguí indagando.

—Pueden tener tres camadas abundantes al año. La hembra dispone de doce pezones.

—Pues os tendréis que deshacer continuamente de las crías —deduje—. ¿O en cautividad se reprimen?

—No lo llames «cautividad», llámalo «entorno controlado».

Pensé en las residencias de ancianos, en las que nuestros mayores viven en cautividad, e imaginé que a su entrada colgara un cartel con ese eufemismo: «Entorno controlado», pero no dije nada. En su lugar pregunté:

—¿Y qué ocurre en los entornos controlados?

—Que se autolimitan a sí mismas.

—¿Cómo?

—Comiéndose a parte de las crías.

—Ahora viene lo mejor —intervino rápidamente Arsuaga, quizá para amortiguar la mala impresión que empezaba a hacerme de las ratas topo desnudas—: Son eusociales.

—¿Como las abejas? —me sorprendí.

—Exacto. Los eusociales por excelencia son insectos como las abejas o las termitas. Están divididos en castas, cada una de las cuales desarrolla una actividad. Hay una reina, hay obreras estériles y hay machos reproductores. La reina es la única hembra que se reproduce.

—¿Cómo evita que lo hagan las demás?

—Estos animales —aclaró Agustín— se revuelcan en sus excrementos y en su orina a fin de reconocerse entre sí a través del olfato. Pues bien, resulta que la reina emite, con la orina, una hormona que inhibe la capacidad reproductora del resto de la colonia. Cuando muere la reina, hay una lucha por ver quién ocupa su lugar.

De modo que nos hallábamos ante un mamífero con una organización social similar, si no idéntica, a la de las hormigas o las abejas, lo que resultaba extremadamente chocante. Pensé que la biología pertenecía al género literario del terror como la teología, según Borges, pertenece al género fantástico. Por cierto, que al evocar a Borges me vino a la memoria su cuento *El inmortal* y recordé aquella escena en la que su protagonista recorre un laberinto subterráneo, parecido al de las ratas desnudas, que conduce a la Ciudad de los Inmortales, donde descubre que la inmortalidad es una condena porque lo que da sentido a la vida es la muerte.

Dos niños que venían corriendo desde el fondo del oscuro túnel se detuvieron de repente para observar a dos ratas desnudas que caminaban en direcciones opuestas por la misma galería, lo que obligó a la de la derecha a comprimirse asombrosamente para pasar por encima de la de la izquierda.

—La de encima es la de mayor jerarquía —informó Agustín.

Los niños se miraron un segundo, sin decir nada, aunque con expresión de extrañeza (ver para creer, parecían decir), y siguieron corriendo por nuestro túnel con la agilidad de las ratas por el suyo.

—Lo que está ocurriendo ahí dentro —dijo Arsuaga, que también se había fijado en los críos— ocurre igual aquí fuera.

—Túnel y metatúnel —añadí yo pensando en esos relatos que se encuentran dentro de otros relatos idénticos a los primeros.

—¿Cómo dices? —preguntó Arsuaga.

—El juego de las matrioskas rusas.

La idea me produjo un poco de claustrofobia y noté que, pese al frío, un par de gotas de sudor, provocadas por la ansiedad, descendían por la nuca hacia el cuello de la camisa.

—Aquí —intervino Agustín entonces— tenemos dos tipos de ratas desnudas. Estas proceden de Somalia. Las otras, de Sudáfrica, pero son muy parecidas. En su estado natural, una colonia de trescientos individuos puede ocupar el espacio de varios campos de fútbol. Y disponen de distintas cámaras para sus actividades: duermen en unas, almacenan el alimento en otras, reservan espacios para la basura... Como en los hormigueros.

—¿Y decíais que no desarrollan cáncer?

—¡Qué va! —dijo Agustín—. Ni infartos, ni colesterol. Hasta la fecha, nadie ha descubierto una causa interna de su muerte. Además, no envejecen. No tienen enfermedades, en fin, y resisten hipoxias de dieciocho minutos. Date cuenta de que en esas galerías escasea el oxígeno. Podrían vivir en una atmósfera semejante a la del Himalaya sin ningún problema.

—Ya —asentí mientras intentaba calcular por el griterío de los niños que iban como topos de acá para allá si nos encontrábamos más cerca de la salida que de la entrada. ¿Hacia dónde debería correr si la angustia aumentaba: hacia delante o hacia atrás?

—Y tampoco tienen noción del dolor —dijo en ese instante el paleontólogo.

—En efecto —corroboró Agustín—, se aplastan, para adaptarse a las ranuras, hasta extremos increíbles y si les cortas una pata no sienten nada.

—Las tienen muy cortas —apunté, no sé si para justificar esa ausencia de sufrimiento.

—Sí —coincidió Agustín—, han evolucionado para moverse con agilidad por los túneles. Caminan hacia delante y hacia atrás con la misma facilidad. Eso les da mucha ventaja frente a los depredadores. Son una rareza biológica total.

—Un mamífero hormiga —se me ocurrió.

—No olvides que los humanos del mundo feliz de Huxley son directamente hormigas —añadió Arsuaga.

—Donde tienen mucha sensibilidad —apuntó Agustín— es en esos dos incisivos exagerados, esas palas que pueden mover de manera independiente para excavar. Son verdaderas tuneladoras y detectan antes que nadie los primeros movimientos de un terremoto.

El cuento de terror no tenía fin.

—Salgamos ya —dije.

—Espera —me detuvo Arsuaga—. ¿Qué nombre le darías tú a esa organización de la colonia en la que hay una clara división del trabajo? ¿Altruismo, cooperación, intercambio?

—Me gustaría pensar que es una forma de altruismo —dije.

—No te pregunto qué te gustaría pensar, sino qué es. Podría gustarte ser ovíparo, pero eres mamífero con placenta. En biología las cosas son lo que son, a ver si lo pillas.

—Vale, pues yo diría que es altruismo.

—Mira, de momento te voy a dar unas pinceladas que desarrollaremos otro día. Estas ratas, por ejemplo, cuando duermen, se agrupan y apelotonan para reducir su superficie corporal y mantener la temperatura. Esa es una forma de cooperación fácil de entender, porque se benefician todas y a la vez. Hay otro tipo de intercambio de favores que se da a lo largo del espacio-tiempo: te hago un favor, pero me lo debes. No nos hacemos el favor mutuamente y a la vez. Te lo digo porque hay actitudes que pueden pasar a primera vista por altruismo y que son otra cosa. Como ocurre en la teoría de los juegos, el altruismo se da cuando un individuo obtiene un beneficio idéntico al coste que le supone a otro: cuando ese otro gana lo que tú pierdes, ese es el altruismo verdadero. Si el otro te debe el favor, no es altruismo, es intercambio. ¿Me sigues?

—Te sigo, pero a ciegas, como por este túnel, porque no sé adónde me llevas.

—Ten paciencia.

—Vale, pero ¿podemos salir ya a la luz?

—Vamos un poco más allá, que te quiero enseñar otra forma de eternidad, a ver si esta te gusta más.

Aunque nuestros ojos se habían acostumbrado a la penumbra reinante, caminábamos despacio, en silencio, un tanto sobrecogidos todavía por la rareza del espectáculo biológico al que acabábamos de asistir. Nos cruzamos con un matrimonio joven que nos obligó a pegarnos a la pared para dejarles sitio, pues el padre empujaba un carrito, que casi era más ancho que el túnel, en el que se agitaba un crío de dos años. En el rostro sonrosado del niño destacaban, por su brillo, las palas de los incisivos, lo que le proporcionaba una apariencia de ratón. Pensé que tanto los que nos hallábamos en el túnel como los que se encontraban en el metatúnel estábamos hechos de carne y hueso. Todos estábamos hechos de ese extraño material llamado carne afianzado sobre un bastidor de hueso.

Carne. La carne. El hueso. Comprendí de súbito a los vegetarianos.

Por fortuna, nosotros, los humanos, habíamos inventado, para compensar, la metafísica.

Pasados unos metros, el paleontólogo y Agustín se detuvieron frente a otro de los pequeños escaparates que jalonaban nuestro recorrido. Me asomé y vi que se trataba de un tanque de agua en cuyo fondo, completamente quieto, reposaba un extraño ser vivo con los ojos vueltos hacia la galería, hacia nosotros. De unos doce o quince centímetros de largo y de patas muy cortas, todo él de un blanco lechoso y dotado de una especie de cola de renacuajo, daba la impresión de haberse quedado a medio hacer.

—Parece una larva —dije.

—Es un ajolote —dijo Arsuaga.

¡Por Dios, un ajolote, claro! Me vino a la memoria un cuento de terror de Cortázar en el que un tipo acude todos los días al acuario para contemplar y ser contemplado por este anfibio cuya mirada le hipnotiza. Pasa las horas frente al acuario, tratando de entender lo que ocurre entre el animal y él, y un día, cuando se da la vuelta para abandonar las instalaciones, se ve salir desde los ojos del anfibio.

—Pero ¿es o no es una larva? —pregunté.

—Es una larva, pero lo increíble es que, sexualmente hablando, puede convertirse en adulto sin perder por eso su condición de larva.

—Como un bebé —añadí yo, intentando aclararme— que fuera capaz de follar y de reproducirse sin dejar de ser un lactante.

—Un bebé follador, sí —dijo el paleontólogo—. ¿Te lo imaginas? La eterna juventud, otra variante de la eternidad. Mejor que la de la eterna vejez, ¿no? Fíjate en sus patitas, son las de un feto. Vive, aunque en peligro de extinción, en la cuenca de México, que en su día era una laguna que se fue desecando, pero de la que quedan numerosos restos.

Observé atentamente al ajolote, cuyos ojos, negrísimos, destacaban como dos puntas de alfiler en medio de aquella carne blancuzca, y sentí un vértigo semejante al del personaje de Cortázar. El bicho parecía aspirar mi identidad, absorberla. Contemplarlo era como asomarse al abismo. Daba miedo.

—Ya hemos visto bastante —dije apartando los ojos.

—Si completase su desarrollo —añadió Arsuaga—, se convertiría en una salamandra.

El animal permanecía estático, observándonos. Su bocaza era una mala imitación de una sonrisa.

—Y si le cortaras una pata —siguió el paleontólogo—, se le regeneraría, con esos deditos sin uñas. La regeneración es otra forma de inmortalidad. ¿Por qué no se nos regenera a nosotros una pierna amputada? En cambio, nos hacemos una herida y se nos cura. Tenemos mecanismos de regeneración, pero nada que ver con los de este animal.

—Bueno, el hígado también se regenera a partir de un trozo —dije yo.

—Y los huesos: te partes un hueso y se suelda. Pero te cortas una oreja y la has perdido para siempre. Si a este animal le quitas las amenazas externas, es inmortal en su escala, pues llega a vivir más de quince años, lo que en un anfibio es una barbaridad.

—Ya.

—Quizá te interese saber que este animalito lo estudió un biólogo muy importante, Julian Huxley, hermano del novelista Aldous Huxley.

—El autor de *Un mundo feliz*.

—El mismo. Julian Huxley descubrió que inyectándole al ajolote la hormona estimuladora de la tiroides producía otra hormona, la tiroxina, con la que acababa el desarrollo y se convertía en salamandra.

—Todo esto me lo creo porque sucede —dije—, pero resulta completamente inverosímil.

—Julian y Aldous —continuó Arsuaga— son nietos, a su vez, del discípulo más combativo de Darwin: un biólogo de la época apodado el Bulldog de Darwin por la ferocidad con la que defendía sus teorías. Cuando Darwin, debido a sus achaques, no podía acudir a un debate, allí iba encantado Thomas Henry Huxley.

—Lo del Bulldog de Darwin suena tremendo.

—Yo, en esta relación nuestra, la tuya y la mía, me siento un poco así, como el bulldog de Darwin —se lamentó el paleontólogo.

—¿Y quién sería yo?

—Me recuerdas a Piotr Kropotkin, un anarquista ruso.

—Lo conozco. Además de anarquista, era naturalista y príncipe, pero yo no soy anarquista ni naturalista ni príncipe.

—Pero tienes veleidades kropotkinianas.

—¿Y eso?

—Hace un rato has llamado altruismo a algo que no lo era. En fin, dejemos este asunto. De momento, confórmate con estas pinceladas.

—Yo llamo mordiscos a esas pinceladas —concluí—. Por algo eres el bulldog.

Ya en el coche, de vuelta a casa, Arsuaga me pidió que sacara mi cuaderno y que tomara nota de lo que me iba a decir. Lo saqué disciplinadamente. Dijo:

—Cuando se asciende desde el átomo hacia arriba, la gente cree que todo termina en el individuo. Pero no. Sigue habiendo organización por encima del individuo: hay organización en el grupo. Y por encima del grupo está el ecosistema, que es el medio en el que se relacionan los individuos y los grupos de diferentes especies. El ecosistema no cambia, siempre está igual, cambia el individuo. Mi profesor de Ecología en la facultad decía que donde hay mucha vida hay mucha muerte, pero yo pienso que en realidad no, que la muerte no existe porque el ecosistema permanece. La vida es inmortal. Los individuos se reemplazan, pero el sistema permanece. No hay muerte, hay renovación. Los sistemas biológicos están muy por encima del individuo.

—Me viene a la memoria una entrevista que un periodista norteamericano le hizo a Dios en los años cuarenta del pasado siglo a través de una médium.

—¡No me digas! —exclamó el paleontólogo con gesto irónico.

—Yo tampoco creo en Dios, pero lo cierto es que cuando el periodista le preguntó por el porqué de la muerte, recibió una respuesta digna de un ser superior.

—¿Qué le dijo?

—Que ellos, pues Dios hablaba de sí mismo en plural, como si fueran muchos, al crear la vida, no habían pensado jamás en la muerte; que la muerte era un invento de los hombres. Lo que vosotros llamáis muerte, añadió, son desplazamientos en el interior de la vida. «Desplazamientos en el interior de la vida», no te lo pierdas.

—Es muy bueno, pero volviendo al tema de la eternidad, que es lo que nos ha traído aquí un domingo por la mañana en el que deberíamos estar haciendo la paella para la familia, a mí me aterroriza la idea de que con los avances de la medicina podamos ser eternamente viejos: eso es un castigo horrible. No me importaría, en cambio, ser eternamente joven. De modo que cuando te ofrezcan la vida eterna, interésate por las condiciones. ¿Qué crees que buscaba Ponce de León en la Florida?

—La inmortalidad.

—Nada de eso. Buscaba la fuente de la eterna juventud, que no tiene nada que ver. A mí también me interesa la eterna juventud.

El paleontólogo entró en una rotonda un poco rápido y tuvo que dar un frenazo para evitar un coche que venía por la izquierda. Le miré con expresión de censura y sonrió como un muchacho. Luego, continuando la marcha, dijo:

—Esto que te voy a decir ahora no lo pongas. Cierra el cuaderno.

Cerré el cuaderno, pero abrí la caja de la memoria.

—Dime.

—A los hombres no nos preocupa la juventud gran cosa. Yo me encuentro bien, me veo a mí mismo y me siento de puta madre, no necesito verme joven ni bello.

El problema de la belleza no me preocupa demasiado. Lo que me preocupa es que no se me levante. Afortunadamente, los hombres hemos dado con una forma de eterna juventud. Se llama Viagra.

—¿Por qué te preocupa que no se te levante?

—No sé, analízate a ti mismo.

—La disminución de la libido —reflexioné— proporciona tranquilidad también. Rebaja la ansiedad. Buñuel decía en sus memorias que una de las mejores cosas de la vejez era la caída de ese apetito.

—¡Mentira, mentira! Mira, te voy a dar un consejo, Millás, y es el único que te voy a dar: no te creas todo lo que te cuentan.

—Pues yo estoy de acuerdo con Buñuel.

—Si lo dices, te creo, pero no estamos particularizando. Hablamos de la especie humana en general, y cuando la gente habla de juventud se refiere al vigor sexual.

—¿No te resulta curioso que aquello que menos controlamos, que es el sexo, sea también aquello en lo que depositamos en gran medida nuestra identidad? —pregunté—. El follador es un tipo muy orgulloso de sí mismo y ni siquiera sabe para quién folla. A ver, ¿qué pierde una persona que pierde el deseo sexual?

—Mucho, según la teoría del gen egoísta.

—Yo nunca he follado pensando en mis genes.

—Te lo resumo, porque no sé si me has entendido: hay muchos conceptos asociados a ese concepto intuitivo que llamamos envejecimiento y que no sabemos exactamente lo que es, pero que se expresa en cuestiones físicas tales como la caída del pelo o la disminución de la energía física. Pero por lo general ese proceso de progresiva degradación, de pérdida de facultades que conduce a la muerte está directamente relacionado con la capacidad procreadora. Un viejo, en términos biológicos, es una persona no fértil o que tiene muy reducida su capacidad procreadora. Así de simple. Y creo que nos hemos perdido.

En efecto, nos habíamos perdido por no hacer caso al navegador.

—Hoy no comes a tu hora —dijo Arsuaga.

—Mal asunto, porque me encanta comer.

—¿Más que follar?

—Vamos a ver —respondí—, yo no tengo el deseo sexual de los cuarenta años, lo que te juro que es un alivio. Si se me apareciera el genio de la lámpara y me diera a elegir entre recuperar el vigor sexual de los cuarenta años o ser capaz de comer y beber lo que me diera la gana sin ardores de estómago, elegiría lo segundo. Sin ninguna duda.

—Es que va todo en el mismo paquete, Millás. ¿Y qué paquete prefieres, el de los cuarenta años o el de los setenta y cinco?

—Pero tú estabas enfatizando el sexo.

—Recuerda que follando se conoce gente.

—Y masturbándote te conoces a ti mismo. *Nosce te ipsum*.

—¿Y le habrías pedido al genio de la lámpara a los cuarenta años lo mismo que le pedirías ahora?

—A los cuarenta no tenía experiencia de la vejez. Ahora la tengo. Y con esa experiencia le digo al genio de la lámpara: déjeme usted sexualmente como estoy, pero permítame cenar un plato mexicano, muy picante, acompañado de tequila y sangrita, sin pagar el precio de una mala noche.

—A mí me gusta más ser catedrático que becario —contestó Arsuaga—. Fui en su día un puto becario y sé de lo que hablo. Con todo y con eso, renunciaría a la cátedra a cambio de tener treinta años menos.

—Pues yo no querría tener treinta años menos, ¿para qué?

—Lo dices por discutir. Te gusta más discutir que aprender.

Antes de que me diera tiempo a responder, el paleontólogo frenó el coche y me dijo que me bajara. Creí que se había enfadado, pero es que estábamos en la puerta de mi casa.

—Adiós, Kropotkin —dijo.

—Adiós, bulldog de Darwin —dije yo.

Ese mismo domingo, por la tarde, releí el cuento de Borges sobre la inmortalidad y recuperé esta frase: «Ser inmortal es baladí; menos el hombre, todas las criaturas lo son, pues ignoran la muerte; lo divino, lo terrible, lo incomprensible, es saberse inmortal».

Dos. Vive rápido, muere joven y deja un cadáver bonito

Recuerdo ahora, perplejo, la conversación que sobre la muerte mantuvimos Arsuaga y yo en Sevilla, frente a un plato de lubina a la sal de cuya textura y sabor aún guardan memoria mis sentidos. La muerte, entonces, era una cuestión de orden retórico con la que coqueteábamos porque parecía lo bastante hermosa como para desearla, aunque demasiado terrible como para ser deseados por ella. Digamos que se trataba de un tema de conversación entre dos personas supuestamente sofisticadas, un tema más, otro, uno cualquiera que combinaba bien con la noche estrellada. Puedo escribir los versos más tristes esta noche.

Estábamos a salvo de la muerte.

Apenas tres meses después de aquella cena, la muerte se había transformado en algo real, palpable, próximo, en algo con lo que convenía negociar.

Primero fue la visita a la rata topo desnuda y al ajolote, que flotan aún en mi conciencia como dos retales biológicos. Creo que la idea de retal, unida a la biología, me dio la dimensión de mi fragilidad, de mi insignificancia, de mi vejez también. Hasta hace poco, yo era un viejo aparente, un anciano oficial, digamos, pero la persona que habitaba dentro de ese anciano era un hombre de mediana edad, un hombre joven, un tipo que cogía trenes o aviones cuatro o cinco veces al mes, que trabajaba ocho o nueve horas diarias, que comía fuera de casa, con amigos, editores o compañeros de la prensa, en dos o tres ocasiones por semana. Jugaba a ser viejo como jugaba a ser neurótico: como un arma de seducción, porque a la gente le gustan los neuróticos que bromean con sus neuras y los viejos que se ríen de su vejez.

Hacia finales de año, tuve que renovarme el DNI y me dieron uno que caducaba en el año 9999. Cuando hice indagaciones, porque creí que se trataba de un error, me dijeron que una vez cumplidos los setenta te dan un carné para el resto de la vida. Salí de la comisaría, pues, con una tarjeta que certificaba mi identidad para siempre, lo que venía a ser lo mismo que certificarla para nunca. Significaba que el Estado me daba por amortizado, por muerto. Me metí en un bar y recordé la ilusión con la que obtuve mi primer documento de identidad, a los dieciséis años. Lo estrené con una carterita de piel que me regalaron mis padres, en la que incluyeron un billete de cinco pesetas.

¡Yo era alguien! Lo demostraban aquel pedazo de plástico con mi fotografía y aquella fortuna de papel con el retrato de Alfonso X el Sabio, si no recuerdo mal.

Ahora llevaba en la cartera varias tarjetas de crédito y tres billetes de cincuenta euros, pero no era nadie, porque el último DNI de mi existencia se parecía mucho a un certificado de defunción.

Como consecuencia de tal golpe psicológico (o eso pienso), sufrí a los pocos días un episodio que me fragilizó notablemente. Hablamos de un viernes en el que amanecí raro.

Digamos que amanecí nublado, opaco, un tanto torpe. En la radio anunciaron la entrada de una borrasca por la sien izquierda de la Península.

Esa tarde tenía programado un encuentro público con el crítico de cine Carlos Boyero en la Biblioteca Nacional. Teníamos que conversar sobre las lecturas que nos habían marcado a cada uno. Pagaban poco, lo que no dejaba de irritarme, pues era una demostración más de la escasa consideración que el Estado tiene por sus escritores. Me refiero al mismo Estado que acababa de darme un certificado de defunción disfrazado de DNI.

Pero decíamos que amanecí nublado, opaco, torpe, hosco.

El acto de la Biblioteca Nacional me estimulaba porque hacía tiempo que no veía a Boyero, a quien aprecio, aunque me daba pereza al mismo tiempo. Mientras me cepillaba los dientes, repasé los títulos de las novelas que me habían cambiado la vida. Desayuné poco y me retiré a mi estudio a trabajar sin haber pasado por la ducha.

A eso de las doce, después de enviar el artículo del día, me dirigí al cuarto de baño con la idea de arreglarme para el encuentro de la tarde. Tras regular la temperatura del agua de la ducha, me metí en la bañera y me mojé el pelo antes de aplicarme el champú, del que enseguida, a base de frotar, obtuve una espuma abundante.

Naturalmente, tenía los ojos cerrados.

De súbito, como no veía nada, sentí un movimiento de extrañeza respecto de mí mismo, un movimiento de extrañeza que afectó a mi identidad. Me pareció que el cráneo que frotaba era el de mi padre, que las manos que lo frotaban eran también las de mi padre y que yo mismo, quizá, era mi padre. Pensé que tal vez al abrir los ojos, en lugar de en el cuarto de baño de mi casa, aparecería en el de la de mis padres y que saldría al pasillo y me encontraría con mi madre convertida en mi esposa.

Montar en globo es una aventura, no digo que no, pero una aventura sin riesgos comparada con los peligros de galopar sobre la imaginación.

El pánico me obligó a abrir los ojos para comprobar que mi cuarto de baño era mi cuarto de baño y que yo seguía siendo yo. Luego, más calmado, abandoné el recinto de la ducha, me quité la espuma de los ojos, que tenía irritados, me puse el albornoz y estuve mirándome en el espejo, medio empañado por el vaho, durante unos minutos. Jadeaba como si viniera de correr y la extrañeza, pese a todo, persistía.

Salí con pasos inseguros al dormitorio, me senté en la cama y llamé a mi mujer, que afortunadamente estaba cerca.

—¿Qué pasa? —preguntó al verme tan pálido como me acababa de ver yo en el espejo.

—No sé —le dije—, me pasa algo, pero no sé qué es.

—¿Qué te duele?

—No me duele nada, pero no sé qué día es hoy.

—Es viernes —dijo ella—, esta tarde tienes un acto con Boyero en la Biblioteca Nacional.

De modo que era viernes. Tiré del hilo y recordé quién era Boyero. Tiré un poco más del hilo y recordé que ese día había madrugado para escribir y enviar un artículo a uno de los medios para los que trabajo. Luego el hilo se rompió y no pude continuar tirando de él.

—No sé qué me pasa —insistí ante el rostro interrogativo y preocupado de Isabel—, pero me noto raro.

A ver, era como si mi alma se hubiera desplazado respecto del lugar que solía ocupar en el interior de mi cuerpo. Me fallaba la propiocepción, ese sentido que sirve para saber, por ejemplo, en qué lugar están tus manos, aunque no se encuentren a la vista. Observé mis pies desnudos, allá abajo, y me parecieron de otro. Como la situación era angustiosa, me puse bajo la lengua un ansiolítico de los que tengo siempre a mano, en la mesilla de noche. A los pocos minutos percibí un repliegue, quizá meramente estratégico, del pánico, y me vino una idea a la cabeza.

—Tráeme el tensiómetro —le pedí a Isabel.

Tengo en mi estudio uno de estos aparatos desde que me dijeron que a la tensión alta, en Estados Unidos, la llaman «el asesino silencioso» porque no da síntomas. Me la tomo de vez en cuando, aleatoriamente, y por lo general la tengo bien porque ingiero todas las mañanas una pastilla muy suave para mantenerla a raya.

Ahora la tenía disparada.

Tomé otra de esas pastillas, aunque ya me había administrado una a primera hora, en el desayuno, y llamé a mi médico. Al poco de comenzar a explicarle la situación, cogió el teléfono mi mujer porque yo seguía confuso y no me explicaba bien. El médico dijo que tanto la decisión del ansiolítico como la de la pastilla para la tensión habían sido las correctas y que dentro de media hora me la volviera a tomar.

—Si no ha bajado —dijo—, tendréis que llamar al 112.

La idea del 112 y de la ambulancia me espantaba, por lo que me puse medio ansiolítico más debajo de la lengua y permanecí tranquilo, recostado, con Isabel al lado. A la media hora, la tensión continuaba alta, pero en descenso. Mi alma, mi mente, o como queramos llamarla, halló de nuevo su lugar dentro de mi geografía psíquica, como la carga de un buque que regresa a su sitio, en el fondo de la bodega, tras haberse desplazado por un golpe de mar. La extrañeza respecto de mí mismo empezó a ceder. Por supuesto, anulé el acto de la tarde en la Biblioteca Nacional y, cuando me sentí con fuerzas, llamé a Boyero para disculparme.

Pasé el resto del día sentado, con la mirada algo perdida, pensando en la fragilidad de todo.

¿Era aquello un aviso de la vejez real? ¿Acaso me había rozado la muerte con el extremo de una de sus alas?

Durante los siguientes días, ya recuperado desde el punto de vista físico, aunque bajo de ánimo por el susto, hablé varias veces con Arsuaga acerca de nuestro proyecto de escribir un libro sobre la vejez y la muerte.

—Mi perspectiva ha cambiado —le dije—, ahora las veo desde dentro.

—Estupendo —dijo él—, porque yo las veo desde fuera. Para mí son un objeto de estudio. Serán dos miradas complementarias.

Arsuaga tiene ocho años menos que yo, pero ocho años, en estas edades, es mucho. Además, el paleontólogo escala, esquía, hace grandes marchas por la sierra de Madrid y participa todos los años en el Cross Internacional de Atapuerca. Y no sufre, que yo sepa, ataques de pánico, lo que lo pone a salvo, psicológicamente hablando, de subidas de tensión emocionales con afectación neurológica. Está y se siente joven, en fin.

—Yo veré la casa de la vejez y de la muerte desde el interior, y tú desde el exterior —añadí—. Tú tendrás acceso a la fachada del edificio y yo me ocuparé de vigilar el estado de las tuberías y del calentador. Hay casas que desde fuera engañan mucho.

—No a mí —concluyó el paleontólogo con el tono de seguridad que le es propio.

Así las cosas, el 7 de enero me llamó para que le acompañara a un desguace de coches, pues necesitaba un retrovisor para su Nissan Juke, al que suele referirse como la Jaca. La Jaca, que tantos servicios nos prestó en el anterior libro, es una anciana de ciento cuarenta mil kilómetros a la que cuando no le duele una cosa le duele otra. Ahora le dolía uno de los espejos retrovisores (una neuralgia de las de ojo, pensé para mis adentros).

El desguace, que resultó ser el más grande de Europa, se encontraba a veinticinco o treinta kilómetros de Madrid, en la carretera de Toledo. Se trataba de una gigantesca extensión de varias hectáreas dispuestas como un parking inabarcable, en la que los cadáveres de los automóviles desechados por sus dueños aparecían ordenados por marcas. Podías llegar a la marca de tu coche andando, si te apetecía caminar, o tomar un autobús que recorría el gigantesco cementerio deteniéndose en sus diferentes zonas: la de Renault, por ejemplo, o la de Mercedes, o la de SEAT, o la de Volkswagen... Podías encontrar todas las etnias de automóviles conocidas si disponías de un mapa del territorio.

Preferimos caminar, aunque el país de los Nissan fallecidos caía un poco lejos.

—¿Y qué otros achaques tiene tu Jaca? —pregunté al paleontólogo mientras me ajustaba la bufanda, pues el día estaba frío.

—La luz de la pantalla funciona cuando lo arrancas, pero luego se va apagando, lo que es un fastidio, porque en esa pantalla es donde aparecen los símbolos de la radio, del teléfono y todo eso. Lo llevé a un taller, le echaron un ojo e hicieron un gesto con la cara...

—Vejez sin remedio —dije.

—Ciento cuarenta mil kilómetros. Tampoco es para tanto.

—Si contáramos nuestra edad en kilómetros en vez de en años, yo tendría prácticamente los mismos que tu coche.

—Pues ahora hay una aplicación en el móvil que te informa de los pasos que das cada día, de las escaleras que subes o bajas... O sea, que puedes hacer el cálculo.

—¿Qué cosas dirías tú que no me funcionan?

—Bueno —contestó—, no te apetece venir a esquiar conmigo. Eso es un dato. Tampoco haces grandes marchas por la sierra.

—La vida de los hombres y de los coches se va poco a poco: deja de funcionar la pantalla, se endurecen las arterias...

—La pérdida de elasticidad de las arterias —corroboró— es una putada, en efecto. Las placas de colesterol, todo eso.

—Yo tomo una pastilla diaria para el colesterol y otra para la tensión. ¿Tú no tomas nada?

—Todavía no. Pero sueño con lo irreversible. Un retrovisor lo puedes cambiar. Una muela la puedes sustituir por un implante, pero lo irreversible es irreversible. En mi coche me preocupan menos las partes mecánicas que la electrónica. Para la mecánica es fácil encontrar repuestos, como para los dientes o para la cadera, pero la electrónica se parece más al sistema nervioso. No sé, no sé. Mi coche no es viejo porque tenga muchos años, sino porque ha hecho muchos kilómetros. Este es un matiz muy importante, toma nota: es viejo porque ha vivido deprisa. Cuando la gente decide comprar un coche de segunda mano, lo primero que pregunta es cuántos kilómetros tiene. Luego, si ha dormido en garaje y si ha pertenecido a un viajante de comercio o a una señora que solo lo utilizaba para ir a misa.

—¿Y tú y yo estaríamos mejor si solo hubiéramos utilizado el cuerpo para ir y venir de misa?

—A ver, yo no hablo de ti y de mí, yo hablo de especies. De las que hibernan, por ejemplo, podríamos decir que han dormido en garaje. Pero hay especies que viven más deprisa que otras. Esta es una hipótesis sobre el envejecimiento que tiene muchos partidarios. Se llama «ritmo de vida». Si mi coche, en vez de ciento cuarenta mil kilómetros, hubiera hecho solo treinta mil y hubiera dormido en garaje, estaría nuevo. En apariencia, lo que determina el envejecimiento es el ritmo de vida. Hay especies que, parafraseando a los roqueros, viven rápido, mueren jóvenes y dejan un cadáver bonito.

—¿Qué quiere decir «vivir rápido» en biología?

—Quiere decir un metabolismo más alto, un mayor consumo de oxígeno.

—¿El oxígeno mata?

—El oxígeno mata. Una lata de mejillones sin abrir puede durar cinco o seis años, pero desde el momento en el que la abres y entra el oxígeno, los mejillones empiezan a descomponerse. Te voy a decir una cosa que quizá te sorprenda: si mides el ritmo cardiaco de un ratón, que vive unos tres años, y el de un elefante, que puede llegar a noventa, a lo largo de sus vidas, comprobarás que habrán tenido el mismo número de latidos.

—Pero el ratón ha vivido más deprisa.

—Eso es: su consumo energético ha sido más alto. El mejor ejemplo es el de las musarañas, que solo viven un año en libertad; es el mamífero de vida más corta. Los insectívoros tienen que comer al día el equivalente de su peso, más o menos. Una musaraña está metabolizando u oxidando continuamente. Eso, por alguna razón, hace que mueras antes.

—¿Qué significa «por alguna razón»?

—Lo dejaremos de momento en el territorio de la pregunta. Lo que conviene constatar ahora es que cuantos más kilómetros recorres más envejeces. Mi coche ha quemado más gasolina que el de la señora que solo lo emplea para ir a misa. Los animales oxidan, queman glucosa. Los coches, gasolina. Y date cuenta de que lo que hacen las células con la oxidación, con la quema, es una auténtica combustión que no produce llama, pero sí calor, porque se trata de una combustión lenta.

A derecha e izquierda de la calle por la que nos dirigíamos a la zona del cementerio reservada a Nissan aparecían hombres hurgando en las entrañas de los automóviles muertos. Había quien obtenía una correa, quien obtenía un amortiguador, quien obtenía una pastilla de freno, un volante, un alternador, una escobilla, un limpiaparabrisas, un embrague, un salpicadero... Algunos de estos hombres, porque solo eran hombres, se habían llevado su propia caja de herramientas para descoyuntar los cadáveres y obtener con facilidad la pieza buscada.

Nos detuvimos a hablar con uno de ellos. Era un marroquí que enviaba las piezas a Marruecos, donde un cuñado suyo las revendía a buen precio. Los coches despojados aparecían con las puertas abiertas o el capó levantado.

Con frecuencia, si te asomas a su interior, encuentras kleenex sucios, ositos de peluche, bolsas de gominolas o paquetes de tabaco arrugados. Algunos de estos automóviles proceden de accidentes en los que el conductor o los acompañantes han muerto. En las tapicerías se aprecian a veces manchas oscuras que muy bien podrían ser de sangre seca.

—Hay especies —oí que decía Arsuaga sacándome de mis pensamientos— que viven a un ritmo acelerado y mueren pronto: los insectívoros y los roedores en general.

—¿Y las moscas?

—Las moscas no viven nada, unos treinta días, pero no corras, vamos por partes. Como ves, las piezas de todos estos coches viejos se reciclan. Como te he dicho antes, las partes mecánicas del cuerpo son relativamente fáciles de sustituir. El problema es que somos física y química. La química ofrece más complicaciones. Apunta esto, por si se nos olvida.

—Dime.

—El reciclado tiene que ver con el sentido de la vida.

—Yo he hecho un testamento vital según el cual, cuando fallezca, pueden reutilizar las partes de mi cuerpo que consideren sanas: mis córneas, mi hígado, no sé, aquello que crean que sigue en condiciones.

—¿Has donado tu cuerpo a la ciencia? —me preguntó.

—Mi cuerpo entero no, porque arrebatárselo a la familia, que querrá velarlo y esas cosas, me parecía un poco duro. Aunque, si pueden aprovechar una válvula, que la aprovechen.

—Es lo que te decía del reciclado. Por eso hay una gran analogía entre estos coches y nuestros cuerpos. Seguro que dejas alguna víscera en buen estado. Ahora bien, recuerda la ley de Ford, el fabricante de coches: no tiene sentido que una pieza dure mucho más que el resto. ¿Por qué diseñar, no sé, un carburador que dure veinte años para un automóvil que solo durará diez?

—Pero en el cuerpo no se estropea todo a la vez. Mira qué bien me funciona la mano, que es la mano de una persona mayor.

—Me alegro, lo normal sería que tuvieras artrosis.

—Lamento estropearte el día.

—Gran parte de la medicina, en la actualidad, adopta el mismo punto de vista que la mecánica. ¿Usted tiene un problema coronario? Le hago un baipás. Te cambian el cristalino cuando te operan de cataratas, te trasplantan un hígado... Arreglan y arreglan lo que falla y así pueden lograr que alguien llegue a los cien años.

—Como los coches de Cuba, que la mayoría son de los sesenta o setenta del pasado siglo. Todo a base de cambiarles las piezas una y otra vez.

—Luego están los predicadores, los que afirman que se puede revertir la vejez. Ese es otro rollo.

—El nuestro.

—No —dijo Arsuaga, tajante—, lo que a nosotros nos preocupa es el proceso de envejecimiento.

—Por cierto, ¿tú cómo tienes la próstata? —le pregunté sin venir a qué.

—Como de mi edad —dijo él para no responder.

En esto, casi sin darnos cuenta, habíamos llegado al territorio de los Nissan muertos. Había decenas o cientos, quizá miles, no sé, de todos los modelos. Arsuaga buscó el suyo, que abundaba, porque es un coche de clase media, y encontró uno con el retrovisor del lado izquierdo en buen estado. Entonces sacó del bolsillo una de esas herramientas multiusos, capaces de actuar como alicates, como destornillador, como navaja, como lima, etcétera, y con una habilidad de cirujano logró arrebatar el espejo al cuerpo del automóvil, que no emitió un solo quejido.

—Esto ya lo has hecho más veces —le dije.

—Claro, ¿por qué te crees que me duran tanto los coches?

—¿Y ahora qué haces con el retrovisor?

—Ahora vamos a aquella nave que hay a tu espalda, lo muestro en la caja, lo valoran, pago y nos vamos. Pero antes de pasar por caja, te voy a enseñar la máquina en la que convierten las carrocerías de los coches en esos cubos que habrás visto en las películas. Creo que estaba hacia allí, ¿no ves aquella grúa?

Nos dirigimos, en efecto, hacia el lugar, aunque el frío arreciaba.

—Ha empezado a nevar —observé para obligarlo a desistir.

—Mejor, más hermoso. La nieve es maná.

La nieve caía sobre los cadáveres, que en pocas horas cubriría como un sudario uniforme. Aceleramos el paso y enseguida llegamos a donde se producía esa curiosa operación. Había una verdadera montaña de carrocerías a las que ya se había despojado de todo cuanto se pudiera reciclar. Se habían quedado en los huesos, en el chasis, en el puro esqueleto. Una grúa dotada de tres dedos enormes se acercó a la montaña, tomó uno de los cadáveres, se desplazó unos metros y lo dejó caer dentro de una gran caja en la que fue sometido a un triple o a un cuádruple aplastamiento que lo convirtió en un cubo de metal semejante a las pastillas de caldo de gallina. Los mismos dedos que lo introdujeron en la caja lo sacaron de ella y lo colocaron sobre otros cubos que formaron un muro multicolor, una escultura, una instalación, quizá una *performance*, no sé, algo que soportaba una mirada artística.

—Es idéntico a lo que hacen con las gallinas viejas —le dije a Arsuaga—. Las convierten en eso, en un cubo que luego disuelves en la paella.

—Estos cubos se funden de nuevo y el metal resultante se recicla.

—Es increíble: en la fundición mezclan las carrocerías de los Mercedes con las de los SEAT. Ahí ya no hay distinción entre los coches ricos y los pobres. Allegados, son iguales los que viven por sus manos y los ricos. Podría ser por tanto que un automóvil modesto como el tuyo se reencarnara, según haya sido su karma, en un Jaguar.

—Podría ser —respondió el paleontólogo con una sonrisa irónica al tiempo que daba la vuelta para emprender el camino hacia las oficinas de las instalaciones, donde se encontraba la caja por la que habíamos de pasar.

La nevada había arreciado y empezaba a cuajar en forma de mortaja sobre el techo de los automóviles muertos. La cabeza de Arsuaga estaba blanca, lo mismo que mi sombrero, que sacudía de vez en cuando para que no se me estropeara.

—Vas a coger un catarro —le dije.

—¿Por esto? —se señaló el pelo—. Esto es magnífico, hombre. Tú no sabes lo que es hacer una marcha por la sierra. La nieve es fantástica, me encanta.

Frente a la caja había una cola de hombres, cada uno con un par de órganos obtenidos en el desguace. Algunos llevaban una bolsa de plástico repleta de vísceras que exponían sobre el mostrador. El dependiente las valoraba a velocidades de vértigo. Al paleontólogo le cobraron ochenta euros por su retrovisor, lo que nos pareció un poco caro.

De regreso, con el limpiaparabrisas funcionando sin cesar, pues la tormenta no cedía, Arsuaga recurrió a la nomenclatura que emplea Aristóteles en la *Metafísica* para explicarme que los médicos prácticos, los que se dedican al recambio de las caderas de hueso por las de titanio, por ejemplo, se ocupan de las «causas eficientes» o próximas.

—Mientras que a nosotros —añadió— nos interesa investigar las «causas finales»: por qué se estropea el corazón, por qué la vida dura lo que dura, por qué unas especies viven más que otras. No digo que no nos deban preocupar las «causas eficientes», las próximas, pero nuestro objetivo real son las finales.

—Ya —dije mientras contemplaba con extrañeza los edificios industriales, en cuyos tejados la nieve había comenzado a formar una lámina.

—En biología —añadió él—, la causa final es la evolución. Las cosas son como son debido a la evolución. Lo que tendríamos que preguntarnos es por qué la evolución no nos ha hecho inmortales en cuatro mil millones de años. Cuatro mil millones de años dan para mucho.

—¿Inmortales como especie? —pregunté.

—No, no, inmortales como individuos. ¿Qué ha estado haciendo la evolución durante estos cuatro mil millones de años? ¿No sería una ventaja para el individuo ser inmortal?

—Ya te lo dije, Arsuaga: la muerte, según Dios, no existe. La muerte es un desplazamiento dentro de la vida. Llamar «muerte» a ese desplazamiento implica carecer de sentido del humor.

—La biología no tiene sentido del humor, Millás. La evolución se produce por un mecanismo que se llama «selección natural» de los que viven más, porque la biología aprende de los aciertos, no de los errores. La biología no aprende de los que viven menos. La selección natural elige a los individuos con mayor capacidad de supervivencia, que normalmente son los que tienen más hijos. Quédate con esto: la selección natural va de los individuos, no de la especie.

—Si los individuos no muriéramos o no nos ocurriera eso que, con una notable falta de sentido del humor, llamamos muerte, nos convertiríamos en una plaga.

—¿Y a quién le importa eso?

—A mí. A mí me desasosiega la idea porque identifico la eternidad con la tarde de un domingo que no se terminara nunca. Desde pequeño, me dan pánico los domingos por la tarde.

—Insisto —dijo el paleontólogo, indiferente a mi desasosiego—: Tenemos que ir a lo que Aristóteles llama las causas finales, a aquello por lo que los ratones duran tres años y los elefantes, noventa. Tenemos que preguntarle a la evolución, que es la que sabe, para que nos lo explique.

—¿Y dónde vive doña Evolución?

—Y no solo para que nos lo explique —continuó—, sino para vencer a la muerte una vez que lo hayamos entendido.

—Deberíamos darnos prisa, porque a mí, según tus propios cálculos, no me queda mucho tiempo.

—De momento, hoy hemos aprendido que hay una analogía muy interesante entre las máquinas y los seres vivos.

—Y que el envejecimiento de un coche no depende tanto de los años que tenga como de los kilómetros que haya hecho, es decir, del desgaste al que haya sido sometido.

—El biólogo tiene que ir a las células para entender la vejez. Ahí, en las células, está el secreto. El problema se solucionaría si todas las células se dividieran infinitamente.

—Y sin cometer errores —apunté yo pensando en las células del cáncer.

—Esa es parte de la respuesta. Ya seguiremos con eso, pero anota, a modo de resumen, otra de las cosas que hemos aprendido hoy, y es que un ratón hace el mismo número de kilómetros en tres años de vida que un elefante en noventa.

—El ratón es un roquero y el elefante se dedica a la canción melódica.

—Eso es. Tenemos que preguntarnos por qué el metabolismo envejece y mata.

—Deberíamos llamarlo matabolismo.

Arsuaga fingió que no había oído el chiste y siguió a lo suyo:

—Si venimos de una célula que se ha multiplicado para producir un ser tan complejo, ¿cómo es que no lo puede mantener indefinidamente, por qué no sigue reparándolo? He ahí la causa final, que no debemos confundir con los problemas de chapa y pintura. Por hoy nos quedamos aquí.

Cuando el paleontólogo dice «nos quedamos aquí», miente. Jamás puede quedarse «aquí». De hecho, tras hacer un breve comentario sobre la belleza de la nieve, volvió a la carga.

—Yo me declaro epicúreo —dijo—. No hay que temer a la muerte, porque cuando tú estás no está ella y cuando está ella no estás tú. El siguiente de la cadena, entre mis héroes, es Lucrecio, para quien no somos más que átomos en un movimiento producto del azar. Los átomos se combinan al azar y dan lugar, sin ninguna lógica ni sentido, a la realidad que contemplamos. El materialismo de Lucrecio es fundamental para la ciencia moderna. Richard Feynman, ya en el siglo XX, dice lo mismo con la diferencia de que para él los átomos se combinan siguiendo determinadas leyes, que son las leyes de la materia.

—Feynman elimina el azar de la ecuación —añadí yo.

—Se trata de un matiz importante. El oxígeno no se combina con el carbono para producir CO_2 de cualquier forma. Son dos átomos de oxígeno por uno de carbono.

—Hay leyes, pues.

—Hay leyes, lo que implica un avance en el conocimiento de la materia.

—El resultado, en cualquier caso, es que estamos hechos de átomos en movimiento.

—Claro. Pero déjame que te diga quién es el héroe final de esta cadena formada por Aristóteles, Epicuro, Demócrito, Lucrecio y Feynman.

—¿Quién?

—Jacques Monod, el autor de *El azar y la necesidad*, que es una expresión tomada de Demócrito. En ese libro dice que estamos solos en un universo indiferente en el que hemos surgido por azar. Epicureísmo en estado puro. Frente a esta corriente de pensamiento está la animista, que sostiene que todo esto tiene algún sentido porque la naturaleza es sabia. Es lo que defienden, para entendernos, Rodríguez de la Fuente y tantos otros. Se trata de una rama del pensamiento mágico. La muerte tiene sentido porque así hacemos sitio para los que vengan detrás. Todas las culturas han intentado encontrar un sentido a la muerte.

—A la muerte y a los domingos por la tarde —dije yo, porque, aunque era jueves, la atmósfera era exactamente esa, la de un domingo por la tarde.

—¿Estás tomando nota de todo esto? —preguntó el paleontólogo sin desviar la vista de la carretera, pues la conducción se estaba volviendo peligrosa.

—Más o menos —respondí.

—Monod era del Partido Comunista, lo que le trajo muchas complicaciones. En su época se solía decir que el marxismo era la religión oficial de la ciencia, con lo que él no está de acuerdo. Para él, el marxismo es una forma de pensamiento mágico. El marxismo cree que la historia tiene una dirección. Según el marxismo, era inevitable que apareciera el hombre porque esa direccionalidad tiene un desarrollo previsible y lógico. Según Monod, el marxismo, el judaísmo y el cristianismo son intentos de aferrarse a la corriente animista —replicó.

—Yo no soy animista, pero tengo nostalgia del animismo.

—Tienes nostalgia de lo que no fue.

—«No hay nostalgia peor que añorar lo que nunca jamás sucedió», dice una canción de Joaquín Sabina.

—Tener nostalgia del animismo, me parece a mí, es una de las muchas maneras de ser animista —replicó.

—Lo que tú digas.

—Lo cierto es que esa afirmación de que la naturaleza es sabia, tan propia del animismo, constituye una forma de religión, de religión laica, si quieres, que produce consuelo.

La nieve, que hasta ese momento había caído en abundancia pero con mansedumbre, se precipitaba ahora con furia contra el parabrisas, lo que excitaba y estimulaba a Arsuaga. A mí no. A mí me recordaba la nevada de un domingo por la tarde de mi infancia, un domingo por la tarde eterno que aquellos copos blancos, observados desde la ventana de un dormitorio destartalado y frío, hacían, si cabe, más eterno. He pasado toda la vida dentro de aquella tarde. No he logrado salir de ella. La nieve de ese día vino a recordarme la de ayer.

—Ciertas corrientes de animalismo, ciertas corrientes de ecologismo, además de la archifamosa hipótesis Gaia, según la cual la Tierra es un superorganismo, son formas de aferrarse al pensamiento mágico para sobrellevar la angustia de la falta de sentido de la existencia. Pero no hay resquicio alguno para la esperanza, Millás: hemos surgido por azar en un universo indiferente, un universo que ni siquiera es cruel u hostil. Es mucho peor que eso: es indiferente —repitió.

Me dio la impresión de que hablaba de la indiferencia del universo con la pasión de un predicador, como si la adhesión a ese credo pudiera erigirse en una nueva forma de religión, pero no dije nada para no estimular su pulsión docente, que carece de límites. Al fin, como también él callaba, me vi obligado a intervenir para aligerar el peso angustioso de ese silencio blanco: el de la nieve que se depositaba, por el ir y venir de las escobillas, en los dos extremos del parabrisas.

—Pero se puede producir sentido sin ser animista —dije—. Se puede producir sentido desde una perspectiva materialista. De hecho, el ser humano, de ser algo, es eso: un productor incansable de sentido.

—Pues no lo sé. Quizá individualmente sí, pero a nivel colectivo es más jodido.

—Una sociedad sin proyecto, sin dirección, es una sociedad descohesionada, rota.

—Eso es muy bonito.

—¿El qué?

—Lo de pertenecer a un grupo, a una tribu.

—No es que sea bonito o feo, es que somos animales sociales, es que el grupo es un individuo. Mira lo que decía una canción de Paco Ibáñez, cuya letra estaba sacada de un poema de José Agustín Goytisolo: «Un hombre solo, una mujer, así, tomados de uno en uno, son como polvo, no son nada, no son nada».

—Tú todo lo arreglas con canciones —replicó Arsuaga—, pero para convertir al individuo en grupo tienes que recurrir al animismo, algo a lo que agarrarse... Ahí empiezan los rituales.

—El proyecto de que la economía crezca un dos por ciento el próximo año es meramente materialista, pero es un proyecto.

—Eso no produce consuelo.

—¿Quieres decir que no produce sentido?

—Creo que no. Pero no me entiendas mal. La ausencia de sentido no significa que haya que renunciar a practicar el bien. Mira, el epicureísmo fue muy malinterpretado, como si se tratara de una forma de hedonismo. Epicuro era muy sobrio. Lo que decía es que no hay animismo, que no hay nada fuera de un baile de átomos, que no puedes buscar consuelo en un gran proyecto al que pertenecer.

—Ese baile de átomos, y vuelvo a lo mío con la misma contumacia, perdona, con la que tú vuelves a lo tuyo, demuestra que la muerte no existe. Lo curioso es que existan los cadáveres.

—El individuo muere, claro que muere, desde que somos multicelulares.

—No muere, se transforma, se recicla, tú mismo lo has dicho. Lo que muere es la autoconsciencia.

—Díselo a los deudos en un funeral. No se preocupe usted, que su padre no ha muerto, continúa en el ecosistema y se perpetúa en la biosfera.

—Ya, ya, pero ¿es verdad o no que ese baile de átomos es un conjunto de desplazamientos dentro de la vida?

—Ahora estás hablando como un epicúreo.

En esto, resultó que habíamos llegado y que Arsuaga me invitaba a bajar convencido de que me estaba dejando en mi casa, cuando en realidad me estaba abandonando en aquel lejano domingo por la tarde de mi remota infancia.

Y todavía era jueves.

Tres. Eros y Tánatos

Cuando le comento mis achaques, el paleontólogo dice:

—En la naturaleza no hay vejez ni decrepitud. En la naturaleza solo hay plenitud o muerte.

—¿Y eso?

—Si una gacela, que necesita correr a unos noventa y cinco kilómetros por hora para huir de sus depredadores, solo es capaz de ir a noventa, está muerta.

—Ya.

—Y si un gamo joven se rompe una pata, dura dos horas.

—¿La decrepitud asociada a la vejez es entonces un producto de la cultura?

—Tú verás.

Para demostrármelo me lleva un día a la Facultad de Veterinaria de Madrid, donde, además de consultas para toda clase de animales, disponen de un hospital en el que lo mismo operan a un gato que a un caballo, a un conejo o a una cabra.

—Yo disecciono allí animales muertos —continúa Arsuaga mientras conduce por la M-40 en dirección a la Ciudad Universitaria—. Primates. No tenemos autorización ni instalaciones para diseccionar grandes mamíferos. Pero a mí lo que me gustaría hacer es anatomía palpatoria, anatomía externa, de superficie, como hacen los franceses en las facultades de Medicina o los fisioterapeutas en España. Me encantaría explicar el cuerpo humano en la piscina universitaria, tocando los cuerpos aquí y allá, pero seguramente me denunciarían o me pasaría algo. Los fisios no tienen ese problema, tampoco los médicos, pero un paleontólogo..., no sé, nunca me he atrevido a plantearlo.

—Hablando de la decrepitud —le digo—, fui a hacerme unas gafas nuevas porque había perdido las viejas y la señora de la óptica me recomendó que fuera al oftalmólogo, pues dijo que no sería raro que tuviera cataratas.

—¿Y fuiste?

—Claro, qué iba a hacer.

—¿Y?

—Que no las tengo.

—Pues deberías tenerlas.

—Es precisamente lo que te quería decir: que si has cumplido setenta y cinco años, estás obligado a ser viejo. Hay una presión enorme para que seas viejo, incluso para que te mueras. Fui al dermatólogo porque me picaban la espalda y el cuero cabelludo. Me dijo que era un problema de vejez, pues a mi edad se deja de producir grasa y se seca la piel. Me recomendó un jabón y unas cremas. Pero el síntoma persistía. Comencé a husmear por internet y resultó que se trata de un síntoma muy común, que afecta a todas las edades. La causa más citada era ese cajón de sastre llamado estrés. En esto, doy con un tipo que dice que a él se le quitaron los picores gracias a un antihistamínico. Empiezo a tomar el antihistamínico y se esfuman. O sea, que no era vejez. ¿Qué te parece?

—No sé, no sé, pero dejemos tus achaques para otro momento —dice mientras aparca el Nissan Juke frente a uno de los edificios de la facultad.

Son las nueve de la mañana de un día desapacible de mediados de febrero.

—Es que no son achaques de la vejez —insisto—. Una alergia te puede dar a cualquier edad.

—Ya —concede el paleontólogo.

—Creo, Arsuaga, que la escritura de este libro me ha jodido la vida. Yo no me había dado cuenta de que era viejo hasta que hemos comenzado a escribirlo.

—Vale, ¿has tomado nota de lo que te he dicho?
—¿De qué?
—De que en la naturaleza solo hay plenitud o muerte.
—Sí.
—Pues tú, en la naturaleza, ya estarías muerto.
—Pero si me encuentro muy bien.
—No te creas todo lo que te dices.

Nos recibe Iñaki de Gaspar, que se presenta como profesor de Anatomía. Colabora con Arsuaga en el Máster de Evolución Humana. En anatomía de primates.

—Pero explico a los estudiantes de grado las anatomías de las diferentes especies que tenemos: perros, gatos, caballos, vacas y demás. O sea, que soy anatomista —concluye.

Casi de inmediato me presentan a Lola Pérez Alenza, directora del hospital, el centro adherido a la facultad en el que hacen las prácticas los alumnos de Veterinaria.

—Les enseñamos a operar —dice— y a pasar consulta de perros, gatos, conejos, animales exóticos...

—¿Y cobráis mucho?

—Tenemos unas tarifas estándar aprobadas por el Consejo Social que son muy necesarias. Mantener este hospital cuesta muchísimo dinero.

—Hemos venido aquí —interviene Arsuaga—, en vez de ir a un hospital de seres humanos, porque nos interesa averiguar cómo envejecen las otras especies domésticas. Y digo «las otras» porque, como ya le he explicado a Millás en varias ocasiones, nosotros también somos una especie domesticada.

—Autodomesticada —preciso.

—Veremos si los procesos de envejecimiento y muerte de estas especies son equiparables a los nuestros —continúa Arsuaga, ajeno a mi matización— y luego, después de esa sesión de Tánatos, nos acercaremos a Eros, al amor. Vas a ver un espectáculo, te lo aseguro.

Dicho esto, nos aventuramos por un pasillo en el que me presentan a Consuelo Serres, la decana de la facultad.

—Pero todos me llaman Cuca —dice.

Le he rogado mil veces al paleontólogo que no me presente a mucha gente a la vez porque al final me hago un lío. Yo escribo novelas de pocos personajes porque pertenezco a una familia de nueve hermanos en la que abundaba la confusión de identidades. En el colegio me llamaban con frecuencia por el nombre de uno de mis hermanos y hasta nuestros propios padres se equivocaban a menudo. En cierta ocasión sorprendí a mi padre hablando con un amigo que se admiraba de que fuera capaz de gobernar a una familia tan numerosa. «No es tan difícil —respondió mi padre—, a partir del cuarto no te acuerdas ni de cómo se llaman». Daba la casualidad de que yo era el cuarto, por lo que aquellas palabras dejaron en mí una profunda huella. No se deben tener más hijos de los que seas capaz de reconocer ni meter en un relato más personajes de los que seas capaz de manejar.

Pero no hay manera de que el paleontólogo me haga caso en esto ni en nada. Él va a lo suyo. En estos momentos, mientras intercambio unas palabras de cortesía con la decana, de cuyo nombre ya me he olvidado, le escucho decir a mis espaldas:

—Como los españoles somos masoquistas y nos gusta autoflagelarnos, le he explicado a Millás que esta facultad se encuentra entre las diez mejores del mundo.

—Bueno —corrige Iñaki de Gaspar—, en realidad es la número catorce según el ranking de Shanghái.

—El catorce tampoco está mal —apunto yo, conciliador.

Hay un silencio roto por nuestros pasos, que avanzan por el pasillo. De súbito, se me ocurre que ser veterinario es más complicado que ser médico, porque el médico solo estudia a una especie animal (la nuestra) y dentro de ella se especializa en un órgano o un sistema (riñón, aparato circulatorio o digestivo, etcétera), mientras que el veterinario, aunque luego también se especialice, debe tener unos conocimientos generales que atañen a todas las especies. Lola Pérez Alenza, por ejemplo, es especialista en endocrinología y en determinados tipos de cánceres de perros y gatos. Cuca (la decana, me acaba de venir su nombre) es especialista en reproducción de caballos.

—¿Una especie de ginecóloga de caballos? —inquiero.

—Más o menos —dice.

Le pregunto a Lola por qué los veterinarios tienen menos consideración social que los médicos de personas, cuando, desde el punto de vista de la complejidad de sus conocimientos, debería ser al contrario.

—Eso sucede en España —responde la oncóloga—, y creo que se debe a una cuestión de carácter histórico. Durante el franquismo, nuestra profesión no estuvo muy bien valorada porque uno de los presidentes de la República en el exilio, el socialista Félix Gordón Ordás, era veterinario. Franco decía: «Líbrate de judíos, masones, comunistas y veterinarios». Pero las cosas están cambiando, y mucho, en parte porque a las mascotas, en la actualidad, se las considera un miembro más de la familia y se las trata, desde el punto de vista de la salud, como a los hijos o al abuelo. Por si fuera poco, el veterinario es el que cuida de la alimentación y de la salud de los animales que nos comemos. La pandemia ha puesto de relieve algo muy positivo. Aquí no podría pasar lo que parece que ocurrió en Wuhan porque todos los mercados están supervisados por veterinarios. Sería imposible que coexistieran en el mismo puesto los animales vivos con los muertos. Aquí se organiza todo bien. Si vas a la zona de peces de Mercamadrid o de cualquier otro mercado, las verás completamente aisladas y vigiladas. Somos los garantes de que los animales puestos a la venta estén sanos. Mientras viven, cuidamos de su bienestar, procurándoles unas condiciones adecuadas, y disminuimos el estrés que supone su sacrificio. En China, en estos aspectos, los veterinarios ni están ni se los espera. Todo ese conjunto de cosas está cambiando la percepción de la población española respecto de nuestra profesión.

Permanezco unos instantes pensando en mis achaques y preguntándome si no sería mejor que me pusiera en manos de un veterinario. O de una veterinaria, pues me parece que abundan más ellas que ellos.

—¿Qué piensas? —interrumpe Arsuaga.

—Que quizá debería ponerme en manos de un veterinario o de una veterinaria.

—No te quepa la menor duda —asegura. Luego, volviéndose a la concurrencia, añade—: Millás se preocupa mucho por el asunto de la vejez y el Tánatos. Yo estoy más en modo Eros.

En el largo pasillo por el que avanzamos hay puertas a izquierda y a derecha, como en los pasillos de los sueños. Detrás de cada una hay una consulta.

Nos dan permiso para entrar en algunas de ellas, donde charlamos con el veterinario o veterinaria (problemas del genérico) que la ocupa. Las conversaciones son breves porque lo normal es que tengan sobre la mesa a un animal en fase de diagnóstico. Como los animales no hablan, resulta fundamental la información que aporte el dueño: «está triste» o «está agresivo» o «se rasca más de lo corriente».

Me detengo en la consulta de José Luis, un dermatólogo al que le cuento mi historia de los picores de la espalda y del cuero cabelludo, pero el hombre es muy prudente y no se atreve a aventurar un diagnóstico sin explorarme. Me informa, en cualquier caso, de que le vienen muchos gatos y perros con el mismo problema que tengo yo.

—Es una de las enfermedades más frecuentes —añade—. Suelen ser alergias al polen o a los ácaros. A todo. Ahora es la época del ciprés, por ejemplo, y de las arizónicas en general. Sus efectos suelen ser respiratorios o cutáneos.

Le pregunto si las alergias se están disparando en los animales domésticos en la misma proporción que en los humanos y dice que no hay estudios epidemiológicos sobre los animales, pero que podemos estar en un quince por ciento, en especial en Madrid y en las grandes ciudades, porque la contaminación constituye un factor potenciador.

—Entre los humanos —precisa—, se calcula que hacia la mitad del siglo el cincuenta por ciento de la población padecerá algún tipo de alergia.

Seguimos avanzando y nos detenemos en una consulta en la que le están haciendo una radiografía de cuello a un dóberman afortunadamente anestesiado. En la pantalla del monitor se aprecian a la perfección las vértebras, que me parecen de acero. Un poco más allá se encuentra la consulta de animales exóticos, donde veo un conejo asustado en brazos de un veterinario.

—Se trata de un paciente antiguo —nos informa el especialista—. Tiene ocho años y viven una media de entre siete y nueve. Cuando acabé la carrera, hace tiempo, vivían entre cinco y siete, pero con los cuidados veterinarios, las vacunas y las dietas se les ha prolongado mucho la vida. Tenemos pacientes de hasta doce y catorce años.

—¿Y las hembras siguen pariendo hasta el final? —pregunta Arsuaga.

—El problema de las hembras —dice el veterinario— es que un ochenta por ciento de ellas, a partir de los tres años y medio, tiene tumores uterinos. Esto se debe a su fecundidad, que es verdaderamente extraordinaria: las hembras de conejo entran en celo casi dos veces al mes. Su útero está regenerando células a mucha velocidad durante toda su vida; eso aumenta las posibilidades de que una célula se tumorice. Una de las razones por las que antes vivían menos es porque no se las castraba. Ahora lo recomendamos para todas. En una granja las sacrifican a los dos o tres años. Una vez que aparece el tumor, la esperanza de vida suele ser de menos de año y medio porque metastatiza: pulmón, hígado...

—Quédate con esto —me dice Arsuaga—: A partir de determinada edad empiezan a desarrollarse los cánceres. Es un asunto que tendremos que ver más despacio. Para prolongar la vida de cualquier especie tienes que controlar de alguna forma la proliferación celular. No se puede alcanzar la inmortalidad si no se controla la división celular que, tarde o temprano, da lugar a la aparición de tumores.

—¿Y a este conejo que tienes en brazos qué le pasa? —pregunto yo algo agobiado por la proliferación celular y por la mirada del animal, que parece consciente de su decrepitud y de la cercanía de su muerte.

—Se llama Keny, es macho y, como te digo, tiene ocho años. Vino por cojera, tiene una artroplastia desde hace cuatro años por una luxación de cadera. Resulta que se ha caído y sufre una cojera aguda.

—¿Dónde vive? —pregunto.

—En un piso —responde el veterinario—. Los conejos están teniendo ahora mucho éxito como mascotas porque son muy inteligentes, muy interactivos y muy limpios. Pueden estar sueltos por la casa y solo entran en la jaula para comer o para hacer sus necesidades. Son más cariñosos que los gatos y pueden vivir en poco espacio.

Mientras nos alejamos, pienso que el asustado Keny, en la naturaleza, habría sido pasto de las alimañas hace mucho tiempo. Lleva razón el paleontólogo: plenitud o muerte.

No sé cómo, ya que el historial clínico del conejo me ha trastornado un poco, llegamos a una acogedora habitación sobre la que Lola Pérez Alenza me informa:

—Esta salita es de cardio, pero la utilizamos también para un momento muy especial de nuestra profesión, que es cuando tenemos que decirle al propietario de un animal que conviene sacrificarlo porque tiene un pronóstico fatal y está sufriendo. Le ayudamos con objetividad y delicadeza a que tome la decisión. Se trata de una situación muy difícil porque las mascotas forman parte de la vida familiar y su ausencia provoca un agujero.

—Ya —digo. Estoy pensando en mi gata, que, según mis cálculos, debe de encontrarse en el último tercio de su vida.

—En el procedimiento —continúa Lola—, se atenúan las luces, se los seda un poquito y luego se les pone una inyección que les provoca un paro cardiaco inmediato. Nosotros no ponemos música, pero en Estados Unidos sí. No sufren nada. Hay que evitarles el dolor. Evitárselo al dueño es imposible, pero se lo podemos mitigar acompañándolo.

—¿Y qué hacéis con el cadáver?

—Algunos los donan para que los estudiantes hagan prácticas. Otros los recoge una empresa para incinerarlos o para enterrarlos, pues hay cementerios particulares de animales.

—¿No los puedes enterrar en tu jardín?

—No, está prohibido por cuestiones sanitarias. Si mueren aquí, solo pueden salir de aquí a través de las empresas dedicadas a ello.

Abandonamos la salita acogedora, la de las eutanasias, la salita del Tánatos, y al poco nos hallamos en el servicio de endoscopia, donde un par de veterinarios muy jóvenes (chica y chico) están explorando el intestino grueso de un perro de diez años que yace dormido sobre una mesa. Pertenece a una raza pequeña, con mucho pelo, de modo que así, tan quieto, parece un peluche.

En el interior del peluche, sin embargo, y gracias a un monitor, se aprecian rugosidades y pliegues perfectamente orgánicos hacia cuya hondura progresa el tubo del endoscopio con la cámara, provista de una lámpara que ilumina los penetrales del mamífero. Da la impresión de que también nosotros avanzamos por el interior de una gruta húmeda.

—¿Qué le pasa? —pregunto.

—Tiene una masa en el recto, creemos que es un tumor, pero hay que biopsiarlo y ver si tiene algo más —me dice ella—. Acabamos de empezar, estamos a la altura del esfínter anal y tenemos que llegar hasta el final del intestino grucso.

Mientras habla, la joven veterinaria va introduciendo lentamente en el cuerpo del animal el tubo con la cámara que permite la exploración. Su compañero, junto al monitor, manipula unos botones con los que hace girar el objetivo en una u otra dirección para detectar, si las hubiera, malformaciones en las paredes del intestino. Gracias a una dieta y a unos enemas previos, las entrañas palpitantes del perro se encuentran limpias, sin restos de comida o heces. La exploración tiene algo de viaje al centro de la Tierra. Parece mentira que el intestino, tan cercano en centímetros a la superficie del cuerpo, se halle sin embargo en otra dimensión de la realidad.

—Ahora —dice la joven sin perder de vista la imagen del monitor— estamos en el colon descendente. Vamos a girar por el colon transverso. Nos falta otro giro todavía. De momento no ha aparecido ninguna otra masa sospechosa, solo la que hemos descubierto a la entrada del recto.

—¿Cómo se le descubrió? —pregunto.

—Tenía sangre en las heces. Por eso está aquí. Mira, ya estamos llegando al final del intestino grueso. Desde ahí, marcha atrás. No pasamos de la válvula que comunica con el intestino delgado a no ser que lo necesitemos para algo. Podemos meter la pinza o el endoscopio, pero en este caso no tiene sentido porque el problema no está ahí.

Lola nos conduce ahora a la planta de hospitalizaciones, compuesta por una arquitectura compleja de puertas y pasillos por la que pierdo el sentido de la orientación. Me parece que sigo en los intestinos tortuosos del perro. Me siento, de súbito, como un mero portador de un aparato digestivo que ocupa la parte central de mi cuerpo, desde la boca hasta el ano.

Mientras caminamos, se me informa de que los perros y los gatos no sufren infartos, aunque los cerdos sí.

—Creo que es por la conformación anatómica —añade Lola—. Tampoco tienen niveles altos de colesterol, aunque coman carne.

En una de las jaulas del sanatorio visitamos a una perrita yorkshire terrier de siete años que ingresó la noche anterior, por urgencias, con convulsiones que ya han logrado frenar. Tiene un fallo renal severo para su edad, además de hipertensión.

—Está muy malita —concluye la veterinaria encargada.

La perrita se muestra desorientada y nos mira con gesto de interrogación: «¿Qué va a ser de mí?», parece decir.

Me identifico con su desorientación y con su desamparo.

—La cara del perro —me dicen— es muy expresiva. La del gato es mucho más difícil de interpretar.

—¿Sobrevivirá? —pregunto.

Me responden con un gesto de duda que deja escaso margen para la interpretación.

—El propietario sabe que el pronóstico es malo y aún no ha tomado «la decisión» —añaden—. Le estamos dando un par de días para que lo madure mientras permanece hospitalizada.

Vemos más perros con distintas patologías. Uno padece una neumonía no infecciosa porque se le fue el alimento al pulmón. No es mortal. En la jaula de al lado hay otro que llegó hace diez días por una dilatación de estómago. En esto, tenemos que apartarnos un poco porque traen del quirófano a otro perro recién operado de un tumor en el párpado. Es un labrador grande y negro. Sigue dormido y lleva toda la lengua fuera.

—Al intubarlo —me informan— se le saca la lengua. Si se le pone azul, significa que no respira bien y tenemos que actuar.

Cuando inicio la retirada para abandonar la zona, pues no soporto tanta decrepitud ni tanta enfermedad ni tanta muerte, me detienen aún para mostrarme a un perro de aguas español «de buen carácter y con sospecha de pancreatitis». «Sospecha de pancreatitis», repito para mis adentros como un mantra. Suena bien.

Mientras el grupo continúa la visita médica, logro hacer un aparte con Lola para que me hable de la vejez en los animales domésticos.

—Es muy diferente de la de las personas —me dice—, en el sentido de que los animales se adaptan a la vejez mejor que los humanos. Les duelen las rodillas o la cadera, como a nosotros, pero se adaptan con decoro a los cambios de la edad. Mi gata, de dieciséis años, es la dueña de la casa. Tiene artrosis y le doy medicamentos para evitarle el dolor. Se mueve menos que antes, pero con gran nobleza. Tiene todos sus galones puestos.

—Un humano —digo pensando en mí— en esa situación se habría derrumbado o estaría todo el día quejándose.

—Exacto —asiente Lola—. Se pasaría el día preguntándose por qué ha tenido que tocarle a él. Los animales no pierden la compostura. Tengo pacientes muy viejitos, la mayoría con enfermedades endocrinas, a los que ayudo a prolongar la vejez con calidad de vida. Tenemos perros de diecisiete o dieciocho años y algunos gatos de hasta veinte. Más viejos que la carraca, pero ahí están gracias a nuestros cuidados. Aprendemos de ellos.

—¿Qué aprendéis?

—Nuestras cabezas, con frecuencia, no nos ayudan a aceptar las limitaciones inherentes a la vejez, lo que nos impide ver que, aunque con achaques, hay vida todavía. Los animales se adaptan a esas limitaciones, no se comen el coco como nosotros.

En esto interviene Arsuaga, que ha escuchado parte de nuestra conversación:

—Los animales sociales, en la naturaleza, lo pasan mal cuando envejecen. Cobran mucho de los jóvenes. Cuando un león, un lobo o un bisonte empieza a encorvarse, los jóvenes le dan caña. Por eso duran poco.

—Los veterinarios —dice Lola— ayudamos a los animales a envejecer con dignidad, pero no nos aplicamos esa filosofía a nosotros mismos. No tendríamos por qué sentirnos mal por tener ochenta años y tomar siete medicamentos.

—Mi dignidad no está en mi próstata —responde Arsuaga—, ¡estaría bueno!, ni en mi cristalino ni en mi hígado. No sé dónde está, pero ya os digo que en mi próstata no.

Hay un silencio que a mí, que soy el más viejo de los tres, me resulta incómodo y que resuelve el paleontólogo en tono jovial:

—Bueno, ya hemos visto bastante decrepitud y bastante muerte. Vamos a ver ahora el amor.

El amor no se encuentra muy lejos de allí. Se desarrolla en una instalación para caballos donde Arsuaga me presenta a Mónica Domínguez, ginecóloga de yeguas y uróloga de caballos, y a Paloma Forés, vicedecana de estudiantes.

—Te tengo dicho que no me presentes a tanta gente —le digo al paleontólogo en un aparte—, me hago un lío con tantos nombres. Me hago un lío con tantos personajes.

—La vida está llena de personajes —me responde.

Nos encontramos en una sala grande, muy grande y de techos altos, una especie de pequeño hipódromo interior, en donde enseguida aparece, guiado por una estudiante experta, un macho enorme (o esa impresión me da a mí) de nombre Nervudo.

—Este caballo —dice Mónica Domínguez— es un eterno adolescente. Tiene siete años.

—¿Y cuántos vive un caballo? —pregunto.

—Hasta treinta —contesta Arsuaga.

—Nervudo —continúa Mónica Domínguez— es un semental del ejército, español de pura raza. Morfológicamente, le darían un diez en un concurso. Lo llamo «eterno adolescente» porque tiene una actitud de chulito. El nombre técnico de chulito es «apotrancado».

En una sala contigua a esta especie de pequeño hipódromo interior, también bastante grande, le espera a Nervudo una yegua en celo, de nombre Mexicana, encerrada en una suerte de jaula en la que sus movimientos están muy limitados. Al lado de esta yegua de verdad hay una de mentira, construida sobre algo que recuerda a un potro de gimnasio al que han puesto por encima una cubierta que evoca ligeramente el cuerpo de una vaca.

Intuyo enseguida que se trata de un tosco juguete sexual y me lo confirman al momento: la idea es excitar a Nervudo con la yegua auténtica para hacerle eyacular sobre la falsa al objeto de recoger su preciado semen.

Dios mío.

Ahí viene el caballo relinchando de excitación y de placer porque le han llegado los efluvios de la yegua en celo y sabe que viene a follar. En la sala, además de nosotros, hay un grupo de diez o quince estudiantes atentos (atentas, más bien, pues la mayoría son mujeres) a la lección que están a punto de recibir.

Tras dejar que el caballo aproxime la nariz a los genitales de la yegua, que ha levantado, receptiva, la cola, la estudiante que conduce a Nervudo de las riendas lo acerca a la yegua falsa, llamada maniquí o fantasma (¡fantasma!). La erección del caballo, siendo considerable, no está todavía, según me dicen, a la altura de sus posibilidades. Cuando la alcanza, otra estudiante le sujeta el gigantesco miembro con la mano derecha para limpiárselo con un paño humedecido en algún producto antiséptico que lleva en la izquierda.

—Se trata —me informa Paloma— de dejarlo completamente limpio de bacterias que podrían mezclarse con el semen.

Hecho el lavado, aparece otra estudiante con una vagina artificial, una estructura alargada, en forma de tubo de cuero, que lleva en su interior un recipiente de caucho dotado de un circuito de agua cuya temperatura es la misma que la de la vagina de la yegua. Nervudo monta entonces a la yegua falsa (¡al fantasma!), y la estudiante le introduce, no sin penalidades, el pene en la vagina artificial. El caballo se agita incómodo, patea.

—Hay algo que no le gusta —dice Paloma—, o la presión del agua o la temperatura. Se va a bajar.

En efecto, el caballo se baja y la erección disminuye. Su cuidadora intenta calmarlo con caricias en el cuello mientras la estudiante revisa la vagina y va a cambiarle el agua, cuya temperatura no era la adecuada.

—Tiene que estar bastante calentita —me dice Paloma—: Cuarenta, cuarenta y dos grados. Ten en cuenta que treinta y siete grados es como un biberón templadito, pero una vagina tiene que estar más caliente.

La asociación entre el biberón y la vagina me desasosiega un poco, pero estamos ahí para aprender algo del amor, o del sexo, o de la masturbación, no sé, estamos ahí para aprender algo que no sabíamos y pongo todos mis sentidos en ello.

El caballo se mueve inquieto, le deben de haber llegado de nuevo los efluvios de la yegua auténtica, porque la erección es más escandalosa, si cabe, que la anterior.

—Todo esto —me explica la vicedecana— forma parte del proceso de doma. Has de saber manejar a un caballo del que estás a punto de obtener su semen y lograr que te obedezca pese a que tenga una erección como la que ves. Muchos problemas, en las yeguadas, se deben a la falta de doma. Esta chica —se refiere a la estudiante que conduce al semental— lleva tres años trabajando con nosotros, está terminando la carrera. Como ves, lo tiene dominado, es muy buena.

—Lo controla como a un cordero —dice Arsuaga.

En esto, regresa la estudiante con la vagina artificial. El caballo se sube otra vez al fantasma, le introducen el pene en la vagina artificial. Nervudo patea, se agita, empuja, muerde las crines artificiales del maniquí...

—No debería tardar tanto —dice Paloma, preocupada.

Pero el caballo se muestra desesperado porque, me informan, no tiene la vagina en una posición cómoda.

—Demasiado ladeada —añade Paloma.

—Lo está pasando mal —aventuro yo.

—Sí.

—¿Tardan mucho en eyacular? —pregunto.

—Un minuto o un minuto y medio —dice.

—Me parece poco —opino tratando de no parecer presuntuoso—. ¿Es un eyaculador precoz?

—No, no es precoz. Has de tener en cuenta la parte previa a la monta, el jugueteo, el cortejo. Son más precoces los conejos.

—Y cuando un caballo monta a una yegua de verdad, ¿le da tiempo a disfrutar a ella?

—Las yeguas... A ver, a las yeguas no se les nota el orgasmo como tal, pero lo cierto es que las que no están en celo rechazan completamente al macho. No tienen un clímax, por decirlo de alguna manera, pero les gusta ser montadas.

—El problema de la inseminación artificial —añado compadecido de Mexicana, que se muestra anhelante— es que estas pobres ahora no disfrutan nada. Les introducen el semen con la mano y ni se enteran.

—El brazo del inseminador —arguye Paloma— es lo mismo que el pene, llega también al cérvix, y después de inseminarla se le estimula porque el caballo lo que hace es empujar el cuello del útero con los golpes de riñón... Pero no, no es lo mismo. Al contacto con el macho liberan oxitocinas y luego son más fértiles.

Tras unos cuantos empujones estériles, Nervudo desiste de nuevo para angustia de los presentes.

Mexicana, entre tanto, atrapada en su estructura de acero, levanta la cola al tiempo que abre y cierra los genitales húmedos, como si parpadeara.

—A eso —me dice Paloma— lo llamamos guiño. Está guiñando. Quiere decir que está muy receptiva.

—¡Pobre! —exclamo yo verdaderamente conmovido.

Al cuarto o quinto intento, tras hacerse cargo una profesora del falo verdadero y de la vagina falsa, Nervudo logra eyacular tras minuto y medio, más o menos, de agitación.

Hay en la sala un suspiro generalizado de alivio. Por mi parte, no estoy seguro de haber asistido, como se me prometió, a una sesión de amor. Casi prefiero el Tánatos. Todo ha tenido un tono entre berlanguesco y cruel. He sufrido mucho por Nervudo, pero también por Mexicana. Estoy agotado, como si el esfuerzo amatorio lo hubiera realizado yo, y se acerca la hora de la comida, dos circunstancias que nublan mi entendimiento.

La profesora que ha obtenido el semen se aproxima a nosotros con el depósito de plástico transparente que contiene el esperma del caballo. Tampoco me parece una cantidad muy grande para el tamaño de la bestia.

—¿Cuánto eyaculan? —pregunto sin que parezca que pretendo competir.

—Desde cuarenta mililitros hasta ciento y pico, depende del caballo —me responden.

Luego, depositan una gota del preciado líquido sobre la placa de un microscopio conectado a un monitor para que estudiantes, visitantes y profesores asistamos con asombro al baile de los miles o cientos de miles de espermatozoides que se agitan en busca de un destino. Los hay que suben y los hay que giran sobre sí mismos, como si estuvieran perplejos.

—Esos que giran sobre sí mismos —dice alguien— no son buenos.

—¿Quizá porque tienen un temperamento obsesivo? —aventuro sin obtener respuesta.

Si yo fuera un espermatozoide de caballo, pienso para mis adentros, pertenecería a esa categoría autorreflexiva escasamente útil.

De vuelta a casa, el paleontólogo me recuerda el asunto de la proliferación celular.

—Me lo explicas otro día —le ruego—. No son horas.

Cuatro. Seamos epicúreos

Atravesaba yo uno de esos momentos de la existencia en los que sientes que tienes que hacer algo para sobrevivir. Sobrevivir a los días, a las horas, al instante de levantarte de la cama y de meterte en ella, que son los más peligrosos de la jornada, como el despegue y el aterrizaje para un avión o el encendido y el apagado para un ordenador. Ignoraba qué significaba «hacer algo», pues por mi cabeza pasaban indistintamente las ideas de apuntarme a un curso de yoga, de volver a la bicicleta estática, de reconvertirme al catolicismo o de ingresar en una secta satánica.

Algo.

Hacer algo.

Al final, se me ocurrió adelgazar.

No es que estuviera gordo, o muy gordo. Pesaba ochenta y tres kilos y medio, que, para mi estatura (1,75), solo constituían unos pocos kilos de más. Pero empecé a atribuir mi malestar a ese ligero sobrepeso como el que comienza a proyectar el odio que siente hacia sí mismo a una figura pública. Dado que los kilos sobrantes eran míos, detestarlos era un modo de detestarme a mí mismo, asunto en el que soy experto. Me miraba en el espejo y efectuaba recortes imaginarios en una u otra parte de mi cuerpo.

¿Qué hacía con la carne sobrante?

La enterraba en el jardín. Todo el mundo tiene un cadáver en el jardín, o en el armario, pero es más higiénico tenerlo en el jardín. Imaginaba a la policía llamando a mi puerta con una orden judicial: «Tenemos que revisar su jardín».

Y se pasaban dos o tres días haciendo agujeros aquí o allá, aunque sobre todo donde más había crecido el césped, hasta que daban con mis siete u ocho kilos sobrantes en estado ya de descomposición, aunque aptos para tomar de ellos unas muestras de ADN que fatalmente coincidirían con el mío. El peso normal de un bebé al nacer es de unos tres kilos. Significaba que yo me había deshecho de dos bebés. Había llevado en mi cuerpo el peso de dos recién nacidos, quizá uno de ellos correspondiera al gemelo al que siempre he pensado que devoré en el útero de mi madre y por el que todavía no me han pedido cuentas. Porque yo vengo de ahí, del canibalismo, como cualquier neandertal que se precie.

En fin.

¿Por dónde empezar?

Me hablaron de una dietista muy famosa que salía en la radio y de cuyos resultados todo el mundo se hacía lenguas (me horroriza esta expresión, «hacerse lenguas», porque al pronunciarla tengo la impresión de que la mía engorda y no me cabe en la boca, dificultándome la respiración).

Todo el mundo se hacía lenguas de aquella dietista, a la que se referían también como nutricionista.

Conseguí el número de su consulta y un lunes de primeros de marzo en que me hallaba al borde del suicidio, llamé.

—Consulta de la doctora Equis —dijeron al otro lado—, ¿en qué puedo ayudarle?

—Quería cerrar una cita para ver a la doctora —dije.

—¿Y para qué quiere usted la cita, para adelgazar o para tratarse de algún problema digestivo?

Permanecí atónito un segundo. Luego dije:

—En realidad, ni para una cosa ni para la otra. No estoy enfermo y tampoco estoy seguro de padecer un problema grande de sobrepeso. Quería hablar con la doctora para estudiar la posibilidad de introducir en mi vida hábitos alimenticios más saludables que los que vengo manteniendo.

—Eso no puede ser —me respondió la amable señora que se encontraba al otro lado de la línea—, tiene usted que elegir entre querer adelgazar o estar enfermo. Si elige querer adelgazar, la primera consulta le costará ciento treinta euros y dura hora y media.

Preferí no averiguar cuánto me costaría la elección de estar enfermo.

—Lo tengo que pensar. Llamaré en otro momento —concluí.

Tras relatar esta curiosa experiencia capitalista en la radio, un amigo me telefoneó para darme el número de una nutricionista que vivía en Barcelona y que atendía por Skype.

Llamé enseguida, pues me acuciaba introducir en mi vida algo nuevo. Recuerdo que le dije:

—Hay una cuestión no negociable: la del vino. Bebo medio litro diario en la comida. Y uno o dos gintonics semanales al caer la tarde.

—Negociemos —dijo la dietista amable—. ¿Estaría usted de acuerdo en no tomar más que vino tinto, de crianza para arriba, o, en su defecto, champán?

—Estaría —dije.

—¿Y lograría beberse un cuarto de litro en vez de medio litro en las comidas?

—Lo intentaría —respondí.

Fue llegar a un acuerdo y recibir un correo electrónico de Arsuaga, que parece que me vigila a distancia, como mi madre, a la que jamás logré ocultar nada. Me citaba para una comida pantagruélica, toda ella de productos del mar —los que más me gustan—, en cuyo transcurso me explicaría algo que prefirió no adelantarme.

Le oculté que me acababa de poner a dieta y quedamos en vernos el 25 de marzo.

—Pero antes de comer —añadió Arsuaga— daremos un paseo por el parque de la Fuente del Berro.

—¿Y eso? —pregunté.

—Para abrir el apetito.

Yo no necesitaba abrir el apetito; al contrario, ya he comentado que estaba a dieta y tenía hambre a todas horas de las cosas de las que me había quitado, pero fingí que me parecía bien.

En el parque de la Fuente del Berro hay pavos reales que cortejan en primavera. El paleontólogo y yo nos detuvimos frente a un macho y una hembra separados por unos diez metros. La hembra miraba al infinito y el macho observaba cómo la hembra miraba al infinito, igual que cuando ves un cuadro pintado dentro de un cuadro. La mirada del macho era una metamirada.

—Tarde o temprano —dijo Arsuaga— la hembra volverá sus ojos hacia el macho y ocurrirá algo.

Al poco, en efecto, la hembra giró el cuello y reparó o fingió reparar en la presencia del pavo real, que desplegó su cola en abanico como si alguien hubiera accionado un interruptor. Tras unos segundos, la hembra regresó a su posición anterior y la cola del pavo volvió a recogerse. El gesto de la hembra se repitió en varias ocasiones provocando sucesivos movimientos de erección y deflación automáticos en la cola del pavo, como cuando un niño juega a apagar y encender la luz. Finalmente, la pava se retiró y el pavo permaneció impasible donde estaba, encajando quizá su frustración amatoria.

—Esto no va —dije al paleontólogo.

—No sabemos cuándo va o cuándo deja de ir —respondió él—. A lo mejor tendríamos que haber venido antes. Ahora hace mucho calor.

—Nunca hace demasiado calor para echar un polvo —aventuré yo.

—Tú no tienes ni idea —dijo él.

Seguimos nuestra marcha por el parque en busca de una cópula real que no llegó a ocurrir, aunque asistimos a muchos juegos de miradas y de levantamientos de cola, lo que no dejaba de ser impresionante en sí mismo.

—Estos fracasos venéreos —comenté— me traen a la memoria las frustraciones de los domingos por la tarde de mi adolescencia.

El paleontólogo ignoró mi comentario.

—Darwin sabía que para alcanzar la categoría de científico era preciso descubrir y formular leyes. Era lo que había hecho Newton con la de la gravitación universal.

—¿Y lo logró?

—Claro. Descubrió y formuló en primer lugar la de la selección natural y luego la de la selección sexual. De esto ya hemos hablado, pero no lo suficiente. Ten en cuenta que la biología, hasta Darwin, carecía de leyes.

—Ya.

—El pavo real es perfecto para demostrar que existen esos dos tipos de selección. Hay en su cuerpo aspectos que son el resultado de la adaptación al medio y aspectos cuyo objetivo no es otro que el de la atracción sexual. ¿Para qué sirven los ojos?

—Para ver —digo.

—¿Y las patas?

—Para andar.

—Y así de forma sucesiva. Ahí tienes una serie de rasgos de adaptación al medio. ¿Pero para qué le sirve la cola al pavo?

—Para follar —contesto.

—Para la selección sexual, por tanto. El penacho de plumas de la cola en el macho de pavo real carece de función ecológica. Todo lo que ves en este animal desde el pico hasta el comienzo de la cola tiene que ver con la lucha por la vida. El penacho de la cola solo tiene que ver con la reproducción.

—¿Y en la hembra?

—En la hembra todo es adaptativo. La hembra del pavo es pura ecología.

—¡Qué suerte! —exclamo imaginando la incomodidad de arrastrar una cola, al tiempo de mirar con disimulo el reloj, pues se acerca la hora de comer y comienzo a notar la bajada de azúcar o de hidratos, o de lo que quiera que baje a esas horas en mi sangre.

—Dentro de la lucha por la reproducción —continúa Arsuaga—, hay dos modelos.

—A saber —digo para acelerar.

—El de la palestra y el de la pasarela. Entre los mamíferos, los machos luchan en la palestra. Entre las aves, luchan en la pasarela. En los dos casos, las hembras se reproducen con los que tienen los mejores genes.

Arsuaga se detiene, me observa con una mirada calificadora y me pregunta si entiendo bien la diferencia entre la palestra y la pasarela. Hago un gesto de asentimiento porque sé, como mamífero, lo que ha significado luchar en la palestra, y seguimos andando hasta detenernos frente a otro macho lleno de ansiedad, pues tiene cerca una hembra que no se digna lanzarle una mirada.

—Este pobre —dice el paleontólogo— está de hormonas hasta arriba. Esta luz primaveral de la que gozamos hoy aumenta la secreción hormonal. Date cuenta de que las crías tienen que nacer en el momento en el que hay mayores recursos. En el caso de las aves, cuando abundan los insectos.

—Los insectos —repito de manera mecánica.

—Precisamente —añade Arsuaga—, ahora se cumple el ciento cincuenta aniversario de la publicación de *El origen del hombre y la selección en relación al sexo*, de Charles Darwin. El sexo guarda mucha relación con la muerte, supongo que no necesitarás que te lo explique.

—No —finjo que se trata de una relación evidente, pues los hidratos o el azúcar han dejado de caer para precipitarse como un suicida por un acantilado.

—Desarróllalo un poco.

—Bueno —añado—, los franceses llaman al orgasmo «pequeña muerte» porque el orgasmo es lo que precede a la muerte grande que se da, tarde o temprano, en la persona concebida a través de ese pequeño desvanecimiento.

El paleontólogo duda unos instantes, como frente a un alumno vago que intenta colársela.

—Entonces podemos irnos a comer —concluye al fin para mi felicidad intestinal.

El restaurante se halla en la avenida de Menéndez Pelayo, frente al parque del Retiro. Se llama Zoko Retiro y parece vasco, como Arsuaga, que tiene amigos, vascos o no, en todas partes. Me informa de que nos han preparado un menú especial, diseñado por él; seguramente, pienso yo, incompatible con mi dieta.

Que le den a la dieta, me digo nada más sentarnos.

Mientras nos colocan los cubiertos y nos traen algo de beber, el paleontólogo me explica que él es neodarwinista.

—Y hay tres cosas —añade— que el neodarwinismo tiene dificultades para explicar. Ha explicado las adaptaciones, las ecológicas y las reproductivas, pero quedan tres sin aclarar: por qué hay sexo, por qué hay muerte y el altruismo.

—Y por qué no empiezan a traer ya la comida.

—A esta tarea —prosigue Arsuaga, indiferente a mi estado de desfallecimiento— se enfrentó el neodarwinismo a partir de los cuarenta, los cincuenta y los sesenta del pasado siglo y aún continúa.

—¿Por qué hay sexo? —pregunto.

—La mitad de tus cromosomas son de tu padre y la otra mitad, de tu madre; de manera que, cuando un individuo se reproduce, renuncia a la mitad de sus genes en la descendencia. Tus hijos solo llevan la mitad de los tuyos y tus nietos, la cuarta parte.

—El sexo, entonces, te va haciendo desaparecer a medida que pasan las generaciones.

—Exacto. ¿Por qué no entonces la partenogénesis, un proceso por el que el óvulo, sin necesidad de ser fecundado, se segmenta dando lugar a un clon? Tal es el caso de algunas culebras y lagartos. ¿Por qué no somos partenogenéticos? ¿Qué explicación tiene el sexo?

—También podríamos preguntarnos por qué hay partenogénesis en vez de sexo.

—Es que el sexo, a simple vista, no tiene ninguna ventaja. ¿Por qué vas a renunciar a la mitad de tus genes? Piensa en el salmón.

—Si pienso en el salmón, me muero de hambre.

—Mejor aún, piensa en él para ir preparando los jugos gástricos. La hembra desova, produce un millón de huevos o los que sean. ¿Por qué no se convierten directamente en alevines de salmón sin necesidad de que el macho los fecunde?

—Esa es la pregunta que yo me he hecho muchas veces: ¿para quién follamos?

—¿Por qué las hembras nos necesitan biológicamente hablando?

—Si lo sabes, dímelo ya —le ruego.

—Un romántico como tú, un Kropotkin, un personaje *new age*, un hippie, diría que todo obedece a un orden, que los individuos sirven a propósitos generales del funcionamiento del mundo. Pero te tengo que desilusionar: no hay respuesta.

—¡Vaya!

—De haberla, estaría emparentada con la respuesta a la muerte. ¿Por qué unas especies mueren a una edad y otras a otra? ¿Quién la programa y por qué?

—Por el bien de la especie.

—Para el darwinismo no existe el bien de la especie. Para el darwinismo solo cuentan los intereses del individuo. La selección natural sigue al economista escocés Adam Smith: la mano invisible del mercado.

—Es al revés. Es Smith el que plagia a la selección natural —puntualizo.

—Como prefieras —continúa el paleontólogo—, aunque Smith es anterior a Darwin. La cuestión es que la idea del bien de la especie la tenemos metida en el cerebro porque la hemos oído cien veces. Todos los dramas de la naturaleza se han explicado siempre por el bien de la especie. Yo llamo a eso «el discurso Félix Rodríguez de la Fuente», porque se limitaba a seguir un razonamiento que en su época parecía evidente. Pero a la evolución ¿qué hostia le importa el bien de la especie? A la gente bienintencionada como tú, sí, pero a la evolución le importa un comino. En otras palabras, para la muerte y para el sexo, de momento, hay la misma respuesta: ni idea. No te agobies.

—No me agobio, pero podrían ponernos algo de picar.

—Darwin —sigue sin desfallecer Arsuaga— ha tenido la oposición de todos los progres de la historia. Se le reprochaba su pertenencia a la sociedad victoriana, en la que se supone que la competencia de la economía de mercado estaba bien vista, lo mismo que la industrialización y, si me apuras, el colonialismo. Se puede montar todo un tinglado teórico para demostrar que Darwin era un hijo de puta. Pero no lo era. Era antiesclavista, estaba en contra del colonialismo y de la vivisección, que consiste en experimentar con animales vivos. Vivía de forma muy austera en un pueblo. Es cualquier cosa menos un victoriano capitalista. No te digo que no hubiera asumido inconscientemente los valores de su época y que estos no influyeran de algún modo en sus teorías científicas...

—Claro.

—Yo soy partidario de juzgar las teorías científicas por su valor científico. Conviene que no se contaminen de las ideologías. La tabla periódica es la misma en Corea del Norte que en Corea del Sur, es universal, y la ciencia ha de aspirar a la universalidad. El sodio tiene un catión con una valencia en la China comunista y en los Estados Unidos de América.

—Ocurre algo parecido con el orden alfabético —digo yo—. Todos los órdenes cambian menos el alfabético. A Franco no se le ocurrió decretar que el alfabeto empezara por la efe.

—Pues ya está. Tenemos un problema con la búsqueda de la belleza y necesitamos encontrar belleza en la muerte. Si morimos para dejar paso a los otros, por el bien de la especie o por cualquier otra tontería *new age*, nos quedamos más tranquilos. Pero te lo voy a decir tan claro como pueda: la selección natural es la muerte, es la muerte matando niños. Aún más: la selección natural es la mortalidad infantil.

—¿Sabes lo que decía Rilke de la belleza? —intervengo para evitar el monólogo.

—Qué.

—Que no es más que ese grado de lo terrible que todavía soportamos.

—Está bien expresado.

Creo que el paleontólogo no es consciente de la desesperación que destila cuando se refiere a la muerte.

—Pero, en fin —añado—, de lo que dices, y si es cierto que la muerte no existe para beneficiar a la especie, se deduce que existe para beneficiar al individuo. Qué raro, ¿no?

—Ahí está el reto. Lo sencillo es deducir que te mueres para que tus hijos se queden con tu piso. Eso se entiende porque es intuitivo. Pero la ciencia, te lo he dicho mil veces, es antiintuitiva. Lo difícil de explicar es que la muerte beneficie al muerto.

—¿Y lo beneficia?

—Yo soy fundamentalmente un proveedor de preguntas, no de respuestas. Pero ya lo veremos. Veremos eso, veremos el sexo y veremos el altruismo y la cooperación.

En esto llega el camarero y pone sobre la mesa un recipiente con cacahuetes pelados junto al que coloca un bol con salsa al pesto. También nos trae unos palillos porque dice Arsuaga que ese aperitivo se come con palillos.

En mi dieta están completamente prohibidos los frutos secos, por calóricos. Significa que Arsuaga parece saber todo lo que no me conviene. A mi sentido religioso (de *religāre*, unir) no le conviene la total ausencia de sentido de la existencia que predica el neodarwinismo y a mi estómago no le conviene esta legumbre aceitosa. Pero estoy muerto de hambre, de modo que cojo los palillos, tomo un cacahuete, lo mojo en la salsa y me lo llevo a la boca. Un bocado exquisito.

—¿No te evoca nada ese movimiento de los palillos? —pregunta Arsuaga.

—¿Qué debería evocarme?

—El pico de un pájaro en el acto de comer.

Es cierto. Como soy hábil en el manejo de los palillos porque adoro la comida japonesa, los hago entrechocar imitando los movimientos del pico de un canario.

—Cuando diseñé el menú que nos van a servir —explica Arsuaga— pedí que nos pusieran esto para empezar.

—¿Tiene algo que ver con la muerte?

—No, pero es divertido. José Antonio Valverde, que es, entre otros, el artífice del coto de Doñana, era un naturalista de amplio espectro y muy buen dibujante. Como no estaba especializado en evolución, tenía una visión mucho más amplia de ella. Al no ser del oficio, se le ocurrieron cosas que jamás se le habrían ocurrido a un profesional.

—¿Qué cosas?

—Decía que en el origen de la evolución humana está el grano. Mucha gente cree que la evolución humana se puede explicar desde una sola variable.

—Ese es el sueño de la religión —apunto—. Los sistemas que lo explican todo son religiones.

—Según la hipótesis granívora —continúa Arsuaga—, todas las especies que se alimentan de grano, de semillas, tienen el aparato masticador dividido en dos partes separadas por un hueco sin dientes que en anatomía se llama «diastema».

—Aparato masticador —repito, porque me suena bien.

—Se le llama de este modo —aclara Arsuaga— porque la ciencia está impregnada de la concepción mecanicista del XVII, con la que nació. Para Descartes, todo es máquina.

—De ahí vienen también el aparato locomotor, el aparato circulatorio, el digestivo, el aparato genitourinario, etcétera. Estamos hechos de aparatos.

—Veamos un ratón: tiene los incisivos delante. Luego aparece un gran hueco.

—El diastema —remacho yo llevándome a la boca, con la punta de los palillos, un grano de cacahuete bañado en pesto que dejo reposar, antes de masticarlo, en mi propio hueco bucal, sobre la lengua, para darles gusto a las papilas gustativas.

—Digamos que en el ratón los incisivos sirven de pinza, y las muelas, de trituradora. Toma nota de esto —dice el paleontólogo apuntándome con los palillos—: Pinzamiento y trituración. Las aves no tienen dientes, sus antepasados los tuvieron, pero los han perdido. No significa que carezcan de aparato triturador. Se llama «molleja», una musculatura fuerte, muy dura, capaz de convertir un grano en polvo. Un insectívoro no necesita moler, se alimenta de insectos. Un carnívoro no necesita moler, solo desgarrar la carne y tragarla a trozos. Pero un granívoro tiene que machacar. La perdiz ha desarrollado en el estómago una estructura musculosa, la molleja, que es un verdadero aparato triturador. A veces se meten piedrecitas, para ayudar a la molienda. En los esqueletos de los dinosaurios se han hallado piedras pulidas por los jugos gástricos. Se llaman «gastrolitos».

—Gastrolitos, qué buen nombre, se aprecia su cuerpo etimológico a simple vista —digo yo mientras me llevo a la boca otro cacahuete con el que pongo a prueba las habilidades de mi aparato masticador, al tiempo de hacerme consciente de que poseo un diastema en el que podría, si quisiera, almacenar más de un grano.

—En las gallináceas se distingue muy bien la pinza de la muela —añade Arsuaga.

A lo que respondo, animado por las calorías proporcionadas por los cacahuetes y el pesto:

—La molleja de pollo, con arroz o verduras, está riquísima. Recuerdo haberla tomado en Colombia y en Ecuador.

—Y bien —prosigue el paleontólogo sin dejar de utilizar su pinza y su aparato masticador—, ¿qué hizo el ser humano cuando se bajó del árbol?

—Qué.

—Se hizo granívoro. Liberó a las manos de su función locomotora y utilizó los dedos como pinza para coger el grano. Ahí aparece la separación entre pinza y muela.

—¿La pinza sería la mano, y la muela, los dientes?

—Exacto. Nuestra boca pierde la proyección, pierde el morro. En cuanto a los incisivos, son muy pequeños. Lo que de verdad hemos adquirido son muelas. Nos hemos vuelto homínidos. Un chimpancé, cuando se come una fruta madura, la trocea con los incisivos y se traga el pedazo sin masticarla apenas, porque la fruta madura es blanda y no es preciso triturarla. Por eso el chimpancé tiene unas muelas pequeñas comparadas con las de nuestros antepasados los australopitecos, que fueron los primeros bípedos. Y esto que te acabo de resumir, o sea, que en el origen de la evolución humana está el grano, es la hipótesis granívora de Valverde. Vivió convencido de que le darían el Nobel.

Como si nos halláramos dentro de una representación teatral dirigida por Arsuaga, nada más dar fin a la hipótesis granívora (y a los cacahuetes con pesto), aparece el camarero, que se llama Luis Gallo y que quiere salir en nuestro libro, y nos coloca a cada uno un plato con una pata de pulpo al horno acompañada de una excelente guarnición de verduras.

—Con el pulpo —dice Arsuaga blandiendo el tenedor y el cuchillo— ya podemos entrar en la cuestión de la muerte programada o no programada.

—Entremos —asiento reconfortado por la delicia culinaria que aparece ante mis ojos.

—Ya hemos dicho en otras ocasiones que cada especie posee su longevidad, como si estuviera programada. La del pulpo es de dos o tres años. Primero pierde esa piel tan maravillosa que tiene y luego se cae a trozos.

—Ahí sí tenemos un caso de decrepitud —apunto—. Pero tú me dijiste que en la naturaleza solo hay plenitud o muerte.

—Dura tan poco que no se le puede llamar vejez. Es casi un suicidio. Mueren enseguida, una vez que han protegido los huevos fecundados en su cubil durante un mes (o varios) hasta que hacen eclosión y las crías se dispersan. ¿Sabes cómo se llaman en biología las especies que mueren al reproducirse?

—¿Cómo?

—Semélparas. Te explico por qué: resulta que Zeus tenía una amante mortal, llamada Sémele, de la que Hera, esposa del dios, estaba muy celosa. Hera habló en varias ocasiones con la amante de su esposo para convencerla de que se apartara de él. Pero Sémele, que se había quedado embarazada del dios, no atendía a razones. Conviene señalar que cuando Zeus se relacionaba con Sémele, y aunque no le ocultaba que era un dios, adoptaba una forma mortal. Entonces Hera insinuó a Sémele que era víctima de un engaño, puesto que el ser al que amaba no era un dios. «La próxima vez que lo veas», añadió, «pídele que se muestre como es y comprobarás lo que te digo». Es lo que hizo Sémele, solicitarle que se le apareciera en todo su esplendor, a lo que Zeus se resistió una y otra vez hasta que, rendido ante la pesadez de la amante, dejó que escaparan de su cuerpo los rayos y el fuego de los que estaba constituido. Sémele quedó al instante convertida en cenizas, de entre las que Zeus rescató el feto que llevaba en sus entrañas y se lo implantó en un muslo para que la gestación llegara a buen fin. Meses después nació Dioniso, el dios de la vendimia y del vino.

—Me dejas atónito —digo antes de llevarme a los labios, en homenaje a Dioniso, la copa de verdejo que acaban de servirme.

—De ahí que las especies que mueren en el momento de reproducirse reciban el nombre de semélparas.

—¡Qué bueno —exclamo— lo de implantarse el feto en el muslo, como si fuera un injerto! ¡Y qué intuición respecto a los avances de la genética contemporánea!

—Los semélparos —concluye Arsuaga— se quitan la responsabilidad de cuidar y educar a los hijos.

—Ni siquiera llegan a conocerlos.

—Prácticamente todos los peces, anfibios y reptiles abandonan los huevos fecundados y se desentienden de la prole, a la que no cuidan. Las tortugas marinas dejan los huevos enterrados en las playas y se van, no así los pájaros, que los incuban y alimentan a los pollos. Esa no es la cuestión. La cuestión es que los semélparos se mueren en el momento de reproducirse.

Liquidado el plato de pulpo, aparece Luis Gallo con un par de pequeñas delicias: dos porciones de tartar de salmón montadas sobre una rodaja de lima. Se toman de un solo bocado, hundiendo un poco los incisivos en la lima. El cítrico limpia el paladar y lo deja virgen para captar el sabor del pescado.

—He pedido que el tartar fuera de salmón porque el salmón también es un semélparo —apunta Arsuaga.

—Es verdad —recuerdo yo—: muere cuando desova.

—Los dos sexos. Mueren los dos.

—Pero solo uno de ellos desova.

—La hembra pone los huevos, y el macho, el esperma; lo hacen a la vez y mueren los dos.

—¡Qué sincronía! Y dejan la descendencia ahí, sin nadie a su cuidado.

—La hembra hace un hoyo en el que coloca los huevos. ¿No has visto en el cine o en la tele las escenas de Alaska donde los ríos están llenos de salmones muertos? Mueren todos, todos, ninguno regresa al mar. Los de los documentales son los salmones del Pacífico. Los nuestros, los del Atlántico, pueden, con suerte, volver al mar y repetir otro año la remontada del río. Pero no podrías pedir salmón del Pacífico en un restaurante español.

—Los salmones de los documentales están programados para morir en el momento de dar el relevo. Dan el testigo y perecen.

—¡Ya salió el Kropotkin que llevas dentro! —clama el paleontólogo—. Solo te falta añadir que la naturaleza es sabia.

—Se trata de una respuesta mecánica, intuitiva —me disculpo—, aunque a estas alturas ya debería haber aprendido que la ciencia es antiintuitiva. Pero no soy un científico, perdona.

—No te apures. Cada uno tiene sus defectos: yo no soy más que un epicúreo de mierda. Acércame el vino.

—Tú me deskropotkinas. Gracias a ti acepto que es la Tierra la que da vueltas alrededor del Sol, aunque mi percepción indique lo contrario.

—Como dice el poema de amor de Quevedo, el mejor de la historia: «Serán ceniza, mas tendrán sentido; polvo serán, mas polvo enamorado». Hay que darle un sentido a la muerte, ¿no? ¿Tú eres incapaz de vivir sin buscarle sentido a todo?

—Quizá —concedo—. Creo que el ser humano es fundamentalmente un buscador de sentido. Pero esto ya lo hemos discutido en otras ocasiones. Respóndeme a esto: ¿por qué los átomos del salmón se comportan de ese modo y los nuestros se reproducen más de una vez, tantas como hijos tenemos?

—Por el bien de la especie —responde con una sonrisa irónica el paleontólogo.

—El salmón no necesita morir por el bien de la especie —digo yo.

—No, una vez que ha realizado el acto fecundador y da lugar a la siguiente generación, ya ha cumplido su misión con la diosa Tierra. Entregan su vida llenos de felicidad y placer, habiendo cumplido su deber con el universo. Eso es lo que dicen aquellos a los que tú llamas «buscadores de sentido». Para un epicúreo como yo, en cambio, no hay nada, nada tiene sentido, solo la búsqueda del placer. Y espero que entiendas bien el sentido del término *placer*.

—Lo dices con tal desgarro que lo entiendo y, no sé por qué, me viene a la memoria aquel título de Unamuno que citas con frecuencia: *El sentimiento trágico de la vida*.

—¿Pero el tartar de salmón estaba bueno o no estaba bueno? —dice para desviarse de la tragedia.

—Estaba buenísimo, aunque no sé por qué te molesta que reflexionemos sobre el sentido de la vida.

—Es que para un epicúreo no hay más que moléculas, átomos, el epicureísmo es pura ciencia. Ello implica la búsqueda de un estado de ánimo sereno y abierto a los placeres de la vida.

—Hay días en los que tu estado de ánimo no me parece muy sereno ni muy abierto a los placeres de la vida.

—Estoy en ello. Estoy en la conquista de la ataraxia, que es una forma de equilibrio entre la mente y los sentidos.

—Una forma de imperturbabilidad ante las adversidades —añado.

—Dilo como quieras.

—Yo también me apunto a eso, a la ataraxia.

—Pero tú crees que las cosas suceden por algo —insiste Arsuaga, empeñado en expulsarme de su club—, y eso es incompatible con el epicureísmo.

—Te decepcionaré siempre, por algo no soy más que un pobre neandertal. Y no niego que todo sean átomos chocando al azar. Digo que esa creencia no es incompatible con tratar de explicarse por qué hay especies que mueren en el momento mismo de reproducirse por primera y última vez, y otras que sobreviven para volver a reproducirse en la siguiente temporada.

—Las únicas explicaciones convincentes son de carácter mecanicista.

—Pero no está mal preguntarse por las leyes de la naturaleza.

—Bienvenido. La tradición científica consiste en eso.

—Si un alumno te preguntara por qué hay especies cuyos individuos desaparecen en el instante de dar paso a la siguiente generación, mientras que otras no lo hacen, ¿qué le responderías?

—Intentaría contestar a esa pregunta. Pero la respuesta, de entrada, es «no lo sé».

—¿Y a partir de ese «no lo sé»?

—A partir de ahí, especulemos.

—Adelante.

—Sexo, muerte y altruismo. He ahí los tres problemas a los que se enfrenta el neodarwinismo.

En ese instante nos interrumpe Luis Gallo, que trae ahora unas viandas servidas sobre sendas hojas de bambú. Son bombones de atún fileteado y flambeado, acompañados de diversas salsas, algunas muy picantes, además de perlas de wasabi y unas algas que, pronto lo comprobaré, saben a percebe.

—Sofisticación y eficacia —dice Arsuaga.

—Estoy de acuerdo —añado yo.

—Pidamos otra botella de verdejo.

Pienso en mi dieta, completamente echada a perder, lo que me provoca un malestar que desaparece al atacar el bombón de atún fileteado y flambeado. Por un segundo, dada la dulce debilidad provocada por el bienestar alcohólico y alimenticio, estoy a punto de confesar al paleontólogo que me he puesto a régimen. Pero me reprimo porque no estoy seguro de que se trate de una decisión epicúrea.

—Estábamos —insiste Arsuaga— en que el salmón se reproduce y muere porque es semélparo. Tú no, tú eres iteróparo, de *iterum* («repetir») y *parum* («engendrar»). En resumen, que puedes reproducirte varias veces antes de morir.

—Lo que genera muchos problemas de orden económico y sentimental. ¿Pero qué es una vida sin problemas? —digo antes de probar las perlas de wasabi.

—Déjate de sentimentalismos. ¿Sabes por qué he pedido que nos sirvieran este plato en hojas de bambú?

—Todavía no, pero ya voy viendo que esta comida, al contrario que la vida, está repleta de sentido.

—El bambú —me explica— no se reproduce habitualmente por semillas. Crece mucho, es una planta invasiva, pero crece porque la raíz rebrota una y otra vez. Puedes incluso coger un tallo, cambiarlo de continente y volverá a crecer y a invadir grandes extensiones, si no lo controlas. No es un árbol, es una hierba, una gramínea, aunque sea leñosa.

—Una hierba brutal, prehistórica.

—Vive cien o ciento cincuenta años; un día, de repente, florece y muere. Ahí tenemos un problema de sexo: ¿por qué florecer y cruzarse con lo bien que le iba clonándose? ¿Por qué, de súbito, necesita una polinización de la que había venido prescindiendo durante décadas?

—Quizá para evitar la endogamia —aventuro.

—La biología no sabe nada de endogamia —señala Arsuaga.

—Nosotros sabemos que la endogamia es destructiva.

—Nosotros sí, pero la naturaleza no tiene ojos para el futuro. No mira, no planifica. Anota esta frase, que es mía: «La evolución no busca, pero encuentra».

—Anotada.

—La evolución no tiene propósito, pero... Para no perdernos: el bambú se suicida. ¡Qué error!, ¿no? Florece y muere, como los semélparos, aunque este término solo se utiliza para los animales.

—¿Muerte programada?

—¿Conoces el agave?

—Sí, es esa especie de cactus del que sale el tequila.

—Vive muchos años; un día, de pronto, le sale un tallo con flores: fructifica y muere.

—Como el bambú.

—Seguramente el bambú florece cuando se dan las circunstancias favorables. A lo mejor no se dan en cien años. Pero cuando se dan, se reproduce y muere. ¿Por qué?

—¿Porque la naturaleza es sabia?

El paleontólogo ríe llevándose la copa a los labios y añade con tono de sarcasmo:

—La Pachamama y todo eso, la madre naturaleza.

—Qué, si no.

—La selección natural, la guadaña de la muerte trabajando a destajo.

—Si no hay dirección de orquesta, ¿por qué la vida no colapsa?

—Un epicúreo diría que porque es una máquina perfecta que se ha hecho a sí misma.

—Una máquina perfecta en la que hay unas especies que mueren al parir, otras que sacan adelante a sus crías, unas que viven un mes y otras que viven setenta años... Y todo ese aparente caos, que funciona como un reloj, lo ha construido la selección natural.

—Eso es, con dos cojones. La selección natural.

—Estoy dispuesto a aceptarlo, Arsuaga, pero me surgen numerosas dudas.

—No busques el sentido. Conviértete en un epicúreo, disfruta de lo que eres. Te han regalado la consciencia, que es uno de los productos más raros de la evolución. No hay más. Procura que no te manipulen y ya.

—Eso de que he recibido un regalo suena un poco a Félix Rodríguez de la Fuente.

—Lo admito. Somos materia con suerte. Los demás seres viven, pero no saben que viven. Tú puedes vivir con los ojos abiertos. No hay sentido, no hay Pachamama, no hay más.

—Construyamos entonces un relato sobre la falta de sentido.

—Ahora no, no puedo.

—Pero debería haber un relato sobre la falta de sentido.

—Te estoy ofreciendo la oportunidad de salvarte. Basta con que sigas creyendo que, donde todo es violencia, en realidad hay cooperación; que, donde todo es lucha por la vida, tú percibes un combate caballeresco; que, donde no hay más que agresión, tú adivinas perdón; que, donde solo hay muerte, tú distingues abnegación y sacrificio.

—¿Qué ves tú donde yo veo violencia?

—Tú no puedes ver violencia, tú eres una especie de hippie. Soy yo el que la ve.

—¿Pero acaso la violencia no es una proyección? Que un guepardo se coma a una gacela no es violencia, a menos que proyectes tus propios sentimientos humanos en esa acción.

—Nuestros lectores disfrutarán mucho si logras transmitir una visión amable de la biología.

—Nuestros lectores disfrutarán mucho si ponemos en cuestión sus certidumbres —replico yo.

—Que conste que te he dado la oportunidad de salvarte. Anota esto en tu cuaderno: Arsuaga ha dado a Millás la posibilidad de salvarse.

—Hablas de la salvación como los cristianos.

—Te he dado la oportunidad de librarte del linchamiento, de la lapidación. Te he dado la oportunidad de que sea yo el lapidado.

—Te refieres a la falta de sentido con un desgarro de carácter existencialista. Ser epicúreo no te evita, por ejemplo, sufrir por la suerte de los tuyos.

—¡Estaría bueno! —exclama.

—Hay aristas, pues, aristas de orden sentimental.

—Me pasa como a Darwin. Cuando murió su hija, dijo: «Hasta aquí».

—¿Cómo fue?

—Se llamaba Annie, tenía diez años. Era la alegría del padre. Enfermó, se cree que de tuberculosis. La llevó a un hospital de curas especiales en el que le aplicaban los tratamientos de la época, tratamientos muy crueles que incluían duchas de agua helada. Cuando murió, Darwin dijo: «Hasta aquí hemos llegado».

—¿En qué cambió aquello su pensamiento?

—En todo. No hay sentido.

Vuelve Luis Gallo, en esta ocasión con un par de pequeños biscotes de brioche sobre los que han colocado una pequeña cantidad de caviar.

—¿Esto son de verdad huevas de esturión? —pregunto.

—Claro, ¿qué te crees? —se queja Arsuaga—. Cuando preparo un menú, lo hago a conciencia. El esturión es muy interesante porque puede vivir ciento cuarenta años o más.

—¿Y cuántas veces se reproduce en ese tiempo?

—Cada año.

—Me da pena y culpa comerme el caviar. Es tan caro...

—No te reprimas. Métetelo entero en la boca.

Obedezco al tiempo de cerrar los ojos, para disfrutarlo como un sabor solitario, íntimo. El equilibrio entre la textura (muy cremosa, semejante a la de la mantequilla) y el sabor me parece perfecto. Al masticarlo, libera aceites aromáticos. Mientras lo degusto, escucho, al fondo, la voz de Arsuaga:

—Se trata de un alimento con grandes propiedades nutritivas. Es rico en proteínas, grasas, minerales... Muy energético, además: tiene casi tres mil calorías por cada cien gramos.

La cantidad de calorías, dado que no logro olvidar del todo mi dieta, me pone en guardia, pero no me amarga la experiencia. ¿Habrá averiguado el paleontólogo por algún medio que estoy a régimen?

En esto, y como el del caviar ha sido un placer tan fugaz, aunque intenso, Luis Gallo se acerca de nuevo. Lleva en cada mano un plato antiguo, de los de hierro bañados en porcelana. En cada uno de los platos hay un bogavante. ¡Dios mío, no lo puedo creer! Este menú empieza a parecerse a unas vacaciones en el mar.

—Estos platos de hierro —dice Arsuaga— duran toda la vida. Se pueden desportillar, pero no se rompen.

—Y este menú es una obra de arte —añado yo.

—Es un menú epicúreo.

—Un menú sin sentido.

—Un menú ordenado, con sintaxis.

Mientras atacamos el bogavante, Arsuaga se manifiesta:

—Estamos ante una especie inmortal. El bogavante puede vivir ciento cuarenta años. Se conoce su edad por su longitud.

—¿Y cuántas veces se reproduce?

—Como el esturión: cada año.

Lo apuro a bocados pequeños porque también en este plato es tan importante disfrutar de la textura de su carne como de su sabor, pues, aunque inseparables, el paladar juega a destrenzarlos como juega el olfato a separar los aromas que componen un vino.

—Un bogavante viejo —continúa Arsuaga— está en plena forma, no conoce la decrepitud.

—Esta excelente comida —ironizo— es absurda, no tiene sentido.

—No tiene sentido, pero da mucho gusto.

—Me apunto al sinsentido.

—Toma nota de esto: el pulpo vive dos o tres años y este animal, ciento cuarenta. Aparentemente, obsolescencia programada en los dos casos.

—Pero eso es un misterio. ¿Quién programa la longevidad de una especie?

—Es un hecho que cada especie tiene la suya.

—Y uno no puede dejar de preguntarse por qué esta especie sí y esta otra no, sea cual sea la respuesta.

—Si te preocupa mucho, apúntate a las teorías de la Pachamama. La Tierra como un organismo dotado de inteligencia y todo eso.

—Lo cierto es que, por debajo de toda esta variedad, de todo este caos, se percibe una unidad brutal.

—Se percibe la existencia de un sistema —matiza el paleontólogo—. Un ecosistema es tanto más complejo cuantos más elementos tiene. A mayor complejidad, más propiedades. Habría que enseñar biología de sistemas a los políticos porque, a mayor complejidad, mayor potencialidad. Tal es el principio de la biología de sistemas. Pero pidamos el postre, tal vez en el postre haya alguna respuesta.

—Creo que no necesito tus respuestas. Esta comida ha sido una respuesta, no sé a qué, pero así la siento: como una respuesta.

Luis Gallo se acerca ahora con un par de platos con sendas tortitas de queso de cabra acompañadas de unos frutos rojos de estética impecable.

—El significado de este postre está en los frutos rojos —dice Arsuaga—. Son antioxidantes. Recuerda que la vejez es producto de la oxidación.

—Yo tomo antioxidantes —confieso.

—Enhorabuena, eres un esclavo de la industria farmacéutica. Millás, te crees todo.

—Pues la verdad es que sí. ¿Qué tiene de malo tomar antioxidantes?

—Fíjate en el pobre ratón, que apenas vive tres años. ¿Qué pasa, que en los tres mil millones de años de evolución no ha sido capaz de producir los antioxidantes de un bogavante? ¿Es un gilipollas el ratón?

En esto a Luis Gallo se le cae una copa que se estrella en el suelo y se rompe, con gran estrépito, muy cerca de nosotros. Arsuaga se dirige a él. Le dice:

—Las copas se rompen.

—Se rompen, sí —dice Luis Gallo—. Cuando no se le caen a un cliente, se me caen a mí.

—¿Cuánto tiempo pasa —pregunta Arsuaga— desde que se compra una remesa de copas hasta que se rompe la mitad de esa remesa?

—Si compro hoy cien copas, en seis o siete meses desaparecen cincuenta —responde el camarero.

—Pero no por desgaste —insiste el paleontólogo—, sino por accidente.

—Claro, por accidente. Por desgaste no muere ninguna. No les da tiempo.

—Vale, gracias. ¿Nos traes los cafés? —pide Arsuaga. Luego, observándome con mirada calculadora, como si tratara de averiguar si continúo lúcido pese a la ingesta alcohólica y alimenticia, añade—: He ahí la respuesta. Sir Peter B. Medawar, premio Nobel de Medicina, dio en los años cincuenta la explicación neodarwinista a la vejez y a la muerte.

—¿Y es?

—Él lo hacía con tubos de ensayo, pero me da lo mismo hacerlo con copas. ¿Cuánto duraban los tubos de ensayo de su laboratorio, que morían, sin excepción, por accidente? Porque ni los tubos de ensayo ni las copas mueren de viejos. ¿Cuál era su vida media?

—La que fuera —digo.

—Pero todos los tubos acababan muriendo como las copas de este restaurante. La copa es inmortal, no envejece y, sin embargo, tiene una vida media, igual que los elementos radiactivos. Imagínate que eres eterno. ¿Morirías?

—Supongo que sí, igual que los tubos de ensayo de Medawar y las copas del restaurante.

—Exacto —concluye Arsuaga—. En la naturaleza, como ya hemos hablado, no hay vejez, no hay decrepitud, solo hay plenitud o muerte. El bogavante es eterno, pero muere.

—¿Por qué?

—En la naturaleza se muere por accidentes, por infecciones, por parásitos, por hambre o por depredación. Tarde o temprano, todos caen, como los tubos de ensayo o las copas. En la naturaleza no existe la enfermedad crónica. Ningún animal alcanza la edad en la que se desarrollan estas enfermedades, que son propias del ser humano. La mayoría de las enfermedades crónicas se producen después de los sesenta años y tienen que ver con problemas cardiovasculares, respiratorios o procesos degenerativos del sistema nervioso. En la naturaleza no existen las enfermedades crónicas porque nadie llega a viejo.

—Ya —digo intentando asimilar.

—Es inútil preguntarse cómo estará una copa dentro de cinco años, porque ninguna alcanza esa edad. Cada especie tiene su vida media. El bogavante es fuerte, poderoso y se lo comen poco, por lo tanto su vida media es más larga, es una copa más resistente.

—Pongamos que una copa de Duralex —aventuro.

—¿Qué sucede con el pulpo? —continúa, excitado, Arsuaga—. Es un depredador, un molusco que no tiene concha protectora porque la perdió a lo largo de la evolución. Vive pegado al suelo, ni siquiera nada. Es muy vulnerable. Está muy expuesto, pues tiene que moverse para comer. El pulpo es una copa de cristal finísimo. Se rompe con mirarla.

—Te sigo. ¿Pero por qué muere al reproducirse?

—Ya lo veremos, no sé cuándo, pero lo veremos. Ahora escucha esto con mucha atención: si a un animal cualquiera, en la naturaleza, le apareciese una de las enfermedades que llamamos crónicas durante su vida normal, se moriría y punto. O no sobreviviría, que viene a ser lo mismo. Supón que tienes un gen mutante según el cual desarrollarías una diabetes a los quince años, en la pubertad. ¿Qué pasa? Que te mueres antes de reproducirte y que ese gen mutante no lo hereda nadie, se muere contigo. Significa que la selección natural lo ha detectado y lo elimina, al eliminarte a ti, antes de que te reproduzcas. Pero supón que ese gen mutante, que se manifiesta en una diabetes u otra enfermedad, se expresa a los cuarenta años, en la madurez. Te habrá dado tiempo a tener hijos, aunque no a criarlos a todos, con lo cual es posible que los últimos se mueran, lo que implica que tendrás menos hijos que los demás. En otras palabras, la selección natural acabará por eliminarlo.

—Sigamos.

—Sigamos. Ahora resulta que ese gen mutante se expresa a los ochenta años en un mundo en el que, por lo general, no se vive más de setenta. Ese gen permanece invisible a la selección natural, escapa a su radar, y ahí se queda.

—¿Qué pasa entonces con el ser humano, que es un animal doméstico?

—Que, debido a los cuidados propios de la domesticidad, vive cuando todas las copas están rotas, es decir, cuando debería estar muerto. Los genes que han ido acumulando sus antepasados, y que tienen una expresión tardía en la edad, se activan porque no se han detectado. A esa manifestación de los genes invisibles a la selección natural se la llama vejez y solo la sufrimos nosotros y nuestros animales domésticos.

—Me dejas atónito, Arsuaga. ¡Qué explicación tan verosímil!

—Tú, con setenta y cinco años, no deberías estar vivo —responde él.

—Gracias.

—Y como no deberías estar vivo, no le puedes preguntar a la selección natural por qué no ha eliminado esos genes que te destruyen, porque la selección natural te respondería: «Es que usted tendría que estar muerto».

—Lo que llamamos vejez es entonces la acumulación de genes que no ha detectado la selección natural, y no los ha detectado porque...

—... prácticamente todos los individuos de la especie se han muerto antes.

—O sea, que si superamos la longevidad propia de nuestra especie a base de medicamentos y cuidados especiales...

—... se acaban expresando todos esos genes que quedan fuera de la vigilancia de la selección natural.

—Yo debería estar muerto. Mis achaques son, pues, el producto de una fuga.

—Quedémonos por el momento en Medawar y sus tubos de ensayo. O en Luis Gallo y sus copas de cristal. La vejez no existe en la naturaleza porque en la naturaleza nadie llega a viejo. Hay especies que aguantan más porque son más fuertes y se las comen menos. Un tiburón vive más que un pulpo porque no se lo comen. Hay selección natural, accidentes y enemigos. Un accidente es una tormenta o un invierno muy frío; un depredador es un enemigo...

—Todas las enfermedades llamadas crónicas —intento aclararme— son propias de viejos, es decir, de la especie humana, que es la única, con sus mascotas, que se hace vieja.

—Así es.

—Cuando yo llego a viejo, no queda ninguna copa.

—En resumen, la selección natural elimina rápidamente cualquier enfermedad que se exprese a edades fértiles de la vida, y que suponga una desventaja evolutiva, porque la selección natural favorece a quienes no la tienen. Si tú eres una copa de cristal que se va a romper a los cinco años, más vale que lo des todo en la primera oportunidad que tengas de reproducirte. No te interesa sobrevivir, no te compensa, no te guardes nada. Sería un error que un salmón se reservara. Sería una mala estrategia para sus genes. Vale más vaciarse y morir que regresar al mar y que te coma un tiburón, o que mueras en la siguiente remontada del río sin llegar a desovar en la cabecera. No hay nada, Millás, solo una danza de átomos gobernados por las leyes de la materia.

—Vale, maestro.

—Cerremos la cuestión en cuatro palabras. Uno: en la naturaleza no existe la vejez porque nadie llega a viejo y la selección natural está incapacitada para ver lo que pasa después. Dos: así las cosas, procura darlo todo de joven, ajusta tus esfuerzos reproductores a tu esperanza de vida. Si perteneces a una especie que va a vivir ciento cuarenta años, dosifícate. Si vas a vivir tres años, dalo todo, como en una carrera de cien metros. Hazte semélparo. Y apunta, junto al de Medawar, este otro nombre, que saldrá en el futuro: Williams, George C. Williams. Este biólogo publicó, en los años sesenta del pasado siglo, un estudio acerca de la longevidad sobre el que volveremos a menudo. Pero ahora voy a detenerme en algo que dijo en ese trabajo que es muy importante para nuestro libro. Si la muerte está programada, si se debe a una causa interna, si es intrínseca a la especie, entonces estamos salvados, aunque parezca un contrasentido. Estaremos salvados porque habrá solo unos pocos genes que serán responsables de esa muerte programada, quizá solo uno. Bastaría con modificarlo para devenir inmortales. Solo tendríamos que preocuparnos de las causas de muerte extrínsecas, como el hambre, los accidentes, los depredadores, las guerras, las pandemias, incluso los meteoritos. Si las esquiváramos, no moriríamos nunca, seríamos como vasos que no se rompen porque no corren riesgos. Pero si el envejecimiento y la muerte se deben a la acumulación de múltiples genes, al modo que decía Medawar, si la causa es ese lastre genético, entonces estamos perdidos, porque tendríamos que ir modificando uno a uno todos esos genes que se fueron acumulando porque no los veía la selección natural en la Prehistoria. Y si son muchos genes, como parece probable, nunca seremos inmortales. La conclusión de Williams es esa: no hay nada que hacer. Uno preferiría creer en la muerte programada, pero Williams nos dice que perdamos la esperanza. Por lo tanto, tendremos que averiguar si tiene o no tiene razón. ¿Muerte programada o lastre genético? Esa es la cuestión.

—Queda anotado, pero dime una última cosa.

—¿Qué?

—¿Habías pactado con el camarero que se le rompiera una copa justo en el momento en el que me ibas a hablar de los tubos de ensayo de Medawar?

Arsuaga levanta las cejas interrogativamente.

—Y otra: ¿habías pedido que nos sirvieran el pulpo en platos de hierro bañados en porcelana, esos platos que «duran toda la vida», para compararlo con la «eternidad» del bogavante?

—¿Te crees que estoy loco, Millás?

—No, solo creo que eres un enfermo de la puesta en escena.

Ya en casa, repasando mis notas, me doy cuenta de que falta algo y escribo al paleontólogo un correo en el que le digo que hemos hablado del sexo y de la muerte, pero no del altruismo ni de la cooperación. A lo que me responde: «No te apures, hay tiempo para hablar del altruismo. En cuanto al sexo y la muerte, si me has entendido, es que no me he explicado bien».

Cinco. La hipótesis de la abuela

Me telefoneó Arsuaga para decirme que me comprara un chándal.

—¿Para qué un chándal? —pregunté.

—Te voy a llevar a un gimnasio —dijo.

—¿Y no puedo ir de civil? —insistí.

—Darás el cante —me advirtió.

Me fui a la sección de ropa deportiva de un Corte Inglés que queda cerca de casa y estuve dando vueltas hasta que una dependienta caritativa se aproximó para echarme una mano.

—Estoy buscando un chándal de vestir —le dije.

—¡Un chándal de vestir! —exclamó, incrédula—. ¿Qué entiende usted por un chándal de vestir?

Le conté que iba a ir a un gimnasio.

—Pero solo una vez —añadí—, y me gustaría que el chándal me sirviera luego para salir a cenar.

Me observó con lástima antes de explicarme que el sintagma «chándal de vestir» era un oxímoron. Enseguida, al observar mi cara de sorpresa, aclaró que era filóloga.

Se trataba de la tercera o la cuarta filóloga que me encontraba ese mes fuera de sitio. Qué le está pasando a la filología, me pregunté.

—No existe el chándal de vestir —concluyó la filóloga—, es una contradicción en los términos.

Aceptada esta desgracia económica, buscamos uno de color negro de una talla sorprendentemente pequeña para mis costumbres: mi dieta, pese a los excesos a los que me arrastraba Arsuaga, empezaba a dar resultados: había perdido seis kilos, sobre todo de la cintura. Comprarse ropa pequeña después de meses o años de adquirirla grande constituye una experiencia de carácter místico. Frente al espejo del probador, observando lo bien que me caía aquella prenda tan ligera, me sentí como un brahmán de la India. Pensé que solo me faltaba apuntarme a clases de yoga —de yoga mental, naturalmente— para elevarme sobre mis pasiones y conquistar, antes que él, la ataraxia a la que aspiraba el paleontólogo. Me solacé en la idea de revelarle que había alcanzado ese estado de ánimo definido por la tranquilidad y la total ausencia de deseos y temores. Se moriría de envidia, aun a sabiendas de que la envidia no es un sentimiento muy epicúreo.

Cuando le dije por teléfono que ya tenía el chándal, me citó el 14 de abril, a las nueve de la mañana, en la puerta de su casa.

—El aniversario de la República —apunté.

—Pues sí —concedió—, pero lo que vamos a hacer no tiene nada que ver con la República.

El día de autos, al salir el paleontólogo de su portal y verme con aquella prenda negra que me estilizaba y destacaba mi delgadez, soltó un juramento. Sonreí maliciosamente ante su sorpresa.

—Estoy a régimen —le confesé antes de que me preguntara si había caído enfermo.

—Por favor, Millás, no te conviertas en un muerto delgado —se limitó a decir.

Luego, en el Nissan Juke, mientras nos dirigíamos a un barrio de las afueras llamado Montecarmelo, según pude ver en el navegador, intentó boicotear mi dieta de cinco ingestas diarias explicándome que la dieta era una parte del nicho en el que uno vivía.

—Un nicho es un oficio —añadió—. Si tú eres granívoro como las perdices, significa que tu nido está en el suelo, por lo que nada más nacer estás expuesto a los depredadores, de ahí que seas nidífugo, es decir, que abandones el nido a toda velocidad para evitarlos.

—¿Y eso qué tiene que ver con mi régimen?

—Lo que te quiero decir es que el nicho se hace completo o no se hace, y la dieta es una pieza más del puzle. Pero si estás contento con la tuya, no tengo nada que añadir.

—Es que yo —me defendí— hago una dieta adecuada a mi nicho, o sea, a la de un hombre más bien sedentario que trabaja fundamentalmente con la cabeza.

—Tú sí, Millás, tú eres así, pero tus genes son paleolíticos y la gente del Paleolítico comía cuando podía, con largos periodos de ayuno obligado. ¿Te imaginas un pájaro granívoro al que su nutricionista le aconsejara comer unos insectos que en su medio no existen? No se puede vivir en un nicho y comer de lo que produce otro. Los peces no comen carne de vaca.

—¿Has dormido mal? —pregunté, pues me pareció que estaba irritado consigo mismo y que necesitaba pagarlo conmigo.

—He dormido perfectamente —aseveró.

—¿Entonces?

—¿Entonces qué?

—Que qué rayos te pasa.

—Nada más levantarme —confesó— he tenido que bregar con las burocracias de la universidad, entre otras.

—Las burocracias forman parte de la vida —le dije con el tono de un maestro zen para mostrarle lo lejos que se halla de la ataraxia, comparado conmigo.

—Te diré una cosa —se desahogó—: La gente me cansa. El ser humano me agota. A veces necesito estar a solas conmigo mismo.

—Si quieres, me bajo del coche.

—Olvídalo. Lo que te quería decir es que a lo mejor tú eres una basura, pero tus genes no. Tus genes son los del cazador-recolector, los de los hombres que cruzaban ríos, que atravesaban la tundra, que pasaban frío o calor y que comían, con suerte, una vez al día. ¿Qué has hecho tú para merecerte una merluza al vapor?

—Es lo que cené ayer. ¿Cómo lo has adivinado?

—No hay más que verte la cara. ¿Pero qué has hecho para merecerte ese pescado?

—Bueno —argumenté—, hoy me he levantado a las seis de la mañana y he escrito un artículo para el periódico.

—¿Y has hecho cardio?

—He caminado un poco.

—Eso no es cardio, eso no te pone en tensión.

—También he tenido un disgusto.

—No me refiero a la clase de tensión que producen los disgustos. Un día te voy a llevar a hacer cardio conmigo y luego te invitaré a una comida paleolítica. Si te la ganas, claro.

Por fin llegamos a Montecarmelo, donde Arsuaga dejó el coche en el parking de un edificio alto, todo hormigón y cristal, que resultó ser un gimnasio (GO fit) de dimensiones ciclópeas, un Carrefour de los gimnasios, jamás había visto nada semejante. En la recepción, un cartel garantizaba con grandes letras la conquista de la felicidad a través de un ejercicio físico pautado y llevado a cabo con métodos científicos. Tecnología e innovación, concluía, gracias a las que se podía vivir más y mejor.

Nos recibió la directora, pues ya ha quedado dicho en diversas ocasiones que el paleontólogo tiene amigos en todas partes, que nos condujo, a través de escaleras y pasillos sin fin, a una clase de pilates que estaba a punto de comenzar.

La profesora se llama Marta Pérez y rebosa salud por todos los costados.

En la clase hay unos quince o veinte alumnos, aunque deberíamos decir alumnas, pues predominan las mujeres, de edades que van de los cincuenta a los setenta.

Cada una ocupa un espacio propio, delimitado por un cuadrado blanco dibujado sobre el negro suelo. A Arsuaga y a mí nos han reservado dos de esos espacios.

Observo que mi chándal es el más elegante o quizá el más nuevo. Pero el resto, incluido Arsuaga, se lo quitan para quedarse en calzón corto o mallas y camiseta. Yo no puedo quitármelo porque debajo solo llevo ropa interior. Maldigo al paleontólogo por no haberme advertido. Me siento un poco ridículo.

Marta, la profesora, se sube a la tarima que preside el aula y todos aquellos cuerpos gloriosos, enfundados en prendas deportivas que modulan y esculpen sus formas, se ponen en movimiento. Arsuaga me lo ha dicho en más de una ocasión: «El cuerpo humano no es especialmente hermoso. Pero le añades unas mallas o un neopreno y nos convertimos en dioses».

Diosas y dioses me parecieron aquellas bípedas y bípedos, empezando por la profesora, que era pura fibra. Tampoco el paleontólogo, he de reconocerlo, quedaba mal en calzón corto y camiseta, una camiseta hermosa y llamativa, con un motivo de Atapuerca. Se le apreciaba aquí y allá la musculatura obtenida en sus largas marchas por la sierra de Madrid y en sus idas y venidas a los yacimientos prehistóricos que controla. Como nos hemos quitado los zapatos, observo que lleva también unos calcetines de diseño, entre grises y negros, que habría sido una pena no lucir. Solo yo, aunque delgado, como el resto de las alumnas, gracias a mi dieta, me encontraba un tanto fuera de lugar.

¿Qué sucedió a continuación?

Tengo un recuerdo vago, poco preciso, porque estaba más preocupado por mi imagen que por lo que sucedía fuera de mí, pero me vienen a la memoria algunas voces de la profesora:

—¡Ojo al esternón, bajad las escápulas, buscad la superficie de apoyo en el suelo! Visualizad esa superficie, buscad los puntos de adherencia.

Las diosas y los dioses se movían al unísono como en un ballet mil veces ensayado mientras yo intentaba recordar dónde tenía las escápulas, incluso el esternón.

—Inhalo y alargo —continuaba Marta—, uno, dos, tres, exhalo y apertura, uno, dos, tres. Y me fijo al suelo, uno, dos, tres.

Las diosas y los dioses levantan las piernas, flexionan, suben, bajan. La voz de fondo continúa:

—Esternón arriba, columna larga, la cabeza quieta, las ingles bien metidas, quietas ahí, ahí os quedáis. Alargo y ensancho, me adhiero al suelo. Cuando se os cae el esternón, se os cae la cintura. Diez, nueve, ocho, siete...

La coreografía hipnotiza. De vez en cuando acierto con uno de los movimientos indicados y mis músculos me lo agradecen con una especie de corriente eléctrica con la que vienen a decirme: existimos, estábamos muertos y hemos resucitado.

Tras esto, en la cafetería del centro deportivo, frente a unos zumos reconstituyentes y algo dulces para mi gusto (y quizá para el de mi dieta), Arsuaga se muestra cansado pero satisfecho. Sus facciones han recuperado los niveles de epicureísmo normales en él.

—¿Te has dado cuenta —dice— de que esta gente sabía anatomía? A mí me pusieron los alumnos una queja en el decanato por obligarlos a estudiarla. Saben menos que sus abuelas. Ignoran dónde tienen los glúteos.

—Ya —digo.

—¿Te he dicho, por cierto, que el glúteo mayor, pues tenemos tres, es el músculo más grande del cuerpo humano y que, pese a ello, carece de una función conocida?

—Me parece que no.

—Pues es interesante que hablemos de ello, porque tiene que ver con la selección sexual. Si el glúteo, que es tan grande, no sirve para nada (para nada realmente importante, entiéndeme), para qué rayos está ahí.

—Para gustar —aventuro.

—Vas aprendiendo, bravo. Si lo piensas, somos la única especie con culo. Si el gorila tuviera culo, nos parecería humano. Si a una chimpancé le pones una cinturita y un buen culo, resultaría sexy, pero, desde nuestro punto de vista al menos, no lo es. Cuando están en celo les sale una especie de flotador rojo en la zona anal y genital, una tumefacción enorme. Su atractivo está en el perineo.

—¡Qué agradecido es ese músculo, el perineo! —exclamo por experiencia propia.

—No es un músculo, es una región —corrige Arsuaga.

—Mejor me lo pones. Una región mítica, como el Macondo de García Márquez o la Comala de Rulfo.

—La chimpancé —continúa el paleontólogo— tiene el atractivo ahí abajo. Se sienta sobre la parte más atractiva de su cuerpo, la parte con la que anuncia a los cuatro vientos, por medio de una señal visual y olfativa, que está sexualmente receptiva. Que copula.

—Ya.

—Aristóteles decía que somos animales con culo; por lo tanto, el culo debería servir para algo. ¿Para qué? Para sentarnos, dedujo él.

—Claro.

—Pero hay un pequeño problema: que no es verdad. Tú ahora estás sentado, ¿sí o no?

—Sí —digo.

—Introduce la mano entre el culo y la silla y dime qué tocas.

—¡El hueso! —señalo con sorpresa.

—Efectivamente. Cuando te sientas, el glúteo se abre, de manera que no hace de almohada, como creía Aristóteles. Tú estás sentado sobre los isquiones, que es como se llaman los huesos que tienes ahí. Todos nos sentamos sobre los isquiones. El glúteo mayor lo cubre o lo tapiza cuando estás de pie, pero cuando te sientas se descorre y, como acabas de comprobar, no queda nada entre tu piel y tus isquiones.

—Por eso ponemos cojines en las sillas.

—No me hables de las sillas. Las sillas son, junto con el azúcar refinada, el peor invento de la humanidad.

—¿Y eso?

—Porque lo normal en el ser humano, cuando se reúne con los otros para charlar o para comer, es permanecer en cuclillas, sin que las nalgas lleguen a tocar el suelo. «Descanso activo», así se llama porque hay una tensión muscular muy saludable. Cuando tus hijos eran pequeños, ¿no te costó que aceptaran sentarse en el orinal para hacer caca?

—Sí —recuerdo.

—Porque la posición normal para defecar es también la posición de cuclillas. En los países donde lo hacen de ese modo no existen prácticamente los divertículos ni las hemorroides. Si yo pudiera rebobinar la Historia, eliminaría el azúcar refinada y la silla. La silla es un invento diabólico, créetelo.

—Me lo creo. Pero estábamos en que el culo está ahí para gustar.

—A ver, hay teorías sobre la función del glúteo: que si sirve para pasar de la posición de cuclillas a la postura erguida, que si para correr grandes distancias, que si para subir escaleras... Pero para llevar a cabo todas esas funciones no sería preciso que fuera tan voluminoso. Descartadas todas, por tanto, solo queda la de la selección sexual. El culo, el glúteo, como muy bien has dicho antes, sirve para gustar.

—¿Como la cola del pavo real?

—Más o menos.

El paleontólogo saca su móvil, entra en internet y me muestra una cantidad increíble de publicidad de ejercicios gimnásticos cuyo único objeto es el de obtener un buen trasero.

—¿Para qué crees que se recomiendan tanto las sentadillas? —continúa.

—Para desarrollar unas nalgas interesantes.

—Pues ya está. Ahora habrás comprendido también por qué (seas hombre o mujer) resulta tan difícil reprimir la mirada cuando pasa por delante de nosotros un buen culo. Los genes de la selección sexual actúan a distancia. Tú puedes tener una alteración debida a un gen propio, y su efecto, bueno o malo, se queda en tu cuerpo. Pero que el gen de un cuerpo que se halla a diez metros del tuyo logre que te empalmes resulta prodigioso, ¿sí o no?

—Sí.

—Vale, esto es para afianzar el asunto de la selección sexual, a la que por lo general se presta menos atención que a la natural. Pero aquí hemos venido a otra cosa que guarda relación con la vejez y la muerte.

—Tú dirás —digo abriendo el cuaderno y amenazándole con el bolígrafo.

—Hemos asistido a una clase en la que había señoras mayores que estaban estupendas. Eso que has visto de sentarse y levantarse con las piernas cruzadas, que hacían con naturalidad, da un biomarcador de salud para bomberos.

—¡Ya lo creo! —exclamo yo, que no fui capaz ni de iniciar ese ejercicio.

—En nuestra especie —sigue Arsuaga—, las estadísticas indican que a partir de los cuarenta y cinco años la posibilidad de concebir es muy baja, y a partir de los cincuenta, se podría decir que nula. Lo que nos lleva al fenómeno de la menopausia, que es exclusivamente humano. Bueno, hay una excepción: las elefantas también la tienen. Viven en grupos, en familias que aprovechan la sabiduría de las abuelas. Las demás especies son fértiles hasta que se mueren o tienen, en todo caso, un deterioro de la función reproductiva que es paralelo al del resto de los sistemas corporales. En definitiva, el valor reproductivo de una mujer de cuarenta y cinco años es prácticamente cero.

—¿Y el de un hombre?

—No es cero, pero va declinando también del mismo modo que va perdiendo flexibilidad, capacidad de respiración, etcétera. Pero en el caso de la mujer, el cese de la actividad fértil está claramente programado. Eso nos lleva a la pregunta de si la muerte está programada.

—Dime un par de cosas que estén programadas.

—El desarrollo, por ejemplo: el niño nace, crece, alcanza la madurez sexual, pega un estirón en la pubertad..., todo está programado, todo depende de la programación. Y la menopausia, claro: hay un control genético de la menopausia que resulta abrupto, no gradual, no es una curva descendente. Lo increíble es que señoras de cincuenta, sesenta o setenta años como las que has visto en la clase de pilates estén tan bien físicamente a una edad en la que ya no pueden tener hijos. ¿Por qué crees que vivimos tantos años después de que la función reproductiva haya cesado? ¿Por qué no nos morimos a los cincuenta?

—Tú dirás.

—La explicación se encuentra en una teoría conocida como «la hipótesis de la abuela», según la cual la ayuda que las abuelas prestaban a la crianza de los nietos en la Prehistoria justifica la menopausia. En el Paleolítico, ya lo hemos comentado en otras ocasiones, los que llegaban a adultos morían en torno a los setenta años.

—Esa es la longevidad de nuestra especie.

—Que no hay que confundir, no me cansaré de insistir en ello, con la esperanza de vida. Después de los setenta nos pasa como a los animales domésticos: que prolongamos la vida a base de cuidados, pero ya no se trata de la vida natural, sino de una vida asistida.

—Vale.

—Si una mujer tuviera un hijo a los sesenta, se quedaría huérfano porque la madre moriría cuando el niño tuviera unos diez años.

—¿Pero por qué está programada la menopausia?

—Por eso mismo, porque tener hijos en edades próximas a los setenta sería un despilfarro, una inversión de energía absurda, porque lo más probable es que el hijo quedara huérfano y muriera. Los huérfanos, en el Paleolítico, y no solo en el Paleolítico, tienen muy pocas probabilidades de sobrevivir.

—Pero la comunidad...

—... y la Pachamama y los pueblos solidarios... Como sobre esto hay estadísticas, no discutamos —zanja el paleontólogo.

—De acuerdo.

—Carece de sentido que una mujer tenga hijos para dejarlos huérfanos. Sí tiene sentido, en cambio, que se ocupe de sus nietos, porque sus hijos llevan la mitad de sus genes y sus nietos, la cuarta parte, de manera que dos nietos equivalen a un hijo. En otras palabras, una mujer, a esas edades, haría mucho mejor en tener nietos que en tener hijos.

—¡Qué sabia, la naturaleza! —ironizo—. ¿Y los bisnietos?

—Los bisnietos —dice Arsuaga sin responder a la ironía— solo tienen una octava parte. El vínculo biológico y emocional se va diluyendo.

—Así que la prórroga de vida que va de los cincuenta a los setenta se la debemos a los nietos.

—En cierto sentido. A partir de los cincuenta años el valor reproductivo de una pareja tiende a cero aunque no exista la menopausia, porque los hijos nacidos después de esa edad tienen muchas posibilidades de quedar huérfanos muy pequeños. Y cuanto menor es nuestro valor reproductivo, con menos fuerza actúa la selección natural para preservarnos de las enfermedades crónicas.

Hablo por supuesto en términos de especie. Sin embargo, aún podemos hacer algo por la supervivencia de nuestros genes cuidando de nuestros nietos. No deberías preguntarte, pues, por qué nos morimos, sino por qué vivimos tanto.

—La gente —digo— se queja de que los abuelos, debido a las dificultades de los hijos para conciliar la vida laboral con la familiar, se ocupan demasiado de los nietos.

—Yo me río cuando escucho eso, porque eso es biológico. Vivimos más allá de las edades fértiles gracias a los nietos. Viene ocurriendo así desde la Prehistoria. «La hipótesis de la abuela», no lo olvides, sería un excelente título para un capítulo.

—Muy bueno, sí —concluyo.

Arsuaga permanece un momento en silencio, observando el vacío. Algo se cuece dentro de su cabeza. Finalmente, dice con una sonrisa algo malvada:

—Conozco un sitio cerca de aquí donde ponen unos torreznos estupendos. Y es la hora de los torreznos. ¿Hace?

—No hace —le digo—, estoy a dieta.

—Pues te dejo donde puedas coger el metro y me los tomo yo solo. Me vendrá bien hacerme un rato de compañía.

Intento mostrarme zen, pero no me sale.

Seis. Desnudo y saciado

A finales de mayo había perdido ocho kilos y había rejuvenecido cinco años. O seis.

Eso es lo que sentía.

Caminaba con ligereza, abandonaba la cama con euforia, pensaba y escribía a velocidades de vértigo. La ropa antigua me quedaba bien. Recuperé del desván cuatro o cinco chaquetas que estaban como nuevas pero que había retirado por culpa de los kilos de más.

Este va a ser mi año, me decía al verme en el espejo, pues era también víctima o beneficiario (cómo saberlo) de un optimismo corporal del que no disfrutaba desde hacía tiempo. El problema era dónde detenerme, en qué momento dejar de perder kilos y dedicarme a mantener los conquistados, pues cuando el adelgazamiento alcanza cierta velocidad (la velocidad, supongo, de crucero) la tentación de poner el piloto automático para continuar el vuelo hacia la ligereza es grande. La ligereza saca el místico que llevamos dentro. El que adelgaza comete, con frecuencia, el mismo error que el que deja el tabaco, y que no es otro que el de mirar con superioridad al gordo o al que fuma. La pérdida voluntaria de materia, además de estilizarnos físicamente, nos conduce a la búsqueda de salidas espirituales para la angustia existencial.

¿Meditación? ¿Yoga? ¿Pilates? ¿Budismo?

En esas estaba cuando recibí un correo de Arsuaga en el que decía lo siguiente:

Querido Millás:

La probabilidad de que un varón como tú, de 75 años, no llegue a soplar el pastel de las 76 velas es de un 27 por mil, es decir, caen 27 de cada mil españoles de 75 años. Parece poca cosa, pero el problema es que los caídos se van acumulando y cada vez hay más. El año que viene, si has sobrevivido, el porcentaje será de 29 por mil. Cuando cumplas 80 años, será del 41 por mil. A los 85 subirá al 71 por mil. Si alcanzas los 90, será del 124 por mil, es decir, más de doce de cada cien. Entonces habrá que empezar a preocuparse. Las cifras parecen pequeñas, pero esto es como una carrera de obstáculos en la que los corredores van cayendo. Por eso las gráficas demográficas de las poblaciones normales tienen forma de pirámide, aunque sus paredes no son regulares, como las de las egipcias. En España, la pirámide está invertida, claro, porque no nacen niños, y a este paso va a convertirse en una peonza. En resumen, que tampoco es para tanto la cosa mientras estemos tan sanos y guapos como ahora. Por cierto, en el caso de que no hayas abandonado el régimen, lleva cuidado con él: si te miras en el espejo y te ves la calavera, abandónalo de inmediato.

Abrazos,

Juan Luis Arsuaga

Me miré en el espejo con detenimiento, buscando rastros de la calavera, y a veces los veía y a veces no. (¿Los dientes son o no son calavera?). Es lo que pasa cuando te obsesionas con algo: que vives confundido.

En todo caso, ¿debía atribuir el correo escatológico de Arsuaga a su sentido del humor? ¿Se trataba de una mera información estadística o contenía, disfrazado de ella, un ataque personal? No resultaba fácil averiguarlo. Con Arsuaga nunca se sabe. Alterna los momentos zen o epicúreos con instantes de misantropía que me alteran emocionalmente, pues despiertan mi propia aversión hacia la humanidad.

¿Aversión hacia la humanidad?

No es eso. Lo que yo había sentido en otra época, en la adolescencia sobre todo, aunque en la juventud también, era un rencor procedente de un malentendido: el malentendido de que el mundo me debía algo. No es bueno vivir con esa idea, que se vuelve obsesiva en ocasiones y te corroe cuando tú crees equivocadamente que corroe a los que odias. Logré eliminarla en la terapia psicoanalítica desde el punto de vista racional, pero quizá no desde el sentimental. *Sé* que el mundo no me debe nada, pero *siento* que sí. Esa misma tarde, cuando entré en la consulta de mi psicoanalista, tras tumbarme en el diván, volví a desenterrar este asunto que ella y yo dábamos por olvidado:

—Creo que no me he quitado de la cabeza la idea de que el mundo me debe algo —dije.

—¿No se la ha quitado usted de la cabeza o no se la ha quitado usted del corazón? —preguntó la terapeuta como si hubiera leído mis pensamientos.

—Del corazón —respondí—, no me la he quitado del corazón. De la cabeza sí: sé que, racionalmente hablando, es una estupidez pensar que el mundo me debe algo.

—Pero es hermoso pensar que el mundo tiene una deuda con nosotros.

—Hermoso y, en cierto modo, eficaz —repliqué.

—Eficaz cómo.

—Yo he escrito gracias a esa deuda imaginaria. La escritura fue un modo de canalizar mi rencor por esa deuda no satisfecha. La lectura también. Quizá no esté bien decir esto, pero creo que leo y escribo por rencor.

—¿Dejaría de leer y escribir si le desapareciera el rencor?

—Quizá sí —pensé en voz alta—, quizá lo sustituyera por la curiosidad.

—Pero usted tiene fama de curioso.

—La curiosidad es la pantalla, la tapadera del rencor.

—¿Y qué es lo que le ha traído a la memoria el asunto de la deuda que supuestamente mantiene el mundo con usted?

En mi análisis no había aparecido todavía Arsuaga, o había aparecido de pasada, al comentar las incidencias de nuestro libro anterior. Me negaba, por razones oscuras, a que el paleontólogo entrara ahí. No quería que invadiera ese ámbito tan privado de mi existencia. No sabía qué hacer. Finalmente, le dejé pasar.

—Tengo la impresión —dije— de que en Arsuaga alienta una suerte de misantropía que yo he reprimido en mí. Significa que, lejos de curarla, la he negado.

—¿Arsuaga siente que el mundo le debe algo? ¿Eso es lo que usted cree?

—No lo sé.

—Pues pregúnteselo.

Tal es lo que hice, preguntárselo a través de un correo que le envié esa misma noche y al que, curiosamente, pues no es propio de él, respondió enseguida con estas palabras:

> No, Millás, no pienso que el mundo me deba nada. Para un seguidor de Lucrecio ni siquiera existe la dualidad mundo/yo. Somos átomos que se combinan durante un tiempo y luego se separan para combinarse otra vez. Es un privilegio ser ahora la combinación de átomos que somos y que, por cierto, se van renovando mientras vivimos. En el terreno personal, me siento bendecido por los dioses y muy afortunado.
>
> Tenemos que seguir hablando de la relación entre el nicho y la dieta.
>
> Abrazos

El mundo no le debía nada a Arsuaga. Me dieron ganas de preguntarle si me había contestado con la cabeza o con el corazón, pero me pareció más sensato dejar las cosas como estaban.

Poco después, me citó a la hora de la comida en un restaurante situado en la calle Estébanez Calderón, muy próximo a la plaza de Castilla, llamado Naked & Sated (Desnudo y Saciado).

Desnudo y Saciado.

Me pregunté si ya el nombre contenía un mensaje oculto y me respondí enseguida que sí, pues se trataba de un establecimiento de comida paleolítica. No es que lo anunciaran de ese modo, pero tal era el propósito que latía bajo la información que descubrí en internet: «En Naked & Sated creemos que es hora de retomar la cordura y resetear nuestro cuerpo y mente. Queremos poner en tu plato alimentos reales, desnudos, frescos y de temporada, que te ayuden a cuidarte y con los que cuidemos el medio ambiente».

Alimentos reales capaces de resetear la mente. Eso era lo que yo buscaba desde que comencé a adelgazar: conectar con la realidad real (tenía con frecuencia la impresión de vivir en una realidad simulada) y resetear mi mente. Pronto descubrí que perder kilos no bastaba, de ahí mis dudas sobre la meditación, el yoga, el pilates, el budismo...

¿Sería el modo de vida paleolítico lo que andaba buscando?

El local, con la cocina a la vista del público, resultaba agradable por su amplitud, no sé, o porque sus espacios se mostraban abiertos hacia el exterior (la calle), pero también hacia sí mismo. La decoración, que califiqué mentalmente de californiana, quizá con algunos toques hippies, colaboraba a crear una atmósfera que predisponía al buen rollo, signifique lo que signifique buen rollo, incluso signifique lo que signifique decoración californiana, toques hippies, etcétera. No obstante, y dada mi situación emocional, me pregunté si había entrado en un comercio o en un templo.

Ocupamos una especie de reservado del fondo del establecimiento donde ya nos aguardaba el que sería nuestro anfitrión, José Luis Llorente, más conocido como Joe Llorente.

—Este señor —dijo Arsuaga— es un exjugador de baloncesto.

—Yo jugué con Corbalán en el Real Madrid y en la Selección Española —añadió el presentado.

—Es un placer —dije estrechándole la mano.

Me hallaba calculando cuánto me faltaba a mí para alcanzar la delgadez de Joe, y quizá la tranquilidad de ánimo (o epicureísmo) que transmitía, cuando una camarera nos preguntó qué deseábamos beber.

—Vino —me adelanté yo en un automatismo previsor.

—No estoy en contra de beber vino en las grandes ocasiones —intervino Llorente—, pero te aconsejaría que bebieras kombucha.

—No sé qué es la kombucha —apunté con inseguridad.

—Se trata —me informó— de un té fermentado muy bueno para la microbiota.

Sabía lo que era la microbiota o el microbioma porque había hecho un par de reportajes sobre el asunto. Por decirlo rápido, el término alude al conjunto de bacterias beneficiosas que nos habitan en todo el cuerpo, pero especialmente en el aparato digestivo, y sin las cuales nuestras digestiones (por hablar solo de la digestión) resultarían imposibles. Hay laboratorios que se dedican al cultivo de estos microorganismos que la industria alimentaria introduce luego, pongamos por caso, en los yogures. Cuando en el envase de un producto nutritivo pone que incluye «probióticos», significa que contiene este tipo de bacterias sin las cuales no podríamos vivir. Aunque somos en apariencia sus hospedadores, en la práctica, y exagerando un poco, podríamos afirmar que ellas son nuestras anfitrionas. Si usted se ha preguntado alguna vez por el sentido de la vida y aún no ha hallado respuesta, no descarte la posibilidad de que nuestra existencia esté al servicio del mantenimiento de esos microorganismos. Hace poco, mis digestiones se volvieron lentas y pesadas. Telefoneé a un bioquímico amigo, le relaté los síntomas y me dijo que a partir de los sesenta y cinco años nuestro cuerpo deja de producir las bacterias intestinales encargadas de mantener a raya los procesos inflamatorios.

—Te recomiendo —añadió— que tomes cada día una porción de *Lactobacillus gasseri* KS-13, además de *Bifidobacterium bifidum* G9-1 y *Bifidobacterium longum* MM-2, para suplir esas carencias.

Consulté en la farmacia de mi barrio y resultó que tal combinación de seres microscópicos se comercializaba desde hacía tiempo bajo una marca de productos de parafarmacia. Inmediatamente adquirí un envase. Las bacterias se presentan liofilizadas, en cápsulas, y reviven en el medio húmedo de las interioridades ventrales. He de decir que mi existencia gastrointestinal dio un giro de ciento ochenta grados bajo la ingesta de estas bacterias, de las que soy adicto. Comprendí entonces la aceptación creciente de un tratamiento conocido como «trasplante de heces», que consiste en trasladar el microbioma de un paciente sano a uno enfermo.

Y bien, si la kombucha era buena para el microbioma, no había nada más que añadir. Tengo un gran aprecio por esa extraña forma de vida que me habita y a la que mi metabolismo debe tanto que no sabría decir si yo estoy hecho para ella o ella está hecha para mí.

Para que nos hiciéramos una idea de la cantidad de microorganismos que nos habitan y que nos mantienen en forma, Joe Llorente añadió:

—Tenemos cien veces más células ajenas que propias. Somos un zoo.

No obstante, y como de entrada, por una cuestión de método, soy resistente a las novedades, leí atentamente la etiqueta de la bebida y objeté de forma algo retórica:

—¿Pero esto es verdaderamente más sano que el vino? Aquí pone que contiene agua carbónica, con la que estoy en desacuerdo porque produce gases, y pone también que «el azúcar utilizada se consume en su totalidad durante el proceso de fermentación». El término *azúcar*, no importa en qué contexto aparezca, me pone en guardia.

—¿Pero no ves que se ha consumido en el proceso de fermentación?

Callé porque era cierto que donde hubo azúcar no había nada, pero cuando uno cree que la vida le debe algo desconfía de todo.

—Esto que vamos a hacer hoy —intervino Arsuaga para limar las aristas del silencio algo incómodo surgido de mi empeño en poner obstáculos— no es exactamente una comida, tampoco una experiencia, como dicen los críticos que reparten las estrellas Michelin. Esto forma parte de un estilo de vida.

Y añadió dirigiéndose a Joe Llorente:

—Estoy intentando explicarle a Millás que la dieta es una parte del nicho y que lo que hay que hacer es recuperar lo mejor de un estilo de vida que era excelente. O sea, que es mucho más que comer, porque lo que ese estilo de vida trata de decirnos es que es mejor tomar el azúcar del arándano que del azucarero.

—¿Por qué? —pregunté.

—Porque el arándano tiene menos calorías. El arándano no produce diabetes ni la consecuencia terrible de la diabetes, que es la ceguera. El azúcar del azucarero produce diabetes y ceguera real, además de metafórica.

—Ya —dije acobardado.

—Pero ni siquiera eso sería el nicho —añadió el paleontólogo en un tono didáctico, tranquilo, epicúreo, sensual, sibarita, voluptuoso—. El nicho sería ir a por los arándanos. Las calorías que proporciona un kilo de arándanos son siete veces menos que las de un kilo de azúcar, a las que tienes que descontar las energías que has invertido en recolectarlo. El nicho completo incluye mucho más que comer sano. Incluye hacer ejercicio para obtener el alimento.

—Desde luego —asentí al comprobar los gestos de aprobación de Joe Llorente.

—El estilo paleolítico —continuó Arsuaga— es mucho más que hacer deporte y comer sano, es llevar una vida armoniosa. No se puede sustituir el paseo por el monte o por el campo para recoger los arándanos por una cinta de correr. Son otras sensaciones porque, además de cuerpo, tenemos mente.

Sucede con frecuencia que cuando estoy por reprochar al paleontólogo sus excesos biologicistas, nombra la mente o el alma o el espíritu y logra desarmarme.

Creo que me lee el pensamiento.

—Si no puedes disfrutar todos los días en cuerpo y alma del contacto con la naturaleza —concedió al fin—, puedes caminar por una cinta. No es lo mismo que el campo, pero es mejor que la butaca.

Joe Llorente volvió a asentir con un movimiento de cabeza, lo que sin duda animó al paleontólogo a continuar:

—Un estilo de vida paleolítico puede incluir hablar con tus hijos, con tus nietos, tener tiempo para estar solo... Es mucho más, en fin, que comer sano.

—¿Qué más? —pregunté para dejar que diera rienda suelta al epicureísmo que se le había desatado.

—Todas las noches —continuó— escucho al lado de casa un sonido que los vecinos toman por una alarma porque se produce con regularidad. Pero es el canto del autillo, Millás.

—El autillo —repetí añadiéndole un leve matiz interrogativo.

—Se trata de una rapaz nocturna, muy urbana —aclaró Arsuaga—. Ser capaz de escuchar al autillo sin que te moleste también forma parte del estilo de vida paleolítico.

—¿Es que molesta?

—En internet encontrarás multitud de quejas dirigidas al ayuntamiento. Dicen que se lo lleven a otro sitio.

—¡Qué pena! —mentí, pues esa misma noche había dormido con la ventana abierta y me había cagado varias veces en el autillo, cuyo canto, de registro electrónico, es idéntico a los pitidos de mi cocina de inducción cuando se vuelve loca.

—Es un pájaro muy beneficioso porque se come las cucarachas, por ejemplo —insistió Arsuaga.

Hubo un silencio un poco violento que interrumpió Joe Llorente.

—Yo no había terminado de presentarme —dijo en tono de queja, o casi—. Procedo de una estirpe de deportistas. Vamos ya por la cuarta generación. Mi tío fue Paco Gento, el famoso jugador de fútbol. Tengo tres hermanos menores que yo, uno de los cuales también juega al baloncesto a nivel profesional, y los otros dos estuvieron en el Real Madrid de fútbol. Nuestro sobrino, Marcos Llorente, es uno de los mejores jugadores actuales. Está en la Selección Española y ha sido campeón de Liga en el Atlético de Madrid, su equipo. Somos una familia con una dedicación especial al deporte, pero también con una especial dedicación a la vida sana y a la alimentación. Cuando yo empecé y me llevaba a los entrenamientos mis potingues, me decían: «¿Dónde vas con el alpiste?». Se reían un poco de mí, pero luego fui el jugador más longevo de mi generación.

—¿Cuántos años tienes ahora? —pregunté.

—Sesenta y dos.

Como se ha dicho, Joe Llorente es muy delgado, fibroso, pero me dio la impresión de que por debajo de la piel del rostro se le marcaba un poco la calavera, como cuando llevas una ropa muy ceñida y se te notan las formas del cuerpo.

—Y llevas un tipo de alimentación paleolítica —afirmé.

—Hago este tipo de vida, sí, soy el gurú de la familia.

—¿Haces el nicho completo, como propone Arsuaga? —insistí.

—Sí. Parte del nicho consiste en pasar frío en invierno y calor en verano. En mi casa no hay calefacción ni aire acondicionado. Me ducho con agua fría y a veces me da pereza salir porque hace más frío fuera de la ducha que dentro.

De solo pensarlo, sentí un escalofrío que disimulé dando un trago a la kombucha. Luego continué el interrogatorio:

—¿Cuánto pesas?

Setenta y seis, cinco kilos menos que cuando jugaba.

—Perfecto para tu estatura —aventuré, pues era menudo pese a haber sido baloncestista (jugaba de base).

—He perdido masa muscular —se lamentó.

—Porque haces menos ejercicio —intenté justificar.

—Claro, antes entrenaba cinco horas diarias y ahora entreno hora y media o dos, y no todos los días. Hago gimnasio. Con la edad se pierde mucho tono muscular y cuesta más mantenerlo.

—¡Pero tienes buenos bíceps! —exclamé con admiración sincera.

—Más o menos —admitió—. De piernas estoy mucho mejor. He estado a punto de venir con pantalón corto, pero al final me ha dado vergüenza.

Reímos los tres al tiempo de llevarnos el vaso de kombucha a los labios.

—De manera —continué— que esto del modo de vida paleolítico no es un invento de Arsuaga. Hay entre nosotros gente que imita la vida del cazador-recolector.

—Así es. Tengo un gurú holandés y sigo mucho a Arsuaga, al que leo desde hace la tira de años. No me pierdo nada de lo que publica.

En esto vienen a tomarnos nota. Nos dejamos aconsejar por Llorente, que pide una ensalada de tataki de atún.

—Pero en vez de garbanzos —añade—, ponle boniato. Y, en vez de arroz, yuca. Trae también un par de galletas de trigo sarraceno con huevo y aguacate.

Cuando la camarera se retira, Arsuaga cuenta que él conoció a una tribu de cazadores-recolectores que vive en Tanzania, junto al lago Eyasi.

—Los hadza —añade—, que están de moda ahora. Cuando yo los visité, hace veinte años, no iba ni dios a verlos. Hablan una lengua clic, como la de los bosquimanos. Practican el descanso activo porque no han inventado la silla, que es una peste. En la silla, todo el peso del tronco y los brazos va a parar al culo. Toda tu columna vertebral transmite el peso hasta abajo. Esa forma de descanso pasivo es fatal. Los hadza están la mayor parte del tiempo en cuclillas, con la mano apoyada en el hombro de alguien o algo. O sin apoyo. Así se activan un montón de músculos, y no porque lo diga yo, sino porque se ha medido con aparatos que registran las corrientes eléctricas, la actividad muscular.

—Ya —digo observando a Arsuaga, que parece leer de nuevo mis pensamientos porque se apresura a añadir:

—En cualquier caso, no hay que tomarse al pie de la letra ningún modo de vida. Digamos que son referencias. No puedes convertir una forma de existencia en una religión, y ese es el peligro de todas estas filosofías, que a veces se convierten en religiones llenas de prohibiciones. La dieta es para el hombre, no el hombre para la dieta.

—Mi gurú —interviene Joe Llorente— dice que todo esto de los ayunos hay que hacerlo de manera irregular y que también hay que disfrutar.

Nos traen la comida, que lleva mucho verde.

—He pedido hierbas —dice Llorente— porque es una de las deficiencias de nuestra alimentación. El hombre del Paleolítico se atiborraba de hierbas como se atiborran los perros y los gatos cuando van al campo. A nuestra microbiota le sientan bien las hierbas. Hay que comer tantas como se pueda y con la mayor variedad posible.

La ensalada de boniato, tomate, yuca, aguacate, atún y sésamo está simplemente exquisita.

—El aguacate —nos ilustra Llorente— tiene grasa omega 3, muy buena para el cerebro y las articulaciones, lo mismo que el atún, al que solo le han dado vuelta y vuelta. Los frutos rojos son antioxidantes. Los platos, cuantos más colores tengan, mejor. Si os fijáis, le han puesto bayas de goji, que ahora están de moda, y un toque de pimienta negra, que irrita un pelín la barrera intestinal y de ese modo se absorben mejor los alimentos.

—Conviene cabrear un poco a la barrera —añado.

—En su justa medida —responde Joe.

—Millás —comenta Arsuaga— no puede ser paleolítico porque tiene que comer a las dos en punto de la tarde. Si a las dos no está sentado a la mesa con un plato delante, se pone de mal humor.

—Eso, como casi todo, es puramente mental —asegura Llorente.

—Decías —intervengo yo— que lo importante de la dieta paleolítica es que no sea regular, que no comas todos los días lo mismo ni a la misma hora.

—Sí —responde, lacónico.

—Pues yo llevo una dieta que consiste en comer cinco veces al día y he adelgazado ocho kilos. Además, he rejuvenecido, o eso es lo que siento cuando salgo a caminar.

—Lo que hayas adelgazado no tiene nada que ver. Para el hombre del Paleolítico lo bueno no es comer cinco veces al día, es comer un día cinco veces y otro, una o ninguna. Ana María Cuervo, que es la codirectora de Estudios sobre el Envejecimiento de la Escuela de Medicina Albert Einstein, en Nueva York, defiende la restricción calórica y la ingesta irregular para que los productos de desecho del metabolismo de las células no se queden ahí y sean redigeridos, porque son tóxicos. En otras palabras, que hay que dejar descansar al aparato digestivo.

—Ana María Cuervo —interviene Arsuaga— sabe de lo que habla, es una eminencia, ha estudiado a fondo las causas del alzhéimer y de las demás enfermedades neurodegenerativas y conoce como nadie los porqués del envejecimiento. Sus estudios sobre la «limpieza celular» o «autofagia» son deslumbrantes. Anota esto: las células poseen mecanismos de limpieza propios por los que, como dice Joe, eliminan los restos de la combustión. Pero se dedican a esta tarea cuando la célula está en descanso. Si te pasas el día comiendo, no descansa nunca y la basura o los metabolitos, como prefieras llamarlo, se acumulan con efectos desastrosos. La célula se asea también mientras dormimos, por eso es importante dormir un número de horas. La voy a entrevistar, a Ana María Cuervo, en mi espacio de Radio Nacional.

—Me gusta la palabra *metabolito* —digo al tiempo que pido con un gesto otra botella de kombucha.

—He dicho metabolito por no decir mierda —aclara Arsuaga con expresión afable, para aligerar la carga escatológica.

—Sigo prefiriendo metabolito —digo yo.

—Las células —añade Joe Llorente— necesitan al menos dieciséis horas de descanso para realizar el proceso de desintoxicación.

—¿Eso quiere decir —pregunto— que tú, después de esta comida, no vas a probar bocado en dieciséis horas?

—Cené ayer a las siete y media y no he comido nada hasta ahora, que son casi las tres de la tarde.

—¿No has desayunado? —insisto.

—No, llevo dieciocho horas sin comer, y a veces estoy un día entero.

Terminada la ensalada paleolítica, que a mí me ha dejado bastante satisfecho, Llorente dice:

—Ahora voy a pedir una hamburguesa de pollo de corral. ¿Os apuntáis?

Nos apuntamos.

—Con el tiempo —se me ocurre decir—, el cuerpo te va diciendo lo que te cae bien y lo que te cae mal. A mí, por ejemplo, los lácteos me gustan, pero no me sientan.

A lo que añade Llorente:

—Hay personas, como asegura Ana María Cuervo, la bióloga celular que mencionamos antes, cuyas rutas metabólicas les permiten comer lo que quieran y no engordan.

—¿Qué es una «ruta metabólica»? —pregunto fascinado por la expresión.

—Buena pregunta —dice Joe—. Alude al modo en el que cada uno metaboliza o digiere.

—Bioquímica pura —asiente el paleontólogo—: La forma en que tu cuerpo descompone los alimentos, que no es igual en todos.

En este punto en el que la conversación tiende a ponerse muy técnica, nos traen la hamburguesa de pollo de corral con una guarnición de muchos colores. Le pido a Llorente que nos la describa.

—Tiene patatas doradas en aceite de oliva —dice—, que no me comeré, pero no voy a dejar nada de este hermoso boniato ni del tomate. Antes hemos tomado proteínas con el pescado y el huevo, y ahora más proteínas con el pollo de corral. Recuerda esto: hay que comer carne de animales no estabulados. Esto de aquí es mayonesa y, ¡me cago en la mar!, nos han puesto queso. Al intestino le sientan mal los azúcares simples y bien los complejos.

—¿Qué es un azúcar simple? —pregunto.

—La que compras en el súper y la de los cereales refinados, por ejemplo.

—¿No importa mezclar hidratos de carbono con proteína animal? —Tengo con eso un prejuicio edípico que me viene de la paella de marisco de mi madre.

—Eso —se indigna Arsuaga— es un mito absoluto, además de que no es paleolítico porque en el Paleolítico comes de lo que hay, no te andas con remilgos. Eso suena a judaísmo: no se debe tomar cordero con leche, por ejemplo: he ahí uno de los tabúes del judaísmo. Es, como decía antes, la manía de convertirlo todo en una religión. Mira, Millás, una cosa es adelgazar y otra comer sano. En Auschwitz adelgazaron todos. Y en los hospitales la gente se muere muy delgada.

—Mi dieta de cinco comidas —me defiendo— es la siguiente: por la mañana, un trozo de pan con un embutido (jamón, pechuga de pavo, lomo, etcétera). A media mañana, una fruta. Para comer, ensalada o verduras y carne o pescado. A media tarde, otra fruta. Por la noche, proteína animal (pulpo, salmón o bacalao al vapor, etcétera). No está mal.

—Lo peor, aparte de que no dejas descansar al organismo —dice Arsuaga— , es el desayuno: embutido con pan.

—Es el único momento del día en el que tomo pan.

—Yo que tú probaría el ayuno intermitente —dice Llorente.

—Es que Millás —añade Arsuaga dirigiéndose a Llorente— confunde la dieta con el nicho. Tienes que diseñarle un plan de ejercicio, porque no hace nada.

—No es cierto, camino.

—Caminar como caminas tú —insiste cruelmente el paleontólogo— equivale a cardio cero. Tu corazón no sube de las sesenta pulsaciones.

—O sea —me rindo—, que debería combinar la dieta con unos ejercicios específicos.

—Lo ideal es el nicho —remacha Arsuaga—. Ser un paleolítico de verdad. El cazador-recolector se movía mucho, acarreaba peso, de vez en cuando tenía que salir corriendo porque venía un depredador.

—Millás tiene setenta y cinco años —señala Llorente en tono caritativo.

—Lo sé, lo sé —admite a regañadientes Arsuaga—. Pero el estrés le viene bien a todo el mundo, lo malo es que sea permanente. Lo que pienso, al final, es que lo más paleolítico de la comida paleolítica es la conversación. Un rato sin prisa, sin mirar el reloj.

—En eso sí soy paleolítico —aseguro.

—En eso sí —concluye Arsuaga—. Ahora tenemos que ponerte a hacer un ejercicio adecuado para tu edad.

—Al final —me obstino—, mi dieta no es tan mala, solo que no dejo descansar al cuerpo y me trago todos los metabolitos. Eso se debe también a que soy introvertido. Mi madre me lo decía: siempre estás hacia dentro, deberías explayarte. Arsuaga —añado dirigiéndome a Llorente— no se deja dentro un solo metabolito literal, pero tampoco los simbólicos. Cuando tiene que protestar, protesta.

—¿Hay postre? —interrumpe el paleontólogo.

—Sí —responde Llorente—. He encargado un dónut de mantequilla de cacahuete, aceite de coco, yuca, levadura y dátiles. Sin azúcar añadida. Y nos van a traer también chocolate puro, sin grasa, que es muy bueno para el cerebro. Cacao cien por cien.

—¿Sabes cuáles son los cinco venenos blancos? —me pregunta Arsuaga.

—Ni idea —digo.

—El azúcar refinada, la harina blanca, el arroz blanco, la leche y la sal.

—De todos modos, después de este menú, tampoco me extraña que luego estéis diecisiete horas sin comer —intento no sonar irónico.

—Me parece estupendo que Millás opine —dice Arsuaga—, porque normalmente es bastante inexpresivo. Tarda mucho en hacer la digestión de las nuevas experiencias.

—Es que mis rutas metabólicas mentales son lentas —me defiendo.

Siete. Una cuestión de tamaño

Le di muchas vueltas al asunto de la «limpieza celular» o «autofagia» y escuché, días más tarde, la entrevista que el paleontólogo le hizo en Radio Nacional a Ana María Cuervo. La científica comparaba una célula humana (y poseemos treinta y siete billones) con una vivienda en la que hay que hacer limpieza de forma regular para que la basura no acabe devorando a sus moradores. Me vino a la memoria el día de la semana en el que, cuando era pequeño, se ponía todo en casa patas arriba para no dejar ni una mota de polvo en parte alguna. Ese día (los viernes), si no teníamos colegio, como sucedía durante el verano, a los niños se nos echaba a la calle para despejar el panorama y no se nos permitía volver hasta que todas las habitaciones quedaban como una patena. ¡Ay de aquel que pisara un suelo recién fregado o que manchara un lavabo recién desinfectado! La casa, como la célula, necesitaba estar desocupada para proceder a las labores periódicas de mantenimiento.

Ana María Cuervo, que trabaja en Estados Unidos, se lamentaba de que en aquel país se comiera tanto (y tan mal), pues las células no encontraban el momento de deshacerse de los detritus, lo que sin duda aceleraba el envejecimiento celular y, en consecuencia, el de las personas.

Había pensado con frecuencia en mi envejecimiento, pero nunca en el de mis treinta y siete billones de células, a las que empezaba a imaginar como treinta y siete billones de cuartos de baño de otros tantos solteros desaseados. Una sociedad de obesos mórbidos podía estar muy limpia por fuera, pero ser puro síndrome de Diógenes en sus unidades constitutivas.

Telefoneé al paleontólogo:

—Oye, ¿hay manera de conocer el estado de nuestras células, de saber si están limpias o sucias, viejas o jóvenes?

—Lo hay.

—Averigüémoslo.

—Paso a paso —me dijo—, todo está previsto. Iremos de lo grande a lo pequeño en un par de actividades que estoy preparando. De momento, me gustaría que mañana me acompañaras al Museo de Ciencias Naturales.

—¿Para qué?

—Al Museo de Ciencias Naturales se va para ir al Museo de Ciencias Naturales —respondió.

—Vale —dije.

Ya es el día siguiente por la tarde y ya estamos Arsuaga y yo en el interior del Museo de Ciencias Naturales, frente a un elefante disecado de unos cinco metros de altura. Parece un edificio.

—¿Tiene esto que ver con ir de lo grande a lo pequeño que me anunciaste ayer? —le pregunto con decepción, obsesionado como sigo con la limpieza celular o autofagia.

—No, nada que ver.

—Da la impresión —digo al paleontólogo— de que construyeron el museo alrededor del elefante porque, si te fijas, no cabría por ninguna de las puertas que están a la vista.

Arsuaga echa un vistazo a su alrededor y compone un gesto de sorpresa.

—Llevas razón —dice.

No soy una de esas personas que se mueren por llevar razón, pero me tranquiliza que me la den de vez en cuando.

—En todo caso —añade—, no hemos venido a comparar el tamaño de las puertas con el del animal. Fíjate en su escroto.

Me fijo en su escroto, que queda a la altura de nuestras narices.

—¿Hemos venido a ver el escroto del elefante? —pregunto.

—Es que es muy llamativo por lo que ahora te explicaré. Y déjate de buscar grandes significados en todo. Esto no es más que una anécdota, pero tiene interés.

—De acuerdo.

—El elefante era del duque de Alba. Lo montaron los hermanos Benedito, que eran los mejores taxidermistas del mundo, y lo transportaron por la Castellana a bordo de un camión enorme. Y aquí viene lo bueno. Fíjate de nuevo en su escroto.

—Es imposible dejar de hacerlo.

—Los elefantes carecen de escroto porque tienen los testículos en el interior de la cavidad abdominal.

—¿Y cómo cometieron ese fallo los hermanos Benedito?

—No se les ocurrió o no consultaron un manual, y así quedó el pobre para admiración de todos los niños y todos los adultos que visitan el museo.

—Pues me parece un fallo increíble.

—Nadie es perfecto. Por cierto, que el de la fisiología de los testículos internos del elefante es un problema sin resolver, pues para que se reproduzcan los espermatozoides, los testículos tienen que estar a una temperatura inferior a la del cuerpo. Nosotros, sin ir más lejos, los tenemos por fuera.

—Lo había notado —digo.

—Los cetáceos los llevan por dentro. Tiene explicación para los que viven en mares fríos, pero los de los mares cálidos nos enfrentan al mismo problema que el elefante: no se sabe cómo es el mecanismo para refrigerarlos. Quizá se trate de un tipo de refrigeración sanguínea.

El paleontólogo y yo permanecemos en silencio unos instantes, meditando profundamente sobre el sistema de refrigeración de los testículos del elefante y de los cetáceos que viven en mares cálidos, aunque también —por mi parte al menos— sobre el sistema de refrigeración de los testículos de los seres humanos, arropados por la doble capa textil de la ropa interior y el pantalón vaquero.

—Pero el mensaje que deseaba transmitirte —dice al fin Arsuaga dándose la vuelta y sacándose un librito del bolsillo— tiene que ver con el asunto de la duración de la vida, que tanto nos preocupa, y con el de la longevidad.

—Vamos a ello. —Me preparo para tomar apuntes.

—Este libro es *La historia natural*, de Georges Buffon, un sabio francés del siglo XVIII. Este tomo, pues tiene muchísimos, escritos a lo largo de cincuenta años, está dedicado al ser humano. Y aunque está lleno de errores, contiene también muchos aciertos y yo lo consulto a menudo. Algunas de las cosas de las que habla aquí tienen que ver con la duración de la vida de los elefantes y por eso nos viene bien. Aristóteles ya había dicho que los animales grandes viven más que los pequeños, es decir, que la duración de la vida tenía que ver con el tamaño. Ya veremos si es cierto o no. Buffon observa que los animales pequeños tienen una vida acelerada, una frecuencia cardiaca superior a la de los animales grandes. Una temperatura corporal más alta, mayor número de latidos por minuto.

—En resumen —concluyo—, que viven aceleradamente con respecto a los grandes.

—Pero Buffon no dice que esa sea la causa de que los animales pequeños vivan menos, como han asegurado otros científicos más tarde. Lo que ocurre con los animales grandes es que su metabolismo basal es más bajo.

—¿Qué es el metabolismo basal?

—¿No estudiaste Ciencias Naturales en el bachillerato?

—Se me ha olvidado.

—El metabolismo basal, que viene de lo que está situado en la base, es el consumo energético mínimo que precisamos por el mero hecho de vivir. Para comparar especies de diferentes tamaños, como la ballena azul y la musaraña, hay que dividir esa cifra por el peso del cuerpo, claro.

—Ya.

—Si lo prefieres de otro modo: las calorías necesarias para que nuestros órganos funcionen en estado de reposo.

—Lo que gasto viendo la tele desde el sofá, por ejemplo.

—Exacto —asiente el paleontólogo—. Pues bien, el metabolismo basal de los animales grandes como el elefante es más bajo. Buffon observa que los animales pequeños, como señaló Aristóteles, viven menos que los grandes y que además viven aceleradamente, pero no va más allá. Sin embargo, ¿podría ser esa la causa del envejecimiento?

—No lo sé —respondo levantando la vista del cuaderno de notas, pues parece que la pregunta va dirigida a mí—. En todo caso —añado—, ves la cara de un ratón y te parece que está siempre preocupado, como si le acecharan mil peligros. La del elefante es más relajada. La ansiedad mata, te lo digo por experiencia propia.

—Sin embargo —continúa Arsuaga—, recuerda que el número de latidos de la vida de un ratón y el de la de un elefante son los mismos, solo que los del elefante son más lentos, más tranquilos.

—Es lo que trataba de decirte: la ansiedad permanente, el desasosiego...

El paleontólogo, ajeno a mis comentarios, retoma su reflexión:

—Es como si hubiera una cantidad fija de vida, constante en todos los mamíferos, y cada uno la administrara a su modo, de manera que hay mamíferos que la gastan en dos años y mamíferos que la gastan en ochenta.

«Mamíferos ahorradores y derrochadores», anoto en mi cuaderno, para entenderme.

—Posteriormente —sigue Arsuaga—, y toma buena nota de esto porque es muy importante, y porque al final todo está enlazado con la comida, esta diferencia de longevidad entre unos y otros se ha explicado en términos de estrés oxidativo, de ahí el florecimiento de la industria dedicada a los antioxidantes.

—Yo tomo melatonina.

—¿Pero en qué consiste, dicho en otras palabras, el estrés oxidativo? —me pregunta.

—¿En qué? —respondo.

—En la acumulación de productos resultantes de la oxidación. Si vives aceleradamente, acumulas esas toxinas, esos metabolitos, esos restos de la combustión, en fin, de los que hablábamos el otro día al mencionar el asunto de la limpieza celular o autofagia. Un ratón los acumula en menos tiempo que un elefante porque el metabolismo basal del ratón es mucho más alto que el del elefante.

—Con lo que volvemos —señalo— al asunto de la dieta paleolítica o del ayuno intermitente. O sea, a la conveniencia de dejar descansar a las células para que procedan a la tarea de limpiar toda esa basura.

Me asombra la idea de que el paleontólogo me haya traído hasta aquí para meterse de nuevo con mi dieta, que sigue dándome satisfacciones.

—Ahora —continúa Arsuaga— vamos a introducir en esta historia un toque matemático, a ver qué tal lo asimilas.

—Mal, ya te digo que mal —anticipo.

—En última instancia, si lo piensas, la respuesta está en la relación superficie-volumen. Cuanto más grande es el animal, menor es la relación entre la superficie de su piel y su volumen. ¿Me sigues?

—No.

—En otras palabras, que el ratón, hablando en términos relativos, tiene más piel que el elefante.

—Ahora sí. Siempre se pueden decir las cosas de un modo más sencillo.

—¿Pero por dónde perdemos el calor? —prosigue Arsuaga.

—Por la piel.

—Exacto. Por lo tanto, el animal que más piel tenga con relación a su volumen perderá más calor que el otro y su metabolismo será más acelerado. Un animal pequeño pierde mucho calor corporal porque tiene mucha piel. El elefante, en cambio, como tiene menos piel, insisto, con relación a su volumen, retiene más el calor y su consumo energético es menor.

—Lo he entendido.

—Ahora te lo voy a explicar con una fórmula matemática, para que no lo aceptes como un dogma de fe.

—No lo he aceptado como un dogma de fe. Lo he aceptado porque me fío de ti, que eres una autoridad científica.

—Haces mal. Toma nota de la fórmula, por favor.

—No pienso poner la fórmula.

—¿Por qué?

—Porque los libros con ecuaciones venden menos. ¿Te acuerdas de *Historia del tiempo*, el famoso libro de Stephen Hawking?

—Sí, fue un best seller.

—Pues en su primera versión estaba lleno de ecuaciones. El editor le devolvió el manuscrito asegurándole que por cada ecuación venderían cien mil ejemplares menos, y los editores saben de lo que hablan cuando hablan de amor. Hawking, que estaba necesitado de dinero, quitó todas las ecuaciones y el libro fue un éxito mundial, aunque no se entendía.

—Me parece un argumento un poco cínico.

—A mí no. Yo quiero escribir un libro que se entienda y que se venda. Tal como lo has explicado hasta ahora, se entiende. Si le empezamos a meter ecuaciones, la jodemos.

Arsuaga permanece en silencio unos instantes. No parece que vaya a renunciar a la fórmula matemática.

—¿Y qué más da que se venda o no? —dice—. ¿Acaso necesitamos el dinero?

—Habla por ti —insisto.

—Coloca por lo menos la fórmula en una nota a pie de página —sugiere.

—Detesto las notas a pie de página, que a los científicos os encantan. Si la nota es importante, no la coloques a pie de página. Si no es importante, suprímela.

—¿Es tu última palabra?

—Sí, no estoy dispuesto a transigir en esto.

El paleontólogo y yo nos medimos con la mirada.

—Normalmente ganas tú todas las batallas —añado en tono conciliatorio—. Déjame ganar esta.

—Piénsatelo —concluye—. El tema del elefante queda liquidado, pero mira qué hermosa jirafa tenemos ahí.

En efecto, a apenas unos metros hay una jirafa que tampoco cabría, me parece, por ninguna de las puertas que tenemos a la vista.

—Otro mamífero grande —digo.

—Por lo tanto, vivirá muchos años. Lo importante es que la jirafa fue el ejemplo que puso Lamarck para explicar la evolución.

—Un día —recordé— me dijiste que yo estaba enfermo de lamarckismo y que tú me ibas a curar.

—A eso vamos. Según Lamarck, si ejercitas mucho el cuello para llegar con la cabeza a las baldas más altas de una librería, por ejemplo, se te acabaría estirando como a las jirafas, que son capaces de llegar a las copas de algunos árboles. Para Lamarck, la información iría del cuerpo a los genes, cuando en realidad es al revés: va de los genes al cuerpo. El lamarckismo está muy extendido porque es intuitivo, pero la ciencia, como no nos cansamos de repetir, es antiintuitiva. De manera que por mucho que tú estires el brazo para alcanzar los volúmenes más altos de tu librería, el brazo no crecerá.

—¿Cómo crecería entonces?

—Crecería, y es un ejemplo, si la longitud de los brazos se convirtiera en un atractivo sexual y la gente de brazos largos comenzara a elegir como pareja a personas con brazos largos también. Si en ese proceso de selección fueran favorecidos siempre los individuos con los brazos más largos, llegaría un momento en el que tus descendientes podrían alcanzar ese libro al que tú no llegas. La información, como ves, va de dentro, desde los genes, hacia fuera.

—Ya, es la misma explicación que me diste para los ojos rasgados de los japoneses.

—Se llama «selección sexual». Y aprovecho para decir que hoy en día se piensa que la longitud del cuello de la jirafa se debe a varias causas, pero quizá la más importante, o una de las más importantes, tenga que ver, una vez más, con la reproducción, porque luchan, golpeándose los cuellos, entre ellas. El cuello, en fin, es un órgano para la lucha.

—Lamarck —digo— era un intuitivo.

—Todo el mundo es lamarckiano y yo me encuentro a muchos médicos que razonan así.

—Pues creo que ya me he curado del lamarckismo. Muchas gracias. ¿Nos vamos ya? —añado mirando el reloj, porque tengo algo de prisa. Además, los vigilantes nos han llamado un par de veces la atención por no atenernos al recorrido marcado con unas flechas en el suelo. Detesto los conflictos con la autoridad.

—No, queda otra cosa.

—¿Qué cosa?

—La jirafa, con ese cuello tan largo, tiene siete vértebras cervicales. Todos los mamíferos tenemos siete vértebras cervicales con independencia de la longitud del cuello. Cuéntalas.

Me llevo el dedo índice a la nuca, pero no las distingo bien. Por suerte, tenemos a mano el esqueleto de un okapi y el de una ballena. El de la ballena, gigantesco, permanece colgado del techo. Ambos tienen siete vértebras también.

—En cambio —añade Arsuaga—, la longitud del cuello de las aves y los reptiles depende del número de vértebras cervicales que posean. Un cisne tiene muchas más que un pato.

—De modo —resumo para acelerar, pues tengo hora con mi psicoanalista— que solo los mamíferos tenemos una cantidad fija de esas vértebras con independencia de la longitud de nuestros cuellos. Lo único que podemos hacer es alargarlas o acortarlas.

—Así es, y esto es importante. ¿Por qué?

—No lo sé —respondo impaciente comprobando de nuevo la hora.

—Porque nos dice mucho de la evolución natural. Todos los animales, excepto las esponjas, los corales, las medusas y otros, tenemos simetría bilateral. Estamos compuestos de dos mitades prácticamente idénticas pegadas entre sí. Lo que se ha descubierto con la genética moderna es que los animales bilaterales estamos construidos de forma modular. Se trata de un truco de la evolución muy inteligente. Luego, cada uno de esos módulos se modifica y se especializa. Pero el cuerpo de cualquier animal bilateral es un conjunto de módulos que se repiten.

—¿Como esas casas, llamadas precisamente modulares, formadas por bloques de hormigón que pueden agrandarse o reducirse en función de los módulos que pongas o que quites?

—Más o menos. La mejor manera de construir una forma compleja pasa por utilizar estructuras modulares. Construyes un tren...

—... y luego articulas los vagones —completo con otro vistazo al reloj.

—El primer módulo es la locomotora; el segundo es el coche cama; el tercero, el restaurante; el cuarto, lo que quieras. Una vez que tienes un sistema modular puedes ir especializando los diferentes módulos: a uno le pones patas; a otro, alas; otro es el abdomen; otro, el cráneo, al que le incluyes unas mandíbulas...

—Muy bueno —digo.

—Pues eso lo inventó un ser vivo hace seiscientos o setecientos millones de años.

Estoy por decirle que me tengo que ir, pero el asunto modular ha empezado a engancharme.

—¿Y qué tipo de ser vivo era? —pregunto.

—Una especie de gusano —responde—. Hasta entonces los animales (pongamos las esponjas y las medusas) no estaban organizados modularmente. Pero llegó un animal de hace unos setecientos millones de años, construyó un sistema orgánico con un diseño modular y de ahí venimos todos. Esto vale para los mamíferos, para las aves, para las moscas, para todos, con las escasas excepciones que ya te he señalado. El sistema modular lo controlan unos genes llamados Hox, de *homeobox*. Homeóticas son las partes que se repiten.

—¿Son como cajas?

—Cajas. Los genes que controlan el desarrollo del sistema modular del que estamos hechos la mosca del vinagre y tú y yo se llaman «genes Hox» y son iguales en todos los animales bilaterales. Todos los animales bilaterales estamos hechos de la misma forma, a partir de un sistema de módulos que al principio eran todos iguales y que luego, en las diferentes líneas evolutivas, se han ido especializando. Por eso, lo que sirve para la mosca del vinagre sirve para ti. Esta idea es muy moderna, de los ochenta o de los noventa, yo no la estudié en la carrera.

—Nosotros —aventuro— estamos hechos de cajas: la caja craneal, la torácica, la abdominal...

—Módulos, módulos, módulos. Y por alguna extraña razón, el sistema Hox, en los mamíferos, no permite que se manifiesten más de siete vértebras cervicales. No se sabe por qué, pero podría tener relación con otro concepto que es importante para nuestro libro: el de la pleiotropía.

El paleontólogo acaba de inaugurar otro término. Es evidente que he de renunciar a mi terapia.

—Te noto incómodo —dice—. ¿Ocurre algo? ¿Es por el asunto de la fórmula matemática?

—No, eso está olvidado.

—¿Entonces qué te pasa?

Dudo unos instantes. Finalmente confieso.

—Es que tenía una sesión de psicoanálisis, pero ya no llego.

—¿Te psicoanalizas?

—Pues sí.

—¿Y le hablas de mí a tu psicoanalista?

—No eres tan importante en mi vida.

—Tú tampoco en la mía, pero si me psicoanalizara, seguro que te habría sacado a relucir. ¡Joder, hemos escrito un libro juntos! Y estamos con otro.

—Vale, quizá te mencione en la siguiente sesión.

—Gracias. ¿Podemos seguir entonces con la pleiotropía?

—Sigamos.

—Llamamos de este modo a un fenómeno por el que un gen puede producir más de un efecto. Al contrario de lo que se cree, los genes codifican varias cosas a la vez, están relacionados con varios caracteres. Parece ser que en el sistema Hox de los mamíferos el número de vértebras cervicales ha de ser constante porque algunos individuos, incluidos los seres humanos, que desarrollan una vértebra más mueren jóvenes y no se reproducen.

—Tener una vértebra de más, sobre todo en las jirafas, podría parecer ventajoso a primera vista.

—Pues no. Por eso hay que mantenerlas a raya. Siete por individuo y punto.

—¿Y esto —pregunto— tiene algo que ver con la longevidad?

—Esto tiene que ver con el funcionamiento de la evolución. En pocas palabras, lo que yo quiero saber es por qué nos morimos a los noventa años y los ratones a los tres, eso es lo que me preocupa.

—A mí también.

—Pues aprende a leer entre líneas lo que hemos ido viendo y disponte a leer entre líneas lo que veamos en el futuro.

—¿Por qué entre líneas?

—Porque eres listo.

—Gracias.

Continuamos paseando por el museo, vacío a esas horas, bajo la atenta mirada de los vigilantes, que nos señalan sin cesar las flechas que en el suelo marcan el recorrido convencional y obligatorio. Estas flechas me recuerdan a las que colocan en las gigantescas tiendas de Ikea, en parte para que no te pierdas, en parte para que consumas algo en todas las secciones.

De súbito, nos tropezamos con un acuario enorme en el que pasa sus días, o quizá sus desdías, pues está muerto, un calamar gigante. Pese a que el resto de los animales del museo también lo están, este cadáver impresiona, como si nos halláramos ante un semejante. El museo acaba de devenir en tanatorio.

—¿Ese líquido en el que flota es formol? —pregunto por desviar la emoción que siento hacia una cuestión de orden técnico.

—No creo que sea formol —dice Arsuaga—, en todo caso se trata de un producto conservante.

—Pues se conserva bien, como un difunto de ayer mismo.

—Este calamar es el famoso *Architeuthis*, el ser vivo que tiene los ojos más grandes del mundo.

No solo los tiene grandes, sino hermosos y profundos y con significado, de modo que asomarse a ellos es como asomarse al abismo, no sé si al abismo de la evolución o al de la propia conciencia. En cualquier caso, aturde observar con la mirada de todos los días estos globos oculares fuera de lo común.

—Estos —añade Arsuaga refiriéndose a los ojos— no son los originales, claro, pero los taxidermistas los imitaron muy bien con una bombilla.

—¿De cuántos vatios? —pregunto.

—¿Qué importan los vatios?

—No sé, es que me conmueven como si fueran de verdad.

—Mide dos metros largos —continúa Arsuaga—, siete con los tentáculos, pero los hay más grandes todavía. Es el invertebrado más largo del mundo. Habita en las profundidades y a los dos o tres años se reproduce y muere. Todo este despliegue de vida para reproducirse una sola vez y morir.

—¡Cuánto coste energético —exclamo— al servicio de lo que, desde una perspectiva capitalista, produce tan pocos rendimientos!

—Este —puntualiza Arsuaga— fue pescado con una red en Málaga. Llegó vivo al barco, pero al poco murió.

Nos despedimos del difunto gigante, en el que me ha parecido advertir la expresión de pudor común a todos los seres excesivos, y observamos las flechas del suelo para seguir el circuito sin ser reconvenidos por la autoridad. Arsuaga me quiere mostrar algo que cae cerca, pero que, debido al circuito obligatorio, queda lejos.

—Esto —pienso en voz alta— es como si fueras al Museo del Prado a ver solo *Las meninas* y te obligaran a recorrer todas las salas.

Por fin, llegamos ante una tortuga inmensa y disecada de las Galápagos.

—Viven más de ciento cincuenta años, tal vez ciento setenta —dice Arsuaga.

—¿Y se reproducen mucho?

—Se reproducen lo que pueden. Pero obsérvala con detenimiento y reflexiona. ¿Qué hacemos tú y yo una y otra vez?

—No estoy seguro de lo que hacemos. Dímelo tú.

—Preguntarnos por qué unas especies viven ochenta años; otras, ciento setenta, y otras, como el calamar que acabamos de ver, apenas tres. Esa es la pregunta de fondo. Mi hija pequeña me decía: «Lo que tenéis que hacer es estudiar a la tortuga, que seguro que tiene una molécula que se puede tomar en pastillas y ya está».

—Eso es lo que pretenden los antioxidantes, por eso yo tomo melatonina —digo.

—Siento decirte que los antioxidantes no están funcionando.

—Para la industria, sí. Se hacen millonarios.

—Pero no funcionan.

—Las empresas se hacen más ricas y longevas —insisto.

—Para las empresas funcionan, pero para ti no.

—Vale: has dicho que esa era la gran pregunta. Pero no has dado la respuesta.

—¿Acaso aspiras al Premio Nobel de Fisiología y Medicina?

—¿Te imaginas —digo— que nos dieran a ti y a mí un Nobel por este libro?

—El de Medicina —decide Arsuaga.

—De Fisiología o de Química, me da igual, pero por este libro.

—El de Medicina mejor —continúa delirando el paleontólogo.

—Yo prefiero el de Medicina al de Literatura —pienso en voz alta.

—Si consiguiéramos averiguar por qué unas especies viven tres años y otras ochenta, bien fuera porque la muerte estuviera programada y diéramos con el gen cabrón que la programa, bien porque con los años se acumulara en las células una sustancia tóxica y pudiéramos eliminarla de alguna forma...

—... nos darían el Nobel —concluyo.

—Es que entonces podríamos vivir lo que nos diera la gana.

—Intentémoslo.

Arsuaga abandona el delirio y me hace ver que, casi sin darnos cuenta, hemos llegado a la última planta del museo.

—Aquí —dice— hay una zona de investigación que tiene una colección de insectos fantástica, aunque no está expuesta al público.

Pero en esto se abre una puerta y aparece una amiga del paleontólogo (los sapiens, ya se ha dicho, conocen a gente en todas partes) que nos invita a pasar. Se llama Mercedes París y trabaja desde hace muchos años en la gestión y el cuidado de la colección de entomología, que es magnífica.

—Solo conservamos y guardamos ejemplares de seis patas —dice—. De las arañas y demás se ocupa otra conservadora. Aquí hay un problema, y es que todo esto que veis es materia muerta y hay bichos que se alimentan de la materia muerta y pueden acabar con toda la colección. Si no llevas cuidado, un día te encuentras una caja con sus alfileres vacíos y un poco de polvillo en la base. Y se acabó lo que se daba.

—¿Y cómo defendéis las colecciones de los necrófagos? —pregunto.

—Antes se utilizaban insecticidas —dice.

—¿Los insecticidas protegían a los insectos muertos?

—Es un poco paradójico, sí. Lo que hacían en realidad era evitar que a los insectos muertos se los comieran los insectos vivos. Pero los insecticidas no son saludables. Ahora tenemos un sistema de prevención que consiste en que cada material nuevo pasa más de quince días en un congelador a menos cuarenta grados. Se supone que, si es portador de algún bicho, muere. Además, en las salas, como veis, no hace calor. Nunca se superan los diecisiete grados. Es complicado en verano, pero se trata de que, si hay alguna larvita viva, tenga poca actividad. Tenemos casi doscientos armarios y en cada armario caben ciento veinte cajas.

Mientras habla, nos va mostrando cajas que son como escaparates portátiles en los que aparecen libélulas, escarabajos, mariposas, y cada ejemplar es más bello que el previo. Parecen productos de una orfebrería genial más que de la naturaleza. Vemos también saltamontes cuyas alas son idénticas a las hojas de los árboles en los que se suelen posar.

—Este mimetismo —dice Arsuaga— es la prueba de que Lamarck se equivocaba. Solo la selección natural puede producir esto. ¿Cómo podría un insecto esforzarse por parecer una hoja? ¿Poniendo cara de hoja? Es imposible.

—Cada vez soy menos lamarckiano —conficso.

Vemos un insecto palo gigante y un grupo de mariposas cuyas alas parecen hojas de rosal. Entonces me viene a la memoria un artículo sobre mimetismo que leí de joven en la *Enciclopedia Espasa*, donde se decía que algunos gusanos adoptaban la forma de un excremento de pájaro para evitar que esos mismos pájaros los devorasen. Me pregunté entonces, y me pregunto ahora, si vale la pena conservar la vida a cambio de parecer una mierda. Mantengo hacia el mimetismo una actitud ambivalente. De un lado, me fascina; de otro, me parece uno de los recursos más humillantes de la naturaleza.

Hay otro bicho que cobra, para defenderse de sus depredadores, el aspecto de un cadáver recubierto de moho. Están a salvo, sí, pero a qué precio. «No te signifiques, hijo», decían las madres de mi época cuando nos veían salir de casa con la barba y la trenca. No significarse quería decir pasar inadvertido o ser tomado por una caca o por un cadáver en estado de descomposición. Lo importante era que no se fijaran en ti porque, una vez localizado, podías servir de alimento a especies más violentas que la tuya. Había en el servicio militar un sargento que aconsejaba lo mismo que las madres, aunque de un modo más plástico: «Los que estén gordos que adelgacen y los que estén delgados que engorden».

No parezcas árabe, en fin, ni negro, ni chino, ni anarquista, ni siquiera socialdemócrata. No te signifiques. Mimetízate. Adelgaza si estás gordo y engorda si estás flaco. No has elegido el mejor momento para ser distinto, muchacho, qué pretendes. Procura no parecer ni sí ni no, ni carne ni pescado. Disimula las ideas, no disientas, no te signifiques, no destaques. Si a un insecto no le parece mal que lo confundan con una rama seca, por qué ese empeño tuyo en parecer alguien. Haz como que bajas las escaleras cuando las subes y como que las subes cuando las bajas. No levantes la voz, guarda las apariencias, adelgaza, engorda, ven, vete, sal, entra. Sobrevive, en fin, finge ser una caca, un palo, una corteza. Y en casa a las diez.

Eso es lo que pensé cuando leí aquel artículo sobre el mimetismo, que, contemplado en las cajas del museo, resulta tan fascinante y artístico.

Atardecía ya cuando salimos a la calle. Mi psicoanalista me cobraría la sesión por no haberla avisado con tiempo de que no acudiría.

Ocho. Kilos que van y vienen

—¿Vas haciéndote una idea de lo que es la vejez? —me preguntó Arsuaga por teléfono.

—La vejez es un país —dije yo.

—¿Un país amable?

—No estoy seguro. Aún soy un extranjero en él.

En términos puramente cronológicos, yo era viejo desde hacía algunos años, pero no fui consciente de ello hasta que comencé a tratar el asunto con el paleontólogo. Supongo que esa inconsciencia se debía al hecho de que nunca he dejado de trabajar, desde muy joven. Incluso ahora, a los setenta y cinco, trabajo más que a los cuarenta, porque las cosas vienen como vienen y porque le he perdido el miedo a la escritura. Para ser más preciso: le he perdido el pánico. El pánico me paralizaba; el miedo, en cambio, me estimula. No tengo, como en otros tiempos, una relación tan tensa con la sintaxis. Hay días, incluso, en los que la sintaxis se comporta como una amiga y fluye prácticamente sin tropiezos. También es cierto que esos días sospecho de sus intenciones. Escribir consiste en llegar a un acuerdo entre lo que quieren decir las palabras y lo que quieres decir tú. Si dejas que las palabras hablen por su cuenta, no dirán nada de interés. Si das rienda suelta a tus desvaríos verbales, escribirás algo intransitivo. Un texto literario es el resultado de esta negociación, durísima a veces. ¡Cuidado con la sintaxis cuando se muestra dialogante!

De otro lado, la vejez no es un proceso lineal, o no absolutamente lineal. Es cierto que al final todo el mundo se muere, pero a veces se dan tres pasos adelante y dos atrás. Yo estuve mejor entre los sesenta y los setenta que entre los cincuenta y los sesenta. Mejor de salud, de estado de ánimo, de creatividad... Se puede ir hacia la muerte por una autopista de las de peaje, a ciento veinte por hora, o por carreteras secundarias, repletas de desvíos, sin pasar de ochenta y deteniéndose uno ante las singularidades del paisaje.

Esta ausencia de linealidad, unida al estrés saludable del trabajo, me había impedido, en fin, darme cuenta de que era viejo. Al advertirlo, comprendí también lo que ese estado, el de la ancianidad, tiene de país. Estoy tratando de averiguar ahora quién gobierna en él, cuáles son las costumbres de sus habitantes, qué lengua hablan, etcétera.

—Bueno —concluyó Arsuaga—, tú eres viejo y yo estoy envejeciendo. Espero que cuando te alcance tengas más información sobre el territorio.

—Estoy en ello —le aseguré.

—Pero yo te llamaba —continuó— para decirte que he conseguido que nos dé hora el doctor Juan Antonio Corbalán.

Juan Antonio Corbalán es un reputado cardiólogo español que en su día fue base del equipo de baloncesto del Real Madrid y que formó parte de la Selección Española, con la que jugó en más de ciento veinte ocasiones. Trabaja en el Centro Médico Vithas Internacional, situado en la calle Arturo Soria de Madrid, en cuya Unidad de Fisiología del Ejercicio nos recibió un viernes de principios de junio dispuesto a hacernos, al paleontólogo y a mí, un chequeo completo del que se deduciría nuestro estado de decadencia o de pujanza con relación a nuestras respectivas edades.

Había cosas de mí que prefería no saber, pero Arsuaga insistió en que no podíamos investigar sobre la vejez sin observarla dentro de nosotros mismos.

—¿Y si no nos gusta lo que vemos? —pregunté.

—Le haremos frente como adultos que somos —respondió.

El doctor Corbalán posee la elegancia natural de los médicos de las series de televisión norteamericanas. Le sienta tan bien la bata blanca que parece que fue inventada para él. Su rostro afable, su delicadeza, sus maneras, en fin, transmiten la idea de que no te puede dar una mala noticia. O que te la dará de tal modo que no te dolerá. Las paredes de su despacho son blancas, y grises los estores de las amplias ventanas. Todo oscila entre estos colores celestiales. La luz es lechosa, aunque no empalaga, y parece venir de todas partes y de ninguna. Pensé mucho en esto, en la iluminación y en la pintura que, sobre el papel, podrían parecer agresivas, pero que en la práctica transmitían una potente sensación de higiene física y mental. Se estaba a gusto entre aquellas cuatro paredes, donde, además de la mesa del médico, había diversos aparatos, también blancos o grises, entre los que distinguí una cinta de correr, para las pruebas de esfuerzo, y lo que me pareció un electrocardiógrafo.

Lo normal es que los médicos atiendan de forma individual y privada a cada uno de sus pacientes, pero Arsuaga y yo acudimos como si fuéramos uno, o como si fuéramos siameses, no lo sé, de manera que él fue testigo de mis pruebas, y yo, de las suyas. Más tarde me preguntaría de dónde había salido esta decisión de renunciar a la privacidad, si de él o de mí, aunque seguramente fue el resultado de un pacto tácito. Creo que nos gusta competir. Nos importaba, desde luego, saber cómo estábamos cada uno, pero nos importaba tal vez, y sobre todo, averiguar cómo estaba cada uno con relación al otro. Me alegré de haber perdido nueve kilos, que sospeché que jugarían a mi favor, si no en todas, en algunas de las pruebas a las que seríamos sometidos.

La primera sorpresa fue que Arsuaga había cogido en los últimos meses exactamente los mismos kilos que había perdido yo. Lo dijo él mismo, observándome incrédulo desde la báscula:

—¡He cogido tus kilos!

—A algún sitio tenían que ir —respondí pensando mezquinamente que me acababa de anotar un tanto.

Me ofrecí voluntario para ser el primero en verme examinado por el doctor, de modo que me descalcé y me desnudé de medio cuerpo para arriba ante la mirada del paleontólogo, que me pareció un poco inquieto.

—Has venido con el chándal —comentó.

—Sí —dije.

—Al final lo vas a amortizar —ironizó.

A partir de ese instante comencé a realizar una batería de pruebas que intenté memorizar, aunque más tarde, al recordarlas, se confundían de lugar. Sí sé que después de que Corbalán anotara mi peso, mi estatura y mi edad, me sentó en una silla de la que luego me invitó a levantarme de forma violenta, con los brazos cruzados sobre el pecho, sin apoyarme en sitio alguno. Se trataba, supuse, de medir la fuerza muscular de mis piernas. Parecía una prueba boba, pero me temí que de ella pudieran obtenerse resultados significativos. Me di mentalmente un suspenso, quizá un cinco raspado.

Después de esto, todo empezó a suceder como en un sueño. Recuerdo haber tenido en la mano derecha un dinamómetro que apreté y apreté con resultados mediocres. Luego escuché al doctor hablar de la relación entre la grasa y el músculo (entre mi grasa y mi músculo). Creo que dijo que estaba algo bajo de agua y que era mesomórfico.

—Arsuaga también —repitió—. Sois los dos mesomórficos.

Interpreté que estábamos en la media. Que no disponíamos, en fin, de cuerpos muy originales, lo que hirió un poco mi narcisismo, tal vez también el del paleontólogo.

Midió después mi capacidad pulmonar haciéndome tomar aire por la boca de un modo metódico para expulsarlo, cuando ya no me fuera posible tomar más, de manera violenta y sostenida hasta quedarme, más que hueco, vacío. Tuve la impresión de que con el aire expulsaba otras cosas, cosas antiguas, entre malas y buenas, cosas del alma, pues no era posible quedarse tan exhausto solo por la pérdida del oxígeno.

—De esta forma —escuché decir a Corbalán— mido también la musculatura torácica.

Yo no había reparado jamás en mi musculatura torácica, pero lo cierto es que se encontraba ahí, como un peto protector de las costillas, a las que acababa de descubrir también, pues jamás pensaba en ellas.

La musculatura torácica, Dios mío. Las costillas. El corazón. Los pulmones y sus alvéolos, la tráquea... ¡Cuántas cosas! Era imposible que todas las piezas funcionaran bien. De un momento a otro, el doctor me descubriría algo fatal.

De vez en cuando observaba de reojo a Arsuaga, al que imaginaba diciéndose: «Cuando las barbas de tu vecino veas pelar...».

Alguien, supongo que Corbalán, dijo entre una anotación y otra, pues lo escribía todo:

—Movemos como medio litro de aire en cada respiración.

No hay cosa peor que tomar consciencia del cuerpo, que averiguar que eres un cuerpo, pues de inmediato, junto a esa información, aparece un inventario de limitaciones y patologías posibles.

No sé si fue entonces o antes de que comenzara aquella especie de triatlón o pentatlón médico cuando el doctor me preguntó si tomaba alguna medicación de forma regular. Dudé si mentir porque no me apetecía que el paleontólogo conociera mis intimidades farmacológicas, pero me decidí por la verdad en la idea supersticiosa de que, si era sincero, no me descubrirían nada grave.

—Tomo una pastilla diaria para la tensión —confesé— y otra para el colesterol, además de un ansiolítico para dormir. A veces, dos.

Se interesó asimismo por las dosis, de las que podía presumir, porque eran afortunadamente muy bajas. Aun así, la pronunciación en voz alta de aquellos tratamientos incorporados ya a mi vida diaria me dio de nuevo la dimensión de la edad que había alcanzado.

Setenta y cinco años.

¿No era exagerado? ¿Acaso el motor de un Mercedes o de un Audi o del Nissan Juke de Arsuaga podrían haber funcionado todo ese tiempo, desde el año 1946 del pasado siglo, sin detenerse un solo instante, como venían haciendo mi corazón y mis pulmones desde aquella fecha?

—¿Eres diestro? —me preguntaba en ese momento el doctor.

—Sí —dije.

—Pues tápate la nariz con la mano izquierda y ponte este tubo en la boca.

Me puse el tubo en la boca, creo que volví a respirar, a vaciarme, y después de haberme vaciado varias veces, me subí a la cinta de andar con el tórax completamente cableado y con una especie de máscara antigás, conectada a otro tubo, que me cubría la cara y a través de la que tomaba el oxígeno que reclamaban, insaciables, esas dos bolsas inflables, como las de El Corte Inglés, llamadas pulmones. Imaginé el oxígeno viajando a través de la sangre hasta la última de las células de mi cuerpo: treinta y siete billones de células, muchas de ellas del cerebro, esperaban, como agua de mayo, ese oxígeno sin el que perecerían o se volverían idiotas. Me vinieron a la memoria aquellos versos de Celaya:

... como el aire que exigimos trece veces por minuto,
para ser y en tanto somos dar un sí que glorifica.

¿Serían trece veces por minuto de verdad o se trataba de una licencia poética?

Aquello, en fin, era lo que llamaban una «prueba de esfuerzo». Jamás antes me la habían hecho. El cardiólogo, como el piloto de una nave, observaba mis constantes, tomaba nota de los golpes que mi corazón daba contra las costillas como un pájaro recién enjaulado, al tiempo de subir la velocidad, o de colocar la cinta de correr en forma de rampa para que aumentara el esfuerzo. El aparato tenía un botón de stop para las emergencias, un botón que yo miraba con ganas de apretarlo, pero la mirada de Arsuaga, detrás del médico, me impulsaba a resistir y a resistir y a resistir hasta que ya no pude más y levanté la mano en son de paz apenas una décima de segundo más tarde de que el médico hubiera detenido el aparato.

Mientras me quitaba, entre jadeo y jadeo, la máscara y me deshacía de los cables pegados al tórax, oí que Corbalán le decía a Arsuaga:

—Protocolo Bruce en rampa.

Me pareció entender que la prueba se llamaba de este modo por el nombre de su inventor, un tal Bruce.

Yo había comenzado a observar a nuestro médico con el respeto con el que miramos al piloto de un avión que, en medio de una turbulencia, abandona la cabina de mando y recorre con expresión enigmática el pasillo de la nave. A Corbalán debieron de llegarle las vibraciones de mi ansiedad, porque me miró y me dijo:

—Estás bien para tu edad.

Y añadió en tono didáctico:

—Cuanto más nos fatigamos, más CO_2 producimos. Tenemos un metabolismo aeróbico, de diario, para sostener la actividad basal y que depende fundamentalmente de las grasas. Mientras caminamos a paso tranquilo, por ejemplo, nuestras células van tomando ácidos grasos de nuestras reservas corporales. Ahora bien, en el momento en el que tú, en vez de andar, comienzas a correr, las grasas no proporcionan una energía lo bastante intensa y rápida, así que necesitas otro tipo de combustible, que es la glucosa. La glucosa proporciona más energía, pero de una manera más rápida, sobre todo. Hay necesidades que cubre la grasa y necesidades que cubre la glucosa. Ese cambio de la grasa a la glucosa se produce en el umbral anaeróbico, cuando te quedas sin aliento.

Comparé mentalmente el cuerpo con un coche híbrido en el que el motor tira de la batería o de la gasolina en función de sus necesidades energéticas, pero no me atreví a decirlo en voz alta.

—A ver —añadió Corbalán escrutando las gráficas resultantes de mi prueba de esfuerzo—: Prueba submáxima detenida al noventa y cinco por ciento de tu frecuencia cardiaca. Una prueba muy razonable. No has tenido angina de pecho ni arritmia durante la prueba. Ninguna alteración en el electrocardiograma que nos permita pensar que tienes alguna lesión cardiaca. Respuesta tensional, normal.

Me senté en una silla para acabar de normalizar mi respiración mientras veía al paleontólogo comenzar su tanda de ejercicios. Aunque yo estaba a lo mío, me pareció entender que no expulsaba bien el aire. Además, en la cinta se empeñó en correr desde el principio, en vez de andar, y las cosas no resultaron todo lo bien que él esperaba. Luego, mientras Corbalán le retiraba los cables del pecho, le echó la culpa de su poco rendimiento a la máscara.

A todo esto, se nos había pasado la mañana y el doctor debía de tener algún compromiso, porque nos citó para la semana siguiente:

—Entonces —dijo— tendré preparados vuestros informes y los comentaremos con tranquilidad.

Y aquí estamos, una semana después, frente al exjugador de baloncesto y cardiólogo, él sentado a un lado de la mesa; Arsuaga y yo, al otro. El doctor ha preparado dos carpetas, una a mi nombre y otra al del paleontólogo, en cuyo interior figuran los informes de las pruebas a las que fuimos sometidos. Las ha colocado de manera que podamos leer lo que pone al tiempo que él lo desarrolla verbalmente. Viene a ser como si nos estuviera dando las notas de fin de curso.

—Me encanta veros en un estupendo estado de forma —comienza.

Arsuaga y yo intercambiamos una breve mirada de alumnos aplicados. Corbalán continúa:

—Coincidís en el primer elemento: el grado de grasa visceral, es decir, la grasa que se acumula y va impregnando los órganos abdominales y que es la última de la que disponemos si necesitamos consumirla. Con el paso de los años, esta grasa adquiere una cierta actividad metabólica que favorece la inflamación general. Es una grasa mala, peor que la convencional y que funciona como la de un almacén. Lo ideal de una persona que está bien de peso es que la grasa se consuma según llega, como en la teoría de los almacenes: lo primero que entra debe ser lo primero que sale. Si dejas que se vaya acumulando, una parte de lo almacenado se echa a perder. En ese primer elemento estáis en trece, justo por encima de lo que se intuye como ideal, que es doce. Normalmente, según vamos cumpliendo años, acabamos teniendo más de ese estándar establecido en doce. Vosotros estáis justo en el límite, algo muy digno.

Arsuaga y yo llevamos la mirada de las páginas del informe, que contiene numerosos gráficos y porcentajes, al rostro del médico, asintiendo con seriedad a cuanto nos dice. Creo que estamos un poco asustados por si hubiera decidido administrar primero las buenas noticias y ahora vinieran las malas.

—El segundo elemento que valoramos —continúa el médico— es el porcentaje de grasa en el cuerpo. Como os expliqué, el músculo sería el motor, y la grasa, el combustible. Tú, Juanjo, tienes un 21,30 % de grasa, y tú, Juan Luis, un 24,40 %. Si alguien tiene menos de diez, será un deportista de alto nivel o de muy alta dedicación, o bien alguien con un trastorno alimentario tipo anorexia. En la relación masa-grasa respecto a la altura, un elemento que se emplea muy a menudo y que es mucho menos específico, estáis rondando los dos el seis, Juan Luis un pelín más elevado. Otro dato fundamental tiene que ver con lo que realmente pesa la masa muscular y la masa grasa. Con eso sacamos un cociente que nos sitúa en la relación que hay entre el peso del músculo frente al peso de la grasa. Tú, Juanjo, estás en un 3,51, y tú, Juan Luis, en un 2,94. Aunque no está publicado, el punto de inflexión entre lo que sería mejorable estaría en torno al tres. Mejorar el músculo con los años es muy difícil. Aumenta, pero no de una manera importante porque perdemos todos los elementos anabolizantes: la testosterona, fundamentalmente, va disminuyendo y el hueso y las articulaciones se van deteriorando. La práctica del ejercicio y sus beneficios empiezan a perder calidad. Por lo tanto, es esencial mantener el peso con los años.

Arsuaga y yo nos miramos. Seguro que él está pensando en los nueve kilos que cree que le he transferido yo. Corbalán observa nuestros rostros y zanja el asunto:

—En cualquier caso, estáis en torno al tres, que es lo habitual. Lo que quiere decir que, desde el punto de vista funcional, aeróbico, los dos estáis en una situación muy buena.

Estuvimos una hora, quizá una hora y media, repasando lentamente nuestros informes. Algunas cosas las entendía y algunas no. Arsuaga, por su formación, las entendía todas, lo que le permitía intercambiar opiniones con el médico, al que yo escuchaba con la fascinación del ignorante ante un discurso sintácticamente bien trabado. El paleontólogo, para justificar mis silencios, decía de vez en cuando, señalándome:

—Es que es de letras.

Averiguamos, en fin, muchas cosas sobre nuestra fisiología. Del análisis de todos los parámetros se deducía que nuestros perfiles eran los esperables para nuestras edades. En algunos nos encontrábamos en la parte más baja y en otros, en la más alta, pero ninguno resultaba decepcionante, aunque tampoco como para abrir una botella de champán.

A Arsuaga se le advirtió de que debía controlar la presión arterial.

—Cómprate un tensiómetro —le recomendó Corbalán—. La forma correcta de hacerlo es por las mañanas, después de estar tumbado y tranquilo durante cinco minutos.

Corbalán llevaba ese día, debajo de la bata, una camisa de un tono azul celeste, lo que combinaba muy bien con la decoración del despacho. Me confirmé en la idea de que era realmente un médico de película, el médico con el que todo paciente querría contar para recibir de él un diagnóstico, incluso un mal diagnóstico. Me enganchaba y me desenganchaba de su discurso fascinado como me hallaba por sus formas, también por su calva, que poseía la perfección de la esfera. Su cabeza parecía diseñada para la alopecia. Y no había cometido el error, como tantos calvos, de compensar la ausencia de pelo con una barba. Por el contrario, su afeitado perfecto dejaba mostrar una piel bien hidratada que transmitía una limpieza digamos que de carácter moral.

—Desde el punto de vista de la salud —le oí decir en uno de mis regresos a la realidad—, nuestro cuerpo no está hecho para descargar muelles o para correr a quince por hora. Está hecho para encontrar un equilibrio entre lo que gastas y tus necesidades.

—Un paleolítico —respondió Arsuaga— se movería entre el caminar normal y el trote.

—Creo —respondió el médico— que un paleolítico no correría porque sabría que las carreras había que guardarlas para cuando tuviera que cazar o evitar ser cazado. Todo el que lleva una vida activa economiza el esfuerzo porque no sabe si a continuación viene una cuesta.

Hubo luego otro intervalo repleto de tecnicismos y después una recomendación dirigida al paleontólogo:

—Si bajaras de peso, aumentarías la potencia.

—Entonces he hecho bien en adelgazar —intervine yo.

—¡Claro que has hecho muy bien en adelgazar! —exclamó Corbalán.

—Yo soy un gordo activo —replicó Arsuaga— y tú, un flaco sedentario.

—No, no eres gordo —lo consoló el médico—, pero estás en ese límite. Si te quitaras cinco kilos, se reflejaría en este estudio. Ahora bien —añadió—, nadie en la vida ha definido lo ideal. Lo ideal responde a un concepto emocional. Te dices: ¿podría adelgazar diez kilos? Sí: si no comes, te mueves, pasas un poco de hambre, etcétera, los adelgazas. Pero quizá has dejado de disfrutar de la vida, de tomarte un vino con unos amigos, o unas buenas migas... Ese es el punto que tienes que valorar.

—Ya —dice Arsuaga con perspicacia epicúrea.

—A todos mis pacientes —continúa el cardiólogo— les digo que prefiero cobardes vivos a valientes muertos. Cuando hagáis planes para adelgazar o para hacer ejercicio, no os pongáis objetivos muy lejanos, porque todo este asunto está plagado de parcelas emocionales, que es lo que también defiendo ante mis pacientes: oye, mira, es que estamos aquí para ser felices, no para andar jodidos toda la vida.

—¿En resumen? —pregunto, porque se está acercando la hora de comer y ya noto la bajada de mis hidratos o de mis azúcares o de lo que sea que baje a esa hora y me empiezo a poner de mal humor.

—En resumen —concluye Corbalán—, estáis muy cerquita el uno del otro, lo que ocurre es que en tu caso, Juanjo, con ocho años más, mantienes todavía un nivel realmente bueno. Los débiles de tu edad se mueren. Mantente activo, la quietud es la muerte.

Creo que abandonamos la consulta, cada uno con su informe en la mano, un poco decepcionados. Tanto a Arsuaga como a mí nos decepciona la normalidad. Quizá teníamos mejor opinión de nosotros mismos, de nuestros pulmones, de nuestros corazones, de nuestros músculos, hasta de nuestra grasa.

Ya en el ascensor, antes de llegar a la calle, Arsuaga me entrega su carpeta, como si no le interesara.

—¿Para qué quiero yo esto? —digo.

—Por si te apetece comparar mis resultados con los tuyos tranquilamente, en casa —dice—, para el libro.

La tomo, salimos a la calle, hace sol, hace calor, hay una atmósfera de desasosiego general quizá proyectada por nosotros.

—Habría sido más literario —apunta Arsuaga— que tu informe o el mío hubieran sido un desastre, que nos hubieran dicho que estamos al borde de la muerte.

—No sé si comparto tu idea de lo literario, pero hay ahí mismo un japonés que está muy bien. Venga, te invito a comer.

Arsuaga duda. Está enfadado con alguien, quizá con Epicuro, pienso, quizá consigo mismo. Finalmente se deja llevar, aunque sin modificar el gesto.

—Oye —le digo al tiempo de cruzar la calle para alcanzar las puertas del centro comercial en cuyo interior se encuentra el restaurante japonés—, esto de venir al cardiólogo se te ocurrió a ti.

—¿Y te parece mal?

—Al contrario, me gusta observar mi vejez. Bueno, no sé si me gusta, pero me produce morbo. Uno de mis libros favoritos tiene este título: *Una pena en observación.* Es de un autor británico, C. S. Lewis, al que quizá conozcas. Lo escribe tras la muerte de su mujer utilizando este método, el de la observación atenta de su pena.

El paleontólogo me sigue hasta el restaurante, que se halla en el segundo piso del centro comercial. Tiene muy pocas mesas, pero una de ellas está libre. La ocupamos y pido por los dos: una ensalada de algas y dos raciones de sashimi.

—Y un par de copas de verdejo —añado.

Me gusta el verdejo por su color amarillo, que a algunos podría recordarles al de la orina, pero que yo asimilo al del oro líquido. Me doy cuenta de que mi estado de ánimo mejora al tiempo que el de Arsuaga empeora. Yo le transfiero mis kilos sobrantes y él me traspasa su epicureísmo.

¿Quién obtiene más de esta relación?, me pregunto. E inmediatamente me viene a la memoria el estribillo de una canción de Víctor Manuel cuyo protagonista se hace una pregunta parecida:

Quién puso más, los dos se echan en cara,
quién puso más, que incline la balanza,
quién puso más calor, ternura, comprensión,
quién puso más, quién puso más amor.

A Arsuaga no le gusta la comida japonesa, ya lo he advertido en otras ocasiones. Finge que sí, pero luego se limita a revolver el plato con los palillos para que dé la impresión de que ha comido.

—Si quieres, pedimos otra cosa —digo.

—No, no, así está bien, gracias.

—Bueno —apunto al fin maliciosamente—, parece que con relación a mi edad estoy yo mejor que tú con relación a la tuya.

—¡Porque te has quitado nueve kilos —exclama—, los mismos que he cogido yo!

—Pero no creerás de verdad que los nueve kilos que he perdido yo son los que has ganado tú.

El paleontólogo me mira como preguntándose si hablo en serio. Él es un científico.

Un científico.

Pero los científicos tienen emociones. Me viene a la memoria entonces un día del año anterior en el que nos encontrábamos en Sevilla, promocionando nuestro libro. La Navidad estaba cerca y pasamos frente a un establecimiento de Loterías y Apuestas del Estado en el que me habría gustado comprar un décimo. No me atreví por miedo a que el científico se riera de mí, pues ya sé que las probabilidades de que te toque el Gordo son ínfimas, por no decir nulas. El paleontólogo, en cambio, entró con toda naturalidad en el establecimiento y adquirió un número.

—No imaginaba que los científicos jugabais a la lotería —dije.

—Es que es un número muy bonito —apuntó según me lo mostraba.

Luego me dedicó una mirada enigmática y se guardó el décimo en la cartera. Al día siguiente, me escabullí del hotel y acudí a la administración para adquirir el mismo número, que había retenido en la memoria con la agilidad con la que un joven retiene el número de teléfono de una chica recién conocida.

Pero no nos tocó.

El paleontólogo —decíamos— me mira.

—La cosa —dice— es que, si estuviéramos huyendo de un león, todavía te cazaba a ti antes que a mí. Estoy mejor que tú en términos de funcionalidad. Si tienes dudas, echamos una carrera o hacemos unas flexiones y dejamos el asunto despejado. Pero si necesitas tanto oírlo, te lo diré: tú estás mejor para tu edad que yo para la mía.

—¡Por fin lo has dicho! —exclamo.

—No soy un negacionista —responde—, pero el león te cogería antes a ti que a mí.

—El hecho —añado— de que nuestros cuerpos respondan más o menos a nuestras edades y de que no tengamos ninguna enfermedad crónica significa que nos adecuamos bien a la programación vital.

—Esa es la teoría del envejecimiento y la muerte programada —dice—. Yo la discuto.

—¿De qué son el resultado entonces la vejez y la muerte? —pregunto.

—Para la biología evolutiva, son el resultado de la acumulación de mutaciones perjudiciales que se expresan a estas edades. Nuestra contribución genética a la siguiente generación es muy pequeña, por no decir nula, y por tanto que vivamos o muramos no tiene trascendencia a efectos de la continuidad de nuestros genes. Eso significa que ahora nos encontramos en una fase de deterioro físico diferente. El tuyo, mayor que el mío en términos absolutos, no comparados con nuestra edad. Yo te gano a ti, aunque tus datos en la cinta, y con relación a tus setenta y cinco años, sean mejores que los míos.

Me pregunto sinceramente si el afán de competitividad y superación son epicúreos, pero prefiero no decir nada.

—Lo que intentamos averiguar —concreta Arsuaga dándole un toque muy ligero de soja a un pedazo de salmón— es cuál es la causa del envejecimiento y de la muerte. ¿Por qué ocurren?

»Si estuvieran programados —añade al tiempo que hace el ademán de llevarse el trozo de pescado a los labios, pero acaba devolviéndolo al plato—, como creen los idealistas de tu estirpe, ¿a quién beneficia? ¿Cómo es posible que la muerte programada haya llegado a nuestros días cuatro mil millones de años después de la aparición de la vida? ¿Cómo es posible que la selección natural no haya eliminado la muerte hace millones de años? ¿Cómo es que la muerte, si dependiera de un gen, no se ha visto eliminada por la selección natural? Si de verdad dependiera de un gen, cualquier mutación que la postergara o que la eliminara nos favorecería.

—Pero la muerte —digo bañando en salsa de soja un filete de pez mantequilla— tiene su sentido.

—Por favor —dice Arsuaga—, no empapes en soja el pescado. Los japoneses no lo toman así.

—Pero es como a mí me gusta —me defiendo.

—Vale —concede con hastío—. Los que creen en la muerte programada dicen que la muerte programada no favorece al individuo, sino al grupo, a la Pachamama y todo eso. Hay que encontrar a quién le favorece a costa de lo que sea para quedarnos tranquilos.

—En tal caso —añado—, morirse sería una forma de altruismo.

—Bienvenido a los buenos sentimientos, pero no puede serlo, no encaja. Es incompatible con la teoría de la evolución. Es como si me preguntaras si alguien puede escapar a las leyes de la gravedad. Pues no. Para que la muerte hubiera sido el resultado de la selección, alguien tendría que beneficiarse de ella, porque lo perjudicial nunca es seleccionado. Pero es verdad que hay una cierta contradicción entre el hecho de que el desarrollo esté programado y la muerte no. La muerte, en fin, no beneficia a nadie.

—A la comunidad —insisto tímidamente al tiempo de indicar a la camarera, por señas, que me ponga otra copa de verdejo.

—Bueno, esas son las teorías románticas, kropotkinianas, de las que estamos intentando salir. No te me pongas en plan de documental de La Dos, con esa voz en off que todo lo aclara en un plis plas.

—Está bien —concedo en tono complaciente (el verdejo se me ha subido un poco a la cabeza)—, todo es culpa del lastre mutacional. No sé muy bien qué rayos significa, pero me encanta el sintagma *lastre mutacional*. Podría ser el título de una novela o, mejor, de un poema.

—Es lo que dice Medawar —apunta Arsuaga, rechazando la segunda copa de vino—, que la decrepitud la produce el lastre mutacional.

—Brindemos por el lastre mutacional —propongo.

—En la producción de los espermatozoides y de los óvulos —prosigue Arsuaga— suceden mutaciones. De esto ya hemos hablado. Imaginemos que se produce una que programa que vas a tener una diabetes de tipo 1 antes de llegar a adulto y poder reproducirte. La desarrollas a los doce años, por ejemplo, y te mueres sin descendencia. La selección natural la ha eliminado. Imagina ahora que esa mutación produce sus efectos a los ochenta años. La selección natural no la puede eliminar porque no la ve. Recuerda que, en la naturaleza, los de nuestra especie no pasarían de los setenta, o pasarían muy pocos, porque el individuo es frágil y los miembros de una generación van cayendo uno detrás de otro. Ya quedamos muy pocos, dirían.

—Ya sé que la decrepitud es un invento de la cultura y que en la naturaleza solo hay plenitud o muerte, pero déjame disfrutar, a mis setenta y cinco años, de este atún crudo inigualable y de este verdejo dorado.

—La gente —sigue Arsuaga como si hablara ya para sí mismo— necesita encontrar un sentido a su vida y a su muerte. El único modo de darle sentido a la vida es insertándola en un plan cósmico, de manera que tenga una razón de ser, un plan en el que cada uno tiene un papel, por modesto que sea. Se muere un niño de tres años. Qué injusticia, ¿no? Pero llegan los cristianos y dicen que esa muerte forma parte de un plan que excede nuestras capacidades de comprensión. Dios escribe derecho con renglones torcidos, no intentes entenderlo, acéptalo. Es como si pretendieras que un perro comprendiera a Kant. ¿Cuál es el peor pecado?

—La soberbia —digo.

—Todos los demás —completa Arsuaga— son una mierda, comparados con este. Que robas, está mal, pero se te perdona. El adulterio no es correcto, pero te confiesas y punto. La avaricia, la ira..., todos son perdonados. Pero la soberbia es inaceptable porque la soberbia guarda relación con el conocimiento, con el afán de saber, con la arrogancia de poner en duda la existencia de un plan cósmico.

—¿No puede haber un plan cósmico para un evolucionista? —pregunto.

—¿Crees que en ese plan —responde— tus padres se iban a conocer e iban a alumbrarte a ti?

—Racionalmente hablando, no lo creo, pero me resulta consolador imaginar que sí. ¿No quieres otra copa?

—No, gracias.

—Pues yo sí, me estás dando la comida.

—¿Eres de los que creen que nada pasa por casualidad? —insiste.

—Es que con frecuencia la razón y los sentimientos se encuentran en compartimentos estancos, de modo que puedes creer que sí o que no en función de cómo te despiertes. Hoy me he despertado optimista.

—En la base del optimismo, según Oscar Wilde, está el terror, no lo olvides —añade el paleontólogo—. Curiosamente, resulta más difícil ser materialista en estos momentos del siglo XXI que a finales del XIX o principios del XX. Todo el mundo cree en energías e historias semejantes, cuando no en el horóscopo o en el tarot. Yo soy un aguafiestas, un agorero, un tío indeseable que va diciendo por ahí que no hay nada. Un hijoputa. Nadie quiere oírme porque la gente necesita creer en algo.

—A mí me interesa mucho lo que dices —apunto francamente conmovido por el desgarro de Arsuaga, que es el desgarro de un poeta sobrio, siendo que la sobriedad es la peor de las compañeras de la lucidez.

—El materialismo está proscrito, Millás. Se considera lo peor. Hay que creer en el Amazonas, en la salvación del lince ibérico, en la selva tropical, en lo que sea, es un grito universal. ¡Que alguien nos salve del materialismo, por favor!

—¡Pero yo vengo de una tradición intelectual materialista!

—Pues la has olvidado. Cuando se hizo el Parque Nacional de Guadarrama, los peores no fueron los promotores, porque con los promotores se podía negociar. Con los ultraecologistas, nunca. ¿Por qué?

—Porque tenían fe.

—No admitían nada, todo era entreguismo, traición. Ah, la pureza... De mí, que tuve una intervención muy lateral, se llegó a decir que los constructores me habían hecho un chalé en no sé dónde.

—Por meterte en líos. Lo decía mi madre; mimetízate, no te signifiques.

—Había que hablar con los agricultores, con los ganaderos, con los hosteleros, con los promotores... Había que mancharse de mierda, mientras que los ecologistas a ultranza, como no negociaban, eran la pureza absoluta. Si no tienes una religión, elige una causa.

—O una patria —aventuro.

—No te conviene estar conmigo —asegura—. El verano pasado, en la playa, valorando el proyecto de este libro sobre la vejez y la muerte, pensé que debería darte la oportunidad de salvarte.

—Pero yo no quiero salvarme. Yo quiero una tempura de verduras y otro verdejo.

—¡Madre mía!, pensaba yo. Le voy a joder la vida a Millás, que todavía cree en la posibilidad del sentido.

—Tengo días para el sentido y días para el sinsentido. Los días del sinsentido te llamo por teléfono.

—Que quede claro al menos que te he dado la oportunidad de salvarte.

—Ha quedado claro. ¿Te animas ahora a otra copa? Este verdejo sabe a hierbas y a nueces, pero también un poco a miel.

—Bueno, ahora que ha quedado claro que si no te salvas es por tu propia voluntad, sí.

Nueve. Comida para el león

A Arsuaga, en su gimnasio, le permitían llevar un número equis de invitados al año, de modo que un día me llamó. Dijo:

—¿Has lavado el chándal?

—Todavía no —respondí—, solo me lo he puesto tres veces.

—Pues prepáralo para el martes, que te voy a llevar al gimnasio de mi barrio para que hagas un poco de cardio. Tienes que combinar la dieta con el ejercicio físico, y eso se aprende.

—Para hacer el nicho completo —deduje.

—Lo has entendido —concluyó el paleontólogo.

El gimnasio estaba cerca de su casa, de manera que nos encontramos en su portal a primera hora de la mañana y fuimos dando un paseo. Había aparatos por aquí y por allá y un número considerable de cuerpos gloriosos haciendo músculos o tonificándolos, no sé, en ropa deportiva de cortes de lo más sugestivos. Mc llamó la atención un señor mayor que pedaleaba con parsimonia en una bicicleta estática mientras leía el *ABC*.

Hicimos elíptica. Yo, dos etapas de doce y trece minutos respectivamente. Según la información proporcionada por el ordenador de la máquina, logré quemar setenta calorías trabajando sucesivamente en los niveles 1, 2 y 3 de dificultad y tras recorrer casi un kilómetro. Le dije a Arsuaga que podía dar más de mí y volvió a programarme el aparato, al que me subí de nuevo dispuesto a todo. Al poco, y como vio que comenzaba a jadear, me invitó a dejarlo.

—A ver si te va a dar la pájara —dijo— y tengo que llevarte a urgencias. Basta por hoy. Ahora, te invito a desayunar.

El paleontólogo, que me veía cada día más delgado, identificaba esa pérdida de peso con un estado de consunción, y quizá no estuviera equivocado.

Fuimos a una cafetería cercana donde ocupamos una de las mesas del exterior, pues la temperatura, pese a que el día se presentaba caluroso, era buena a esa hora. Arsuaga se pidió unos churros gigantescos, de los que le pusieron tres, y yo, una tostada con jamón de York.

—Conceptos —dijo el paleontólogo.

—¿Qué quieres decir con «conceptos»? —pregunté.

—Conceptos mallas y neopreno —aclaró—. Las personas blancas estamos mejor, más guapas, con mallas negras.

—¿Y eso?

—Ahora lo entenderás. Quería hablarte de la piel, que a su vez tiene que ver con el sudor. Has sudado lo tuyo en la elíptica.

—Ya lo creo —dije—, pero le estoy cogiendo el gusto. Me parece una forma de ascética.

—Pues bien, tenemos el mismo número de folículos pilosos que un chimpancé.

—No lo parece.

—Haremos una distinción entre el pelo fino, el vello, y el del cabello, el de las axilas, el de la barba... Se trata de un matiz lingüístico que no sé si es correcto, pero es bueno. En cualquier caso, tenemos el mismo número de folículos que cualquier primate, incluido el chimpancé. No somos el mono desnudo, somos el mono velludo.

—¿Por qué hay gente que tiene pelo en la espalda y gente que no? —se me ocurrió preguntar acordándome de un tío mío muy peludo.

—Todos tenemos folículos, que es la estructura de la que sale el pelo. Unos desarrollan pelos fuertes y largos y, otros, vello, pero todos tenemos el mismo número de pelos. Las mallas de gimnasia sustituyen al pelo recio que deberíamos tener, por eso sientan tan bien. Es una apreciación mía. Si nuestro vello fuera pelo, tendríamos mallas de pelo. En definitiva, hemos sustituido el pelo por el vello y, gracias a esa sustitución, sudamos. El sudor es nuestro mecanismo de regulación de la temperatura corporal.

—¿Los chimpancés no sudan?

—Mucho menos. Nosotros tenemos diez veces más glándulas sudoríparas ecrinas que un chimpancé.

—¿Ecrinas?

—Se llaman así. Son tubos por los que el sudor sale a la superficie a fin de refrigerarnos. El cuerpo se enfría cuando el sudor se evapora. Pero eso tiene un coste. Si un día haces mucho ejercicio bajo un sol africano, puedes perder entre diez y doce litros de sudor, de agua. Es brutal. No podemos hacerlo por lo tanto sin beber, porque con esa pérdida te mueres.

—Necesitas una fuente o un río —deduje.

—O una cantimplora. Dependemos del agua porque nuestro mecanismo de refrigeración está basado en el sudor.

—El agua viene a ser como el líquido de los aparatos de aire acondicionado —aventuré.

—Ahora viene la parte científica —continuó el paleontólogo—: El sudor, al evaporarse, es decir, al pasar del estado líquido al gaseoso, absorbe energía. Es lo que ocurre cuando pones agua a hervir: para que cambie de fase, la colocas al fuego, ¿no?

—Sí.

—Al evaporarse, el agua chupa esa energía, la que le proporciona el fuego. El calor y la actividad hacen que se evapore el agua de nuestro cuerpo, pero absorbe energía de la piel y de ese modo la refrigera. En esto somos casi únicos. Los demás animales se refrigeran jadeando.

—En el caso del perro —señalé—, es evidente.

—El caballo es la única excepción. Los caballos sudan por la piel, pero con mucha diferencia somos la especie que más suda. Esto es muy importante, verás por qué: no somos los más rápidos en las horas centrales del día, pero sí somos los que más aguantamos gracias a nuestro sistema de refrigeración. Podemos agotar a una presa corriendo siempre y cuando dispongamos de agua. Lo que quiere decir que necesitamos una prótesis llamada cantimplora.

—¿Cuáles son los síntomas de la deshidratación?

—Uno muy común es la desorientación, porque el cerebro solo funciona dentro de unos límites muy estrechos de temperatura. En hipotermia no funciona y por encima de los treinta y nueve grados empieza a delirar. Mucha gente a la que encuentran muerta en el desierto de Australia aparece fuera del camino. Se pierden por la desorientación que produce la falta de agua.

—El sistema —concluí— es bueno a condición de que lo recargues.

—En efecto.

—¿Y cuándo se inventó la cantimplora?

—Este es un terreno para la especulación. ¿Las había en la Prehistoria? ¿Conocían perfectamente el lugar donde se hallaban los ríos, los charcos, las fuentes? En cualquier caso, la dependencia del agua era total.

—De hecho —apunté—, las ciudades se construían alrededor de los ríos.

—¿Hace un millón o millón y medio de años iban por ahí con cantimploras? Tal vez sí. Los bosquimanos siempre van con ellas o las tienen enterradas en lugares estratégicos.

—Los bosquimanos —repetí en plan eco, llevándome a los labios la taza de té, pues la conversación había comenzado a darme sed.

—Cuando hacemos ejercicio —continuó Arsuaga—, aumenta la temperatura corporal, se acelera el pulso, porque la temperatura y el pulso están unidos. Para saber si tienes fiebre, te ponen la mano en la frente o te toman el pulso. Mi abuelo, cuando éramos pequeños, nos tomaba el pulso y decía: treinta y siete y medio. El pulso se acelera cuando tienes fiebre, o al revés: tienes fiebre porque se acelera el pulso. Hay una relación directa. Hoy has hecho cardio, has aumentado los latidos del corazón y las pulsaciones, por tanto. Y tu cuerpo ha reaccionado refrigerándose por medio del sudor, un mecanismo maravilloso, un gran invento de la evolución.

—Ya lo creo —asentí.

—Como siempre sucede en los temas evolutivos, este sistema refrigerador está ligado a mil cosas más. Por ejemplo, ponerte de pie favorece la refrigeración porque aumentas tu superficie y toda tu piel entra en contacto con el aire. Al pasar de cuadrúpedos a bípedos, nos separamos del suelo y nos calentamos menos porque el suelo estaba muy caliente. Algunos afirman que nos pusimos de pie para termorregular. Yo creo que son sinergias. No creo que nos pusiéramos de pie para termorregularnos, pero lo cierto es que la postura favorece la termorregulación: te aprovechas de la brisa, cuando la hay. Un cuadrúpedo expone toda su espalda o su dorso a la radiación ultravioleta cuando el sol está en lo más alto, mientras que nosotros solo exponemos la cabeza, protegida por el pelo. La postura bípeda y el mecanismo regulador de la temperatura nos hacen superiores al resto de los animales en las horas centrales del día. Hay quienes dicen que ese es un nicho ecológico que nosotros hemos sabido explotar.

—En las horas centrales del día —apunté—, los leones, en los documentales de animales, aparecen siempre tirados, como en una siesta eterna.

—A esas horas, no se mueve ni un insecto. En África, todos los animales son crepusculares o nocturnos. Se activan al amanecer, al atardecer o de noche.

—¿Y están buenos los churros? —pregunté.

—Buenísimos. ¿Quieres medio?

—No, gracias.

—Aprovecho para decirte —precisó Arsuaga— que nunca debes ir al gimnasio con esa camiseta.

Llevaba una camiseta que me había regalado él, con un estampado de neandertales que me gustaba mucho.

—¿Qué le pasa a mi camiseta? —pregunté.

—Que es de algodón y el sudor se queda en el tejido. Imagina que subes una montaña y que llegas a la cumbre todo sudado. El agua, cuando te quedas quieto, se enfría, coges una neumonía y te mueres. Toma nota de esto, si de verdad piensas empezar a hacer ejercicio para complementar la dieta. Tienes que llevar un tejido que expulse el sudor, como el de mi camiseta, que, si te fijas, está llena de poros, de agujeritos, y la llevo pegada al cuerpo. Es como una segunda piel. Las hay hasta para ir al Everest. En la montaña tienes que llevarla pegada al cuerpo porque conserva la temperatura corporal y no se empapa.

—A ver si un día vamos juntos al Decathlon y me orientas.

—Vale. Claro que estas tienen un inconveniente, y es que dejan pasar el agua, pero no las sales, y pueden llegar a oler un poco mal, aunque lo que huele mal no son las sales, sino las bacterias, que se descomponen.

Cuando el paleontólogo despliega este tipo de saberes en apariencia menores, me dan ganas de levantarme y aplaudirle. Soy un maniaco de la precisión. La poesía es precisión, de ahí las virtudes líricas del discurso científico.

—Así que el olor es por culpa de las bacterias que se quedan en el tejido —le provoco para que continúe por ahí.

—Pero dejemos eso aparte —dice—. También perdemos unas tres cucharaditas de sal, además de los diez o doce litros de agua. En otras palabras, hay que hidratarse y tomar sal, de ahí el invento de las bebidas isotónicas. Tú y yo no hacemos maratones y no las necesitamos, pero los deportistas de verdad sí.

—Los ciclistas —se me ocurre.

—Y aún he de decirte algo sobre la piel: ¿sabes de qué color es la de un chimpancé?

—Blanca —aventuro.

—Muy bien. Blanca como una cuartilla puesto que no recibe la radiación ultravioleta. En la evolución humana, cuando perdimos el pelo se nos puso la piel negra porque al exponernos a la radiación tuvimos que pigmentarnos. Un chimpancé apenas tiene melanina en la piel. Los europeos tampoco. Pero nuestros antepasados africanos y los actuales sí. De otro modo desarrollarían muchísimos cánceres de piel.

—Así que la piel del chimpancé es blanca y la nuestra, negra.

—Lo has dicho bien, porque lo normal es ser negro. Lo anormal es ser blanco. En las latitudes altas, la melanina es casi un inconveniente porque apenas tenemos problemas de cáncer de piel, pero tenemos problemas de vitamina D, que se sintetiza en la piel.

—Yo —recuerdo— tomo una pastilla al mes de vitamina D. Doy bajo en todos los análisis.

—Por lo que te digo.

—¿Y por qué envejece la piel?

—Porque pierde elasticidad, colágeno.

—¿El colágeno no se regenera?

—No, no tenemos genes para ello, porque a la edad en la que lo pierdes ya deberías estar muerto. El alzhéimer, como otras enfermedades de gente mayor, aparece a una edad en la que deberíamos estar muertos. Por eso la selección natural no ha podido eliminarlo, te lo he explicado varias veces.

—No creas que es tan fácil de asimilar —me justifico—, sobre todo cuando ya deberías estar muerto.

—Ahora —dice Arsuaga— te voy a hacer una pregunta: si hubiera entrado un león cuando estábamos en el gimnasio, ¿a quién crees que se habría comido primero?

—Pues a mí —admito—, era el más viejo y el más lento, por tanto.

—Exacto. ¿Y después?

—Al señor que leía el *ABC* en la bicicleta estática.

—De entre nosotros dos.

—A ti.

—Vale. Te cuento un chiste que se cuenta a menudo en las universidades. Están dos cazadores en mitad de África cuando de pronto aparece un león. Miran el arma y comprueban que está descargada. Se angustian, no saben qué hacer. Uno de ellos se agacha y empieza a atarse las zapatillas. El otro pregunta: «¿Pero qué haces?». «Atarme las zapatillas». «¿No pretenderás correr más que el león?». «No, pretendo correr más que tú».

Observo instintivamente los cordones de mis zapatillas. Arsuaga sonríe y añade:

—Eso es la selección natural: correr más que el otro. Primero caerías tú, que eres el más lento, y al día siguiente el león me comería a mí. La probabilidad de que te coma va aumentando con la edad, es decir, con la pérdida de funciones.

—Ya.

—Ahora —continúa tras dar un sorbo a su café— me veo en la obligación de establecer una distinción entre envejecimiento y vejez. Yo envejezco. Tú eres viejo.

—Me suena que ya habíamos hablado de esto —digo.

—¿Y en qué consiste envejecer?

—En que aumentan las posibilidades de que te coma el león —replico.

—Exacto. Yo no estoy viejo, pero corro menos de lo que corría hace una década. A lo largo de la vida se van perdiendo facultades. Los récords olímpicos se consiguen entre los veinte y los treinta años, y a partir de ahí descienden. Una manera de explicar el envejecimiento es por las marcas que se obtienen en las pruebas atléticas.

—Sin embargo —se me ocurre absurdamente—, la edad media de los papas de Roma es de setenta y seis años. Yo aún podría ser papa.

—Vale —concede el paleontólogo con expresión de lástima—. Hay muchas palabras para expresar la pérdida paulatina de facultades. En inglés dicen *aging*, cumplir años. Yo estoy envejecido respecto a mis veinte. Pero, insisto, conviene distinguir el envejecimiento de la vejez.

—La vejez es un estado —concluyo—. El envejecimiento es un proceso.

—Para entendernos —continúa el paleontólogo—, en la vejez se encuentran los seres humanos que, como tú, en la naturaleza ya estarían muertos. Recuerda la máxima de la que ya hemos hablado y que volveremos a repetir: en la naturaleza, o plenitud o muerte. Los tubos de ensayo del ejemplo de sir Peter Medawar son igual de frágiles al principio que al final. Se van rompiendo de forma accidental hasta que no queda ninguno. A partir del instante en el que ya no queda ninguno es cuando se expresan los genes que no han podido ser eliminados por la selección natural. La selección natural no los puede ver porque no hay nadie en quien se expresen esos genes.

—Significa que yo, que le he ganado cinco años a la muerte, porque tengo setenta y cinco, cuando la longevidad del ser humano está en los setenta, puedo empezar a padecer, de un momento a otro, enfermedades que quedan fuera del radar de la selección natural.

—Hoy lo has entendido. ¿Cómo es que la selección natural no ha eliminado las cataratas en un señor de ochenta años?

—Porque debería haber muerto hace diez. El cristalino dura en buen estado lo que tiene que durar, no más. Sería un despilfarro, un gasto inútil, que diría Ford, el de los coches.

—Muy bien. Ha escapado a las leyes de la selección natural, pero está expuesto a las cataratas, al alzhéimer y a un largo etcétera de enfermedades que se conocen bien en las residencias de ancianos. Y eso es la vejez, Millás, los genes. Entendido esto, porque lo has entendido, ¿verdad? Me he dado cuenta de que a veces finges que entiendes...

—Es cierto, a veces finjo porque me da vergüenza no entender, pero en esta ocasión creo que te sigo.

—Pues bien, una vez entendido esto, me veo obligado a contarte un refinamiento de la teoría de Medawar y sus tubos de ensayo que tiene su interés y que se llama la teoría del antagonismo pleiotrópico.

—Mejor pido otro té. ¿Quieres tú otro café?

—Vale. Toma nota: antagonismo pleiotrópico. A la anterior vamos a llamarla teoría del lastre mutacional, como te gusta a ti, es decir, ese conjunto de mutaciones perjudiciales que llevamos en nuestro genoma y que se expresan a edades avanzadas.

—Edades —insisto para asentarlo— en las que la selección natural no actúa.

—No, porque ya no queda nadie en un grupo de cazadores y recolectores. El hambre, el frío, la sed, los leones, los osos, los lobos, las caídas, los rayos, los otros humanos... Poco a poco van cayendo todos y cada uno de los miembros de una generación. Pero vamos a refinar lo dicho. Si yo fuera un tubo de ensayo, las probabilidades de que me comiera el león serían las mismas que las de un chico de veinte años.

—Sí, porque, según Medawar, solo podrías estar perfecto o roto.

—Pero los tubos de ensayo no envejecen, no pierden facultades, yo sí. Lo vimos en el museo. Un gen puede producir varios efectos: llamamos a esa capacidad pleiotropía. Un gen hace varias cosas, con frecuencia antagónicas. La teoría del antagonismo pleiotrópico dice que hay genes que tienen en la juventud efectos beneficiosos que se tornan desfavorables en la vejez. George Williams, de quien ya hemos hablado, dice: Imaginemos un gen que produce calcitonina, una hormona que hace que tus huesos estén bien calcificados cuando eres joven. Ese mismo gen produce calcificación de las arterias (arterioesclerosis) cuando eres viejo.

—De ahí el antagonismo —anoto.

—Es el precio que pagas por la exuberante fertilidad de la juventud.

—Como si en el mismo gen —sugiero— anidara una pulsión de vida y otra de muerte. Eros y Tánatos, las dos pulsiones básicas, según Freud, propias de los seres humanos.

—En la selección natural —prosigue Arsuaga— hay dos fuerzas contrarias que tiran de los dos extremos: una que dice que tengas todos los hijos que puedas al principio, porque no sabes si vas a gozar de una segunda estación reproductiva, y otra fuerza que dice: pero tampoco conviene que te mueras en el primer año porque quizá tengas un segundo.

—Tiene que haber un equilibrio.

—La selección natural alcanza ese equilibrio. Como ya te conté, en el caso del salmón del Pacífico, por ejemplo, como su mortalidad es muy elevada y las posibilidades de que haya una segunda freza o desove son pequeñas, quizá por lo caudalosos y largos que son los ríos allí, ha vencido la fuerza que dice: da todo lo que puedas en el primer año. En el salmón del Atlántico, en cambio, que puede remontar el río más de una temporada, la otra fuerza dice: resérvate un poco para tener más oportunidades en el futuro. Hay dos fuerzas, en fin, dos presiones de selección. Una: cuantas más temporadas de reproducción tengas, mejor para la perpetuación de tus genes. Otra: por si acaso, dalo casi todo al principio. A cada especie le conviene una u otra en función de sus posibilidades de muerte, que son también sus posibilidades de vida. Si la mortalidad, en tu especie, es muy alta, dalo todo al principio, como el pulpo. Si no es tan alta, dosifícate para tener varias oportunidades. Los seres humanos, aunque nuestra capacidad reproductiva desciende con los años, podemos tener hijos a distintas edades. Pero esos genes que en su día nos permitieron tener muchos hijos pueden generar cánceres más adelante. ¡Piensa en la próstata! Los mismos que daban la vida son luego los causantes de la muerte. La selección natural no hace milagros. A partir de los cincuenta empezamos a pagar el precio de esa capacidad reproductiva con las enfermedades crónicas, y a partir de los setenta, si no dispones de cuidados especiales, estás muerto.

—Vaya —digo atacando mi segundo té.

—Yo estoy bien —continúa Arsuaga—, aunque supongo que de espermatozoides no estaré tan bien (y no haremos chistes con la erección). Además, tengo experiencia y la experiencia compensa la pérdida de facultades. Quiero decir que no hago tonterías, que es lo que lleva a muchos jóvenes a la muerte. Y puedo correr algo todavía. En fin, que, entre unas cosas y otras, sería capaz de esquivar al león todavía un par de años, quizá tres. Pero en la naturaleza, dentro de cuatro, estaría muerto.

—Por eso hemos desinventado la naturaleza —digo— y hemos alumbrado la cultura.

—Pero al precio de conocer la decrepitud —replica Arsuaga—. La decrepitud es la factura que te pasan todos los genes que hicieron en su día que fueras un moreno o una rubia impresionantes con varios hijos de la mano o en brazos. Eras el guerrero más fuerte de la tribu, te dices contemplando a los jóvenes. Pero ya te va tocando. El león ya te ha echado el ojo.

—Para entendernos —concluyo—, hay una primera aproximación, la de los tubos de ensayo de Medawar, según la cual, si la muerte natural no existiera, moriríamos porque tarde o temprano nos caería una teja en la cabeza; y una matización, introducida por George Williams...

—Y las dos son ciertas —sentencia el paleontólogo removiendo el café—. La matización de Williams explica la pérdida de facultades que se produce con el paso del tiempo a los treinta, a los cuarenta, a los cincuenta y a los sesenta años.

Luego, tras pedir con un gesto la cuenta, remata:

—Y el león, no lo olvides, Millás, come todos los días.

Diez. Bajar el ritmo

Estaba bocarriba, en el diván, con las manos sobre el pecho, relatándole a mi psicoanalista (o a mí mismo) la curiosa afinidad de los genes y el alma en lo que se refería a las pulsiones contradictorias de vida y muerte, cuando sentí vibrar el móvil en el bolsillo. Supe que era Arsuaga porque me ocurre con frecuencia que me telefonee la misma persona de la que estoy hablando en ese instante.

—Me está llamando el paleontólogo al que la vida no le debe nada —dije señalando el bolsillo en el que se producía la vibración.

—¿Cómo sabe que es él? —preguntó la terapeuta.

Preferí no decirle que me ocurren estas coincidencias porque sé que ella, aunque no lo expresa, piensa que soy presa fácil del pensamiento mágico.

—Puro olfato —repliqué.

—¿A qué llama usted puro olfato? —insistió.

Cambié de tema porque me di cuenta de que pretendía que habláramos precisamente de este problema mío con la magia; problema, por cierto, que constituye una variante de los delirios de persecución. No niego que soy un poco paranoico a condición de que no me persigan para que lo admita. En otras palabras: creo en las sincronicidades, un concepto junguiano que quizá, pensé, heriría a mi psicoanalista, que es freudiana hasta el tuétano.

Par délicatesse j'ai perdu ma vie.

Al acabar la sesión, ya en la calle, comprobé que tenía, en efecto, una llamada perdida del paleontólogo. Le marqué y lo cogió a la cuarta señal. Es, de todas las personas que conozco, el que coge el teléfono más tarde, como si no le importara quién le llama.

—Sabía que eras tú antes de verlo —le dije.

—¿Y eso? —preguntó.

—Puro olfato —contesté.

—¿Y a qué llamas puro olfato? —replicó a su vez, porque odia, como mi psicoanalista, cualquier manifestación del pensamiento mágico.

—A lo mismo que a ti te obliga a comprar lotería en Navidad —le dije.

—Pero a mí no me funciona el puro olfato porque no me toca. La compro precisamente para que no me toque, así no caigo en la tentación de creer en quimeras —respondió con ironía.

—A mí, en cambio, me toca siempre —aseguré—. Suena el teléfono, me digo que es Fulano y en el noventa y nueve por ciento de las veces es Fulano.

—Vale —dijo dando por zanjada la cuestión—. Enhorabuena.

—Gracias.

—Te llamaba por algo que no te vas a creer.

—Yo me lo creo todo. Dime.

—¿Recuerdas lo que hablamos de las células y del envejecimiento celular?

—Perfectamente.

—Pues resulta que conozco a una persona que hace unos análisis de sangre únicos en el mundo por los que es capaz de establecer la diferencia entre tu edad cronológica y tu edad biológica.

Dudé unos segundos. Dije:

—¿Y de quién se trata?

—Fíate: es una catedrática de la Universidad Complutense de Madrid.

Continué dudando.

—¿Has dicho una catedrática? —pregunté para asegurarme de que no se trataba de nada esotérico, cuestión absurda si el intermediario era Arsuaga.

—Catedrática, sí, ¿qué pasa?

—Es que eso del análisis de sangre único en el mundo suena raro. ¿No será una chupasangre?

—Por favor, Millás. Hablamos de Mónica de la Fuente, una investigadora respetadísima que lleva más de treinta años estudiando este asunto de enorme interés para nuestro libro. Puede decirnos, gracias a unos análisis de sangre de gran complejidad, la edad real de nuestro cuerpo y he conseguido, aunque está muy ocupada, que nos dé hora para el 29.

—No sé si quiero conocer la edad real de mis células —dije.

—Entonces tampoco querrás que escribamos el libro —amenazó.

—Este libro —aduje— me ha obligado a ver cosas de mí mismo de las que no estoy del todo satisfecho.

—La verdad no produce muchas satisfacciones.

—Recuerda lo que nos pasó con Corbalán: se dio cuenta de que estás más mayor de lo que deberías para tu edad.

—Eso tiene arreglo. Estoy en ello. Ya he perdido dos kilos.

—¿Y si nos descubre algo malo? —insistí.

—Solo nos va a decir si nuestra edad cronológica coincide con la biológica. Te aseguro que es una oportunidad única.

La doctora Mónica de la Fuente es, en efecto, catedrática de Fisiología de la Universidad Complutense de Madrid (lo había comprobado todo por internet porque no me gusta que me saque sangre cualquiera). Le calculé la edad de Arsuaga (unos sesenta y seis o sesenta y siete), aunque parecía más joven y transmitía enormes dosis de energía y eficacia. Caía bien al primer golpe de vista y se expresaba siempre con un vocabulario preciso y una sintaxis rítmica. Su cercanía producía seguridad.

Nos encontramos a primerísima hora de la mañana en la Facultad de Medicina, cuyos pasillos estaban desiertos por las fechas (29 de junio). Antes del pinchazo nos reunimos en torno a una mesa en la que nos explicó que la analítica a la que íbamos a someternos servía principalmente para ver cómo funcionaba nuestro sistema inmunitario.

—Cómo están las células —añadió— que permiten la defensa frente a infecciones, cánceres, etcétera.

No me gustó que empezara hablando de infecciones y de cánceres, pero seguí escuchándola.

—Después de muchos años de investigación —continuó— hemos visto que el funcionamiento de estas células es el mejor marcador de la salud. Otros investigadores ya lo habían detectado, pero nosotros lo hemos confirmado. Hemos comprobado y validado, además, que ciertos parámetros que se obtienen de este análisis sirven para saber a qué velocidad envejece el individuo. Determinan, en fin, la edad biológica, que con frecuencia no coincide con la cronológica.

Arsuaga y yo nos miramos. Yo hice un gesto de duda, quizá un gesto de «salgamos de aquí». No quería saber a qué velocidad estaba envejeciendo ni cuál era mi edad biológica. Tenía miedo, además, de que el análisis revelara cosas aún peores. Pero Arsuaga parecía entusiasmado y me dio un golpecito de ánimo en la rodilla por debajo de la mesa.

—Aquí —continuó la doctora al advertir mis titubeos— lo único que hacemos es extraer sangre, llevarla al laboratorio y, tras un sistema algo complicado, separamos las células inmunitarias, los fagocitos, los linfocitos y las que se llaman *natural killer*. Se denominan así porque son asesinas naturales que utiliza nuestro organismo fundamentalmente para destruir cánceres. Aunque aumentan al envejecer, disminuye su capacidad para alcanzar la célula tumoral y destruirla.

Natural killer parecía el título de una película de Tarantino, al que le tengo cierta prevención. De otro lado, no me gustaba que apareciera tantas veces la palabra *cáncer*. Cruzo los dedos cada vez que la escucho, pero tengo que esconder las manos para que no me vean.

—Así que medís su capacidad para destruir células tumorales —dijo Arsuaga.

—Analizamos —explicó Mónica de la Fuente— esa actividad en las *natural killer*, pero también toda una serie de funciones en cada uno de los otros tipos celulares a través de una batería de pruebas en el laboratorio. Llevamos más de treinta años haciéndolo y hemos comprobado que la persona que tiene mejores valores en esas funciones está más sana, tiene menos enfermedades y vive más. La fiabilidad de estos marcadores para determinar la edad biológica es de casi un noventa por ciento.

—¿Podría ser —preguntó Arsuaga— que alguien cuya edad cronológica es de setenta años tenga una edad biológica de ochenta, por ejemplo?

—O de cincuenta —replicó la doctora—. Llevamos cientos de analíticas y, para nuestra sorpresa, lo más frecuente es que personas de treinta o cuarenta años sanas tengan en realidad sesenta o setenta de edad biológica. Empezamos con una gran base de datos sobre la que fuimos valorando cómo estaban muchas funciones en personas de distintas edades, hombres o mujeres porque, según el sexo, es un poco diferente. Después extrajimos de esa base de datos un modelo matemático que da la potencia de aquellas funciones más relacionadas con el estado del individuo. No todas tienen el mismo valor. Al final nos quedamos con cinco parámetros que son los que constituyen el *immunity clock*, el que determina la edad biológica. Es decir, a qué velocidad envejeces. Y lo hemos validado de muchas formas.

—¿Con ratones? —se me ocurrió preguntar, porque me empezaba a sentir como un animalillo de laboratorio.

—A los ratones no se les puede sacar una cantidad suficiente de sangre para analizar estas funciones, y menos sin sacrificarlos —dijo De la Fuente—. Sí puedes hacerlo en el bazo y el timo, que es donde hay muchas células inmunitarias. Pero esto no nos sirve pues queremos ir valorando a cada animal hasta su muerte natural. Entonces comprobamos que en el peritoneo de los ratoncitos están todas las células inmunitarias, las mismas que hay en sangre, bazo, timo, etcétera. Y son equivalentes a las que hay en sangre periférica humana. Estas células del peritoneo se pueden obtener fácilmente de cada animal, y sin necesidad siquiera de anestesiarlos, tenemos mucha práctica en este procedimiento. Se les inyecta una solución salina atemperada en el peritoneo, se masajea un poco y se obtiene toda la suspensión de células inmunitarias. Analizamos las funciones de esas células a lo largo del envejecimiento de cada animal, y vimos que la trayectoria que siguen sus funciones es similar a la que muestran en el ser humano. La diferencia es que nuestra esperanza de vida es mucho más larga que la de un ratón, que vive dos o tres años. Ya hemos publicado ese estudio.

—¿Y los ratones no sufren? —pregunté completamente identificado con ellos.

—Es un proceso muy sencillo, muy poco invasivo. Como cuando a nosotros nos sacan sangre.

Repetí para mis adentros términos que acababa de escuchar y que me resultaron especialmente sonoros (se trata de un rito defensivo que utilizo en las conversaciones que me dan miedo). He aquí parte de la letanía: ratoncito, bazo, timo, peritoneo, anestesia, masaje, solución salina atemperada...

Finalizado el rito, me enganché de nuevo al discurso de la doctora:

—Como los ratoncitos solo viven unos tres años, el proceso de su envejecimiento empieza a los seis o siete meses y puedes esperar perfectamente a que cada animal se muera. Por tanto, también hemos podido hacer modelos matemáticos en los ratones. Están publicados bajo la pregunta «¿Cuándo morirá mi ratón?». El caso es que analizamos las funciones de las células inmunitarias del peritoneo de los animales cuando son adultos, aplicamos el modelo y predecimos cuándo va a morir cada uno, y resulta que se cumple.

¡Dios mío!, me digo, cuánto va a vivir mi ratón, cuánto va a vivir Arsuaga, cuánto voy a vivir yo.

Resulta que se cumple.

Mal asunto.

No deberíamos haber venido.

—Entonces —pregunta Arsuaga en tono técnico, epicúreo quizá, no sé— ¿nosotros sabremos cuándo nos vamos a morir con este análisis?

—Más o menos, sí —dijo con una sonrisa maliciosa—. Pero eso puede variar para bien o para mal si modificáis determinados hábitos de vida. Es la ventaja de averiguar la edad biológica, que puedes incidir sobre ella.

Puedes incidir sobre ella, pienso yo, si te arrepientes. Si te arrepientes del vino, de las grasas saturadas, de la vida sedentaria, de las hamburguesas baratas, de las croquetas congeladas, del pollo procesado, de los torreznos, del tabaco, del café, de la adolescencia y de la juventud. Pido interiormente a la biología, a mi biología, perdón por todo ello y juro enmendarme si todavía, a mis setenta y cinco años, estuviera a tiempo de ser perdonado.

Arsuaga continúa preguntando en plan técnico, sin revelar emoción alguna (ventajas, me digo, de haber leído a Epicuro):

—¿A qué edad se dan esas variables de funcionalidad máxima del sistema inmunitario en los seres humanos?

—Si eres mujer, el máximo potencial se da en torno a los cuarenta. Si eres hombre, sobre los treinta.

En esto, escapo por un momento de mis obsesiones y me oigo decir:

—No me he enterado bien de lo que les pasa a las mujeres en torno a los cuarenta.

—Arsuaga —apunta De la Fuente con paciencia— acaba de preguntar cuándo es más potente la inmunidad, cuándo se da el pico, cuándo están mejor las defensas. Le decía que en la mujer en torno a los cuarenta y en el hombre, en torno a los treinta. Todo ello en condiciones normales, claro. Imaginad a una persona que haya tenido una mala adolescencia, un adolescente que se ponga morado a comer de mala manera.

—Lo tengo —digo.

—Qué —dice la doctora.

—Que ya he imaginado a ese adolescente y lo tengo en la cabeza.

De la Fuente mira al paleontólogo como preguntándole a quién me has traído y continúa:

—Este adolescente no llegará en un estado normal al comienzo de su envejecimiento. Llega ya algo «envejecido» a su edad adulta, por lo que si no hace algo que lo remedie hará un envejecimiento más acelerado y morirá antes de lo que le corresponde. Lo tenemos estudiadísimo y publicado.

—¿Con este análisis nos vais a decir a qué edad vamos a morir? —vuelvo a preguntar por culpa de los nervios.

—Os vamos a decir a qué velocidad estáis envejeciendo —afirma la doctora llena de dulzura— independientemente de vuestra edad cronológica. Si estás más viejo en tu edad biológica que en la cronológica y no haces nada por rectificar...

—Si dejas de fumar —pongo como ejemplo, pues enciendo de vez en cuando, siempre a escondidas, incluso a escondidas de mí, un cigarrillo (aunque oficialmente no fumo).

—Es un buen ejemplo —confirma la doctora—. En ocasiones hemos repetido el análisis con un año de diferencia y el mismo sujeto ha pasado de tener una edad biológica de sesenta y tantos a treinta y tantos. Vienen muchos famosos a conocer su edad biológica y algunos se enfadan. Recuerdo uno que decía: «No lo entiendo, tengo los triglicéridos y el colesterol bien, me cuido mucho». Yo le dije: «No todo es eso, para estar bien y envejecer más despacio no solo hay que tener en cuenta la dieta; es también la actitud. La tristeza influye. En tu caso, es lo que deberías cambiar: viniste muy alicaído».

La dieta, recordé, es una parte del nicho. Lo que no me había imaginado es que el estado de ánimo también formara parte de él.

—De todos los factores que hemos visto aquí —concluye la doctora—, el emocional yo diría que es el más importante.

—¡El emocional! —exclamo yo—. ¿Vuestros análisis de sangre tienen la capacidad de medir el estado emocional?

—Totalmente —dice ella.

—No me lo creo yo —digo yo.

—Pues te lo vas a creer. Llevo treinta y cinco años enseñando una asignatura que se llama Psiconeuroinmunoendocrinología. Aunque parezca un trabalenguas, esta ciencia estudia cómo nuestras emociones, o nuestros pensamientos, que acaban generando emociones, influyen en el sistema inmunitario. Si estamos tristes o estresados, por ejemplo, producimos en nuestro cerebro moléculas que llegan a las células inmunitarias, y estas empiezan a funcionar peor, ya no nos defienden adecuadamente. En cambio, cuando estamos contentos, sucede lo contrario.

—Psicosomática —concluyo.

—¡Claro! —continúa ella—, ¡es que la mente no está separada del cuerpo! Todas nuestras emociones, mucho más que lo que comas o la actividad física que realices, van a regular nuestra inmunidad y por tanto influyen en nuestra salud.

—Entonces —pregunto— ¿qué hay que hacer para mantenerse en forma?

—Yo soy bastante mala en el tema de la dieta porque me encanta comer y creo que como más de lo debido. No tengo tiempo para hacer ejercicio, aunque intento ir andando a todas partes y estoy muy activa, pero lo que más procuro es no perder el estado de ánimo, no decaer. A veces cuesta, pero hago todos los esfuerzos posibles porque sé que es lo que más va a determinar que no envejezca tan deprisa.

—¿Y esas células, las *natural killer*, están en la sangre? —pregunto ahora.

—Sí, pero también en muchas otras localizaciones. La ventaja de las células del sistema inmunitario es que no solo las tienes en el timo, en el bazo o en los ganglios, sino que recirculan, por eso al sacarte sangre puedes encontrarlas. Están patrullando.

—Estas células —dice Arsuaga entre la afirmación y la pregunta— detectan un tumor en el hígado y van allí transportadas por la sangre, y escapan de los vasos sanguíneos para actuar.

—¡Claro! —responde De la Fuente—. Las células inmunitarias que van por nuestro sistema circulatorio, cuando detectan un patógeno u otro problema en un tejido, pasan entre las células de las paredes del vaso y empiezan a actuar en el lugar en que tienen que hacerlo.

—¿Es posible —intervengo yo— que hayamos tenido cánceres de los que ni nos hayamos enterado?

—Constantemente —responde la doctora—, nuestras células se están malignizando, pero no desarrollamos cáncer porque para eso tenemos el sistema inmunitario, que se dedica a liquidarlas. Solo si hay algún fallo en esa vigilancia aparece el cáncer.

—Este análisis que nos vais a hacer —continúo— es raro, ¿no? Me ha dicho Arsuaga que no lo hacen en cualquier sitio.

—No —responde De la Fuente—, y es muy importante porque te permite prevenir, cambiar algo el estilo de vida. Ninguna enfermedad afecta al cien por cien de la población. El envejecimiento, sí. Pero no es una enfermedad, es un proceso fisiológico, que nos afecta a todos. Y conviene plantearse: ya que es inexorable, envejezcamos lo mejor posible para disfrutar de una longevidad saludable.

—¿Este tipo de análisis —insisto, quizá para retrasar el momento de la extracción de la sangre, pues no estoy seguro de que quiera hacérmelo— se inventó aquí y solo lo hacéis aquí?

—Sí, es fruto del trabajo de muchos años de investigación.

—¿Y no se ha patentado?

—No se puede, no es patentable. Como mucho, registrable. Lo que hacemos es publicar el método y los resultados. Solo se hace en el marco de la Universidad Complutense de Madrid. Fuera de España, tampoco, no tanto por el coste, sino porque es muy laborioso, necesitas una especialización.

Y entonces, no sé si voluntariamente o por vergüenza, me someto a la extracción de sangre y creo que me sacan más de la que se obtiene para un análisis normal, lo mismo que al paleontólogo.

Cuando abandonamos la facultad todavía es temprano, y el frescor de la mañana me ayuda a volver en mí.

—¿Tú estás seguro de lo que hemos hecho? —le pregunto a Arsuaga.

—¡Estoy segurísimo! —exclama con el optimismo de los días en los que está optimista.

Es 29 de junio. Al día siguiente, el paleontólogo se irá a sus excavaciones de Atapuerca y yo me retiraré a mi casa de Asturias hasta septiembre. Mónica de la Fuente ha quedado en enviarnos los resultados por correo electrónico dentro de un par de semanas.

Atravesé esas dos semanas algo ansioso. Me desasosegaba el hecho de que mi edad biológica pudiera discrepar de mi edad cronológica, pues se trataba de otra dicotomía que añadir a un cúmulo de divisiones que entrañaba una percepción del mundo molestamente dual. En ese cúmulo se revolvían, como víboras en un nido, la esencia y la existencia; la vida y la muerte; la vigilia y el sueño; la realidad y la ficción; la locura y la cordura; el cuerpo y la mente; la juventud y la vejez, por no mencionar el arriba y el abajo, el dentro y el fuera, la izquierda y la derecha, meros adverbios de lugar dotados, sin embargo, de una connotación moral insoportable.

Edad cronológica/edad biológica.

Dios mío.

Recuerdo que uno de esos días, tras volver de comprar el periódico en la plaza de Muros de Nalón, la localidad asturiana en la que me encontraba recluido, pasé por delante de una casa en cuya puerta dos mujeres hablaban. Una de ellas decía en ese instante:

—Murió Paco, el de Fina.

—Me lo dijo Rosario —respondió la otra.

Una muerte se reducía a eso, a una conversación banal a pie de calle.

Murió Paco, el de Fina.

Me vino a la memoria también la exclamación del protagonista de *La muerte de Ivan Ilich* en el momento mismo de expirar: «¡Ah, era eso!».

Siempre interpreté que lo que había querido decir el personaje de Tolstoi era que se trataba de una tontería. Que morirse era una idiotez. Que morirse quizá ni siquiera era morirse, sino cambiar de estado, del mismo modo que el agua no se muere cuando se evapora o se convierte en hielo. Un desplazamiento en el interior de la vida.

¡Ah, era eso!

Y entonces ¿qué había sido la vida?

Recité para mis adentros aquellos versos terribles de Idea Vilariño:

Qué fue la vida
qué
qué podrida manzana
qué sobra
qué desecho.

Por fin, una mañana, al revisar el correo electrónico, saltó un mensaje de Mónica de la Fuente que contenía un documento adjunto. Me apresuré a abrirlo. Vi unos gráficos, unos colores, unas flechas, unos porcentajes, pero mis ojos recorrieron todo el informe en busca de la conclusión final, si la hubiera.

Y la había. Decía así:

«Edad biológica: 50 años».

A este dato desnudo se le añadía la siguiente nota:

«Enhorabuena, pues está envejeciendo a una velocidad propia de los cincuenta años».

No me lo podía creer. La discrepancia respecto de mi edad cronológica era nada menos que de veinticinco años, un cuarto de siglo a mi favor.

Le envié, eufórico, el informe a Arsuaga, que a su vez me hizo llegar el suyo. Lo recorrí, ansioso, hasta llegar a su:

«EDAD BIOLÓGICA: 66 años».

En su caso, pues, no había discrepancia alguna entre la apariencia cronológica y la realidad biológica. El paleontólogo comentaba en su correo: «Millás, ¡grandes noticias! Tengo muchos más años que tú. Me parece que esto te va a dar tema literario suculento. Abrazos».

No me dio «tema literario suculento». Me produjo tristeza. ¿Le pasaría algo al paleontólogo?, me pregunté. Aquel optimismo físico tan suyo, aquellos arranques de epicureísmo militante ¿no estarían al servicio de ocultar, o negar, alguna forma de abatimiento psíquico al que no permitía dar salida por pudor o por pánico? Me vinieron a la memoria aquellos instantes (fugaces, es verdad) en los que Arsuaga desaparecía dentro de sí mismo como en una suerte de ejercicio zen e hice de ellos, a la luz del informe de Mónica de la Fuente, una lectura completamente distinta a la anterior. Tal vez tocaba fondo en una depresión momentánea para impulsarse de nuevo hacia la superficie fingiendo ser el tipo animoso e incansable que quizá no era.

Mi desconcierto fue enorme. No fui capaz de responder a su correo.

A los pocos días volvió a escribirme. Decía:

> Millás, hay un matiz importante en todo esto que deberías comentar con Mónica de la Fuente para enriquecer la discusión. El resultado de la analítica no dice que tengas un cuerpo de 50 años, sino que envejeces al ritmo de una persona normal de 50 años. Yo tengo 66 años, pero envejezco más rápido que tú, lo que quiere decir en resumen que quizá muera después que tú y asista a tu funeral, pero moriría a una edad más joven, aunque en un año posterior. ¿Se entiende lo que quiero decir? Es que esto de la edad biológica se entiende mal. Es el ritmo de envejecimiento lo que mide. Yo debería bajar mi rit-

mo de envejecimiento y tú, ya puestos, también podrías. En todo caso, ¡felicidades! No me importa que muramos juntos.

Abrazos,

Juan Luis

Fue una liberación leerlo. Arsuaga racionalizaba el asunto y regresaba a su humor habitual. Me había acostumbrado a un paleontólogo vitalista y a un Millás desvitalizado y no llevaba bien que los papeles se invirtieran.

De todos modos, escribí a la doctora planteándole la cuestión. Su respuesta fue la siguiente:

Muy buena tu pregunta 🙂

Te la voy a responder con un hecho que hemos detectado (y publicado). Los centenarios a los que hemos analizado tenían una edad biológica mucho más joven que su edad cronológica (de unos sesenta años, pero los había hasta de cuarenta). ¿Crees que a pesar de esa edad biológica podían irse a bailar toda la tarde, como posiblemente pueda hacer una persona de cuarenta? No. Sin embargo, estaban, en general, bien y habían llegado a los cien porque su envejecimiento lo estaban haciendo a velocidad lenta y habían tenido y tenían buenos mecanismos de adaptación.

Seguiremos comentando.

Besos,

Mónica de la Fuente

El paleontólogo, al que le reenvié el texto, estuvo de acuerdo con el matiz. Luego, añadía en su correo:

Cada uno tiene sus retos, Millás, y el mío es tocarme las puntas de los pies con los dedos de la mano sin doblar la rodilla, tanto sentado en el suelo como de pie. Dicen que la elasticidad es salud y años de vida y me hace gracia porque me recuerda la teoría que te conté de Buffon, que decía que, al igual que pasa con las plantas, envejecer es volverse duro, leñoso, mientras que la juventud es estar flexible como un junco. Aún estoy lejos de los pies porque han sido muchos años de lignificarme, pero espero conseguirlo algún día. Por supuesto quc todas las mujeres lo hacen sin problemas, pero es que ellas no pierden la elasticidad como nosotros, que acortamos nuestros músculos. Pienso practicar en la playa. Como digo, todos tenemos nuestro desafío.

Un abrazo,

Juan Luis

Consideré que este Arsuaga elástico era cien por cien puro Arsuaga y me quedé definitivamente tranquilo.

En septiembre, si aún vivíamos, nos volveríamos a ver.

Once. El hombre árbol

A primeros de agosto, recibí el siguiente correo del paleontólogo:

> Querido Millás:
>
> No hay manera de llegar a los pies. Sin embargo, lo del *sit and rise* ya casi lo tengo, porque estoy acostumbrado a estar sentado en el suelo en las excavaciones con las piernas cruzadas y lo de levantarme desde esa postura para mí habitual lo he ejercitado durante muchos años (este mes de julio, sin ir más lejos) y aún lo puedo hacer. Pero estoy lignificado y no me acerco ni un milímetro a las puntas de los pies, es como si estuvieran en el infinito y más allá. Soy un hombre árbol, un tronco viejo, un leño seco, a punto de ser derribado por la próxima tormenta. Recuerda esto porque hablaremos de troncos en las próximas salidas. Espero que estés bien, descansando y trabajando. Hoy me he acordado de ti porque he ido al mercado del pueblo (El Puerto de Santa María) a comprar sardinas para una barbacoa y me he zampado un cucurucho entero de churros, que los hace superiores la Charo.
>
> Un fuerte abrazo,
>
> Juan Luis

Me quedé un poco preocupado por este reconocimiento tan explícito de sus limitaciones físicas, pero me gustaba la imagen de la lignificación, que me trajo inevitablemente a la memoria los versos de Machado:

Al olmo viejo, hendido por el rayo
y en su mitad podrido,
con las lluvias de abril y el sol de mayo,
algunas hojas verdes le han salido.

Se lo envié al paleontólogo. Tal vez a nosotros, hendidos asimismo por el rayo de los años (cada década un trueno), pudieran salirnos todavía algunas ramas verdes. El poema de Machado termina así:

Mi corazón espera
también, hacia la luz y hacia la vida,
otro milagro de la primavera.

Por cierto, que, con lo de *sit and rise*, Arsuaga aludía a un ejercicio que consistía en sentarse en el suelo con las piernas cruzadas y levantarse sin apoyarse en ningún sitio, como habíamos hecho en la clase de pilates. Me remitía, para mayor abundamiento, a internet, a un *sitting-rising test* en el que te calculaban las posibilidades que tenías de morirte en los próximos seis años en función de lo bien que fueras capaz de llevar a cabo esta práctica.

Preferí no probar, pero recordé que Corbalán nos había recomendado un ejercicio físico curioso para nuestra edad que consistía en tirarse al suelo y levantarse del modo que fuera. Se lo recordé al paleontólogo y lo probé yo mismo con frecuencia durante el verano: me tiraba y me levantaba apoyando las manos en el suelo o en una silla, aunque no sin dificultad. Me gustaba hacerlo por la dimensión metafórica, de carácter moral, del ejercicio.

Aceptar caerse.

Ser capaz de levantarse.

En cierto modo, ¿no era eso la vida?

Arsuaga respondió con rapidez inusual a mi correo:

Querido Millás:

El final del poema de Machado nos va a dar el pie poético para la próxima salida del libro, así que guárdalo para entonces. Efectivamente, si nos sentáramos en el suelo más a menudo, para jugar con nuestros nietos (que yo no tengo), por ejemplo, o para excavar, nuestra flexibilidad sería mucho mejor y estaríamos menos lignificados que si pasamos todo el día sentados en una silla escribiendo libros en el ordenador, que casi no nos agachamos ni una vez al día para recoger algo. De nuevo volvemos al tema del nicho paleolítico: sentarse en el suelo con los niños, hablar en cuclillas con los amigos, cavar para desenterrar geófitos, etcétera. No sé si viviríamos más si lo hiciéramos, pero la flexibilidad es un lujo del que disfrutan casi todas las señoras y, ay, muy pocos hombres. ¿Será por eso por lo que vivimos menos los hombres? Tanta testosterona, tanto músculo gordo y corto, tanto exhibicionismo nos tenía que pasar factura de mayores a los machotes, que diría el viejo Williams.

Por cierto, la última religión de la gimnasia es la plancha, el *planching*, como lo llamo yo, y eso sí que lo puedes hacer tú y cualquiera. Te puedes poner retos: 15 segundos para empezar, más adelante 30 segundos y finalmente 1 minuto. Son ejercicios llamados isométricos porque los músculos no se acortan, solo mantienen la tensión y la longitud.

Te confesaré, por cierto, que me sorprendió muchísimo que no hayas metido el baloncesto en el texto del libro, porque esa era mi arma definitiva contra el lamarckismo y me costó mucho trabajo conseguir que pudiéramos asistir a un entrenamiento por el tema de la COVID, por lo avanzado de la temporada (se acababan las competiciones) y demás. Me pregunto si entendiste por qué estábamos allí. Las jugadoras no eran altas porque jugaran al baloncesto (como diría Lamarck), sino que jugaban al baloncesto porque eran altas por herencia (darwinismo). Por ese motivo precisamente (y no por otro) antes te llevé a ver la jirafa del Museo de Ciencias, que era el ejemplo que ponía Lamarck de la herencia de los caracteres adquiridos: te lo explico de nuevo; según Lamarck, las jirafas tienen el cuello largo porque sus antepasados se esforzaron mucho en alcanzar las copas de los árboles para comer hojas, exactamente igual que yo trato de llegar hasta las puntas de mis pies, milímetro a milímetro, avanzando y retrocediendo cada día, agónicamente, como una jirafa de cuello corto que no consigue alcanzar las hojas de los árboles y se muere de hambre. Pero la información va de los genes al fenotipo, no del fenotipo (el cuerpo) a los genes. Nada de lo que tú hagas durante la vida modifica tus genes. Además, yo ya he pasado los míos a mis tres hijos.

Si te acuerdas, estuvimos hablando en el entrenamiento con una chica que nos decía que sus padres eran muy altos y que por eso ella era alta (y no porque llevara jugando al baloncesto desde pequeña, se rio cuando le planteé esa posibilidad, la de que hubiera crecido tanto por jugar al baloncesto desde niña, le pareció que le preguntaba una estupidez), y luego conseguí que dijera que no se casaría nunca con un hombre más bajo que ella, ¡de ninguna manera! O sea, se casará con un hombre más alto que ella, o igual de alto, sus hijos e hijas serán muy altos también y además les enseñarán desde pequeños a jugar al baloncesto y se convertirán en grandes campeones del basket, que a su debido tiempo tendrán hijos e hijas tan altos como sus padres o más.

Este es el mejor ejemplo que conozco de cómo funciona la evolución, y de por qué Lamarck estaba equivocado y Darwin tenía razón. Me costó un huevo conseguir que pudiéramos ir al entrenamiento. Planifiqué la visita al museo para ver la jirafa que me daría pie a contar lo de Lamarck y resolverlo en el baloncesto y luego ni mencionaste el baloncesto...

¿Será porque eres alérgico al deporte, en general, con todo lo que se aprende allí? Ya van dos historias fallidas de deporte: en el primer libro, el fútbol y las identidades simbólicas excluyentes y, en el segundo, el baloncesto y el lamarckismo.

Un abrazo,

Arsuaga

El paleontólogo aludía, en efecto, a un partido de fútbol al que me negué a asistir porque me dan miedo las masas, y a un encuentro posterior, que no narré, con un equipo femenino de baloncesto que entrenaba en una cancha de la Universidad Complutense. Por lo visto, tuvo que pedir varios favores para que nos dejaran entrar y hablar con una de las baloncestistas, Paula Real. Le preguntamos por qué jugaba al baloncesto y dijo que se trataba de un deporte que había practicado toda la vida.

—He probado otros —añadió—, pero ninguno me ha llenado tanto. Soy feliz practicándolo.

—¿Tus padres son tan altos como tú? —preguntó Arsuaga.

—Sí, mi padre mide 1,95, y mi madre, 1,77.

—¿Y tú eres así de alta por practicar el baloncesto desde pequeña? —insistió Arsuaga.

—¡No! —exclamó la joven con una sonrisa.

—¡Ah, Lamarck! —profirió el paleontólogo—. O sea, que habrías crecido lo mismo si no hubieras jugado al baloncesto.

—¡Claro!

Visitamos la cancha de la Complutense el mismo día que fuimos al Museo de Ciencias Naturales a ver, entre otros animales, a la jirafa. Arsuaga no da puntada sin hilo: ni la jirafa tenía el cuello largo por haberlo estirado para llegar a las copas de los árboles ni Paula Real era alta por jugar al baloncesto.

—Hemos asestado otro duro golpe a Lamarck —me dijo el paleontólogo con una sonrisa cuando abandonábamos la cancha.

Ya en el coche, por si acaso, remató la idea:

—Toma nota de esto, Millás, que es muy importante: es el deporte el que selecciona los biotipos, las morfologías, no al revés. Los altos son también muy buenos en el salto de longitud porque tienen las piernas largas y corren mucho. Para saltar longitud hay que llegar con mucha velocidad a la tabla de batida. En la gimnasia, en cambio, todos son bajitos. En el fútbol entran todos los biotipos, excepto si ejerces de portero. ¿Entendido?

—Entendido —concluí.

Queda dicho.

Doce. Que les den

Doblado el cabo de Hornos del mes de agosto, respondí a un breve correo del paleontólogo en el que me solicitaba una tarea imposible de llevar a cabo en mi situación. Esto le dije:

> Querido Arsuaga:
>
> Siento mucho no haber podido observar a las gaviotas y tomar notas de sus costumbres como me requerías en tu último correo. He tenido en casa familiares y amigos que han ocupado todo mi tiempo de estos días de finales de agosto. He reparado, para compensar, en un suceso doméstico que me ha turbado un poco. Verás, en esta casa de verano utilizamos gas butano tanto para cocinar como para el agua sanitaria. Normalmente, hasta ahora, cuando me traían una bombona de repuesto, pedía al transportista que me la dejara en una dependencia muy cercana a la casa que en su día fue una cuadra. Este año, en cambio, solicité que la depositara directamente en la cocina por miedo a no ser capaz de cargar con ella desde la cuadra cuando se agote la que está en uso. Creo que esta medida implica un grado más en la aceptación de mis límites. Soy viejo, en efecto, y todo a mi alrededor me lo recuerda. Me pregunto si quienes deciden el peso y el tamaño de las bombonas piensan en una tipología de hombre o de mujer capaz de trasladar estos artefactos naranjas de un lugar a otro de la vivienda. De ser así, ¿estoy excluido ya de ese colectivo? ¿Debo renunciar

a este tipo de energía para cubrir mis necesidades domésticas?

El año pasado renové el carné de identidad y me dieron uno que caduca el 1 de enero del año 9999. Has leído bien, año 9999. Caducaré yo antes, claro. El Ministerio del Interior expide este documento disparatado a partir de que el contribuyente cumple 70 años (la longevidad de nuestra especie, por cierto). Quiere decirse que lo dan por amortizado. Otra exclusión, en fin. La tribu, de un modo u otro, me va señalando el camino del cementerio. Pero yo, pese a mis 75, aún necesito del gas y de la identidad. Me resisto a renunciar a una cosa y a la otra.

De un lado, podrían fabricar bombonas más ligeras y, de otro, podrían renovar el DNI por algún tiempo para darnos alguna esperanza de vida. La exclusión de la tribu (a la que, sinceramente, jamás me sentí muy unido, voy comprendiendo por qué) es cruel y persigue en última instancia que seamos nosotros quienes nos excluyamos de forma voluntaria. La orden implícita es la siguiente: váyase usted a vivir al sofá, sintonice el programa más cutre de la tele, entréguese durante un tiempo a la decadencia mental y física y luego muérase.

Que les den.

No pienso hacerlo.

Abrazos,

Juanjo Millás

El paleontólogo me respondió enseguida, pero de un modo decepcionante:

Querido Millás:

No te preocupes por las gaviotas, pero cuando vayas a la playa échales un vistazo. Incluso puedes echarles algo de comer cuando no haya gente, a ver qué hacen: si compiten o cooperan.

Con los años pasa lo mismo que con las barreras arquitectónicas y la movilidad. No te das cuenta de que todo está pensado para los jóvenes hasta el día en que te rompes una pierna y tienes que ir en silla de ruedas por la vida. Entonces descubres que no puedes hacer nada de nada, ni lo más simple, porque todo está en tu contra.

Abrazos desde Pinilla,

Arsuaga

Por un lado, me decía que no me preocupara por las gaviotas y, por el otro, que no dejara de observarlas. Así son los temperamentos obsesivos. Despachaba el resto de mi correo con cuatro frases de trámite. Lo disculpé porque en esas fechas trabajaba ya en el yacimiento de Pinilla del Valle, donde los neandertales de nuestro anterior libro, pero me hirió su ligereza, aunque preferí no decírselo. ¿Acaso sabía él lo que era cargar con una bombona de butano o llevar en la cartera un documento de identidad que en cualquier frontera considerarían falso?

Trece. La vida secreta

El 31 de agosto, a primera hora, estoy preparando la maleta para regresar a Madrid tras mis vacaciones asturianas cuando suena el móvil.

—¿Te has hecho una densitometría? —pregunta Arsuaga a bocajarro.

—No —digo—, ni pienso hacérmela. No voy a ir a más médicos ni a hacerme más análisis. Pareces empeñado en que me encuentren algo.

—Tú verás —concede—, pero la densitometría es importante para conocer el estado del esqueleto. Con la vejez, los huesos se descalcifican y aparece la osteoporosis, mientras que las arterias se calcifican dando lugar a la arterioesclerosis. Es como si el calcio pasara de los huesos, donde era beneficioso, a las arterias, donde hace diabluras. ¿Recuerdas la teoría del antagonismo pleiotrópico? Lo hablamos el día que fuimos al gimnasio.

—Claro: según esa teoría, el mismo gen gracias al cual nuestra osamenta se mantiene en forma cuando somos jóvenes es el responsable de que nuestras arterias se endurezcan cuando somos viejos.

—Ahí lo tienes. ¿Hace o no hace entonces una densitometría?

—No hace. Además, estoy con la maleta. Esta tarde vuelvo a Madrid.

—Yo estoy en la excavación de Pinilla, en un descanso, me he sentado en una piedra y me he acordado de ti.

—Ya —digo intentando acortar la conversación.

—¿Estás de pie? —pregunta.

—Sí.

—Siéntate un momento, hombre, que te quiero comentar algo.

Me siento, resignado, sobre el borde de la cama, junto a la maleta abierta en canal, con tres o cuatro camisas desordenadas, que parecen vísceras, en su interior.

—Soy todo oídos —concedo—, pero no insistas en lo de la densitometría.

—De acuerdo, pero dime: ¿qué es exactamente lo que estamos buscando?

—Nunca lo he sabido —respondo.

—La reducción de la mortalidad infantil —continúa él, ajeno a mi agresividad— ha provocado un aumento asombroso de la esperanza de vida. Llega más gente que nunca a la edad posreproductiva. Ya no es una utopía conocer a los bisnietos y jugar con ellos. Las enfermedades transmisibles se combaten con las vacunas, los antibióticos y los antivirales...

Mientras habla, lo imagino sobre la piedra que ha mencionado, vestido de Indiana Jones, observando el curso del río que discurre por el fondo del valle.

—Y si te accidentas —le escucho decir ahora—, los traumatólogos te dejan como nuevo. Hemos mejorado mucho en lo que se refiere a la biomecánica. Y ya no nos quedamos ciegos de cataratas. ¿Te imaginas lo que era romperse el fémur en el Paleolítico?

Arsuaga habla despacio, como si se hubiera tomado un ansiolítico o como si padeciera un ataque de nostalgia.

—¿Estás nostálgico? —digo.

—¿Nostálgico de qué?

—No sé, tienes un tono raro.

—Estoy cansado, hemos trabajado mucho estos días. Pero quería que anotaras que hay, frente a las prótesis y demás remedios para alargar la vida, otra vía que es la de la investigación celular.

—La vida secreta de las células —digo repitiendo un sintagma que pronuncia él a menudo.

—Ahí, en esa vida secreta, podríamos encontrar el misterio del envejecimiento, sea lo que sea el envejecimiento.

—¿Sea lo que sea? —pregunto—. ¿Todavía estamos en averiguar qué es?

—No cabe duda —responde sin alterarse— de que para abordar el asunto sería de gran ayuda disponer de una definición científica de ese proceso biológico que, no lo olvides, solo padecemos los seres humanos, además de nuestros animales domésticos y los del zoo. Los del zoo experimentan al final de sus vidas una decadencia que no han conocido sus antepasados durante los cientos de miles de años de existencia de la especie. Pero no basta con asociar el envejecimiento a la pérdida de facultades relacionada con la edad. La definición de envejecimiento más precisa de la que disponemos por ahora es la de la probabilidad que tiene una persona (tú mismo, yo, cualquiera) de morir en el año en curso y no cumplir otro.

—Bueno —expongo—, ya han pasado ocho meses de este año y hemos sobrevivido. Además, tenemos que entregar el libro en diciembre y yo nunca he incumplido un contrato. Así que tranquilo.

El paleontólogo carraspea. Me lo imagino ahora con la mirada perdida en la alta sierra. Pienso que es una pena que no fume: le quedaría muy bien un cigarrillo humeante entre los dedos.

—La mortalidad —continúa tras aclararse la garganta— es muy alta en todas las especies animales al principio de la vida. Luego desciende hasta un valor mínimo. A partir del momento en que se alcanza la edad reproductiva, la probabilidad de morir se duplica cada cierto número de años.

—¿En la especie humana? —pregunto.

—En la especie humana —dice— se duplica cada ocho años y medio —*Ocho y medio*, repito para mis adentros en un automatismo asociativo, la obra maestra de Fellini—. En un elefante africano, el ritmo es casi igual. En el ratón, cada cuatro meses. En el perro, cada tres años.

—¿Eso está testado?

—Sí, se conoce como la ley de Gompertz, por Benjamin Gompertz, la persona que la enunció en 1825.

—¿Quién era?

—Un actuario de seguros.

—Las casas de seguros saben entonces cuándo nos vamos a morir.

—Claro, de ahí que siempre ganen, como la banca. El caso es que, en las especies de vida corta como el conejo, la probabilidad de muerte es ya muy grande cuando llegan a adultos.

—Y encima —subrayo— se dobla cada poco.

En esto entra mi mujer en la habitación y me pregunta por señas qué tal voy con la maleta. Le hago un gesto de impotencia al tiempo de decirle, tapando el micrófono, que estoy hablando con Arsuaga.

—¡Pues se ha escapado el gato! —exclama ella.

Le digo al paleontólogo que me perdone un momento y me enfrento de nuevo a mi mujer.

—¿Qué dices? —pregunto, espantado.

—Que se ha escapado el gato.

—Pero si estaba ya en la jaula.

—Pero la ha abierto no sé cómo y se ha ido.

El gato, en nuestra casa de Asturias, se pasa la vida fuera, pero el día de regreso lo metemos a primera hora de la mañana en la jaula para que no salga, pues nunca se sabe cuándo volverá. No podemos irnos sin él, pero tampoco retrasar el viaje porque mañana tanto mi mujer como yo tenemos trabajo en Madrid.

—Voy a llamarlo, a ver si aparece —dice ella abandonando el dormitorio.

—¿Pasa algo? —pregunta Arsuaga.

—Se nos ha escapado el gato y tenemos que volver hoy a Madrid.

—Ya te advertí que el gato era doméstico, pero no tanto.

—Nos va a hacer la pascua —me lamento.

—En el lince, en cambio —continúa él, ajeno a mis problemas caseros—, que es, por cierto, un pariente de tu mascota, la probabilidad de muerte de un adulto es, de entrada, bastante más baja que la del conejo, no en vano son los reyes de nuestros ecosistemas mediterráneos.

—No sé adónde quieres ir a parar con todo esto —digo rogando a todas las potencias que el gato aparezca y que Arsuaga tenga la delicadeza de despedirse.

—Volveré entonces a las células —decide—. Los radicales libres de oxígeno son muy peligrosos porque como tienen un electrón desparejado (el pobre se ha quedado solo) pueden reaccionar con otras moléculas y dañarlas, especialmente en las mitocondrias, que son los orgánulos donde se produce la energía de la célula.

—Por resumir —apunto—, estamos hablando de lo que en otras conversaciones hemos llamado oxidación.

—Exacto —asiente el paleontólogo—. Para reducir ese estrés oxidativo de los odiosos radicales libres, las células producen antioxidantes.

—Por eso —interrumpo— yo tomo melatonina.

—Vale. Recordarás que la oxidación podría ser la causa de que las especies de metabolismo alto vivan poco porque se queman antes. Es la teoría del «vive rápido, muere joven y deja un cadáver bonito» de las estrellas del rock. Estas especies acumularían, a causa de su frenética vida, muchos radicales libres en poco tiempo, mucha oxidación, y lo pagarían caro. En cambio, los animales de metabolismo más bajo, con menos latidos de corazón por minuto, acumularían menos radicales libres al año y en consecuencia vivirían más tiempo, como el elefante.

—Tamaño igual a duración —resumo.

—Cuanto más grande es un animal —se extiende Arsuaga—, más células tiene su cuerpo y más células se dividen cada día, con lo que por fuerza se producen más mutaciones al azar y por lo tanto debería haber más probabilidades de que aparecieran células mutantes, cancerosas. Y sin embargo no es así: en general, los animales grandes viven más que los pequeños. De alguna forma retrasan la aparición de tumores. Hay muchas cosas que aún no sabemos.

—¿Y las células —inquiero atendiendo al mismo tiempo a las voces de mi mujer, que llama al gato desde el jardín— se pueden dividir indefinidamente?

—No. Verás, hay una cosa de la que no te he hablado: los telómeros, que son una prolongación del ADN situada al final de los cromosomas.

—¿Algo así como el remate de los cordones de los zapatos? —pregunto, siempre en busca de imágenes esclarecedoras.

—Algo así —admite el paleontólogo—. Resulta que en cada división celular los telómeros se acortan, como si les dieran un tijeretazo. Al cabo de muchas divisiones se han acortado tanto que la célula ya no se puede dividir más.

—¿La longevidad guarda entonces relación con la longitud de los telómeros?

—Tú lo has dicho. Si encontráramos un remedio para reparar esos telómeros, las células se dividirían siempre. Hay una enzima, la telomerasa, que los repara, pero las células del cuerpo humano, al contrario que las de los ratones, no la producen, de manera que el número de divisiones de una célula, sí o sí, es limitado.

—¿Por qué las células del cuerpo humano no producen esa enzima, la telomerasa, y las de los ratones sí?

—Porque la telomerasa es un arma de doble filo. Para que lo entiendas, las células de los tumores sí producen telomerasa. Y por eso son inmortales. Tú puedes cultivar un tumor en el laboratorio indefinidamente. Una célula de un tejido humano se puede dividir unas cincuenta veces a lo largo de la vida adulta. Después, ya no hay renovación celular.

—Hay la vejez —concluyo.

—En efecto.

—Pero si la ciencia fuera capaz de reparar los telómeros...

—Entonces, tarde o temprano, aparecerían las mutaciones, es decir, los cánceres.

—Estamos atrapados: si no nos mata la ausencia de telómeros, nos mata el cáncer.

—Bueno, la teoría necesita perfeccionarse porque no todos los datos encajan. Los ratones, por ejemplo, tienen telómeros mucho más largos que los nuestros y sin embargo viven poco. En cualquier caso, el estudio de los telómeros constituye un campo de investigación importantísimo en la biología celular y por lo tanto en todo lo relacionado con el envejecimiento y el cáncer. El conocimiento del sistema inmunitario es también muy importante, pues es el encargado de detectar y eliminar las células mutadas antes de que proliferen y se extiendan por todo el cuerpo.

Mi mujer aparece de nuevo y me dirige un gesto de impotencia. El gato no aparece. Después lleva a cabo con los dedos índice y corazón el gesto que imita el movimiento de las tijeras, es decir, me pide que corte la conversación, porque no está el horno para bollos. Le digo que sí con un movimiento de la cabeza, pero Arsuaga tiene algo de ventosa verbal: no es fácil hallar el momento de colgarle. De hecho, cuando mi mujer sale del dormitorio, en vez de acelerar la conversación, le pregunto como un idiota:

—¿Todas las células del cuerpo se dividen?

—No todas. Las neuronas, por ejemplo, no se dividen apenas, tampoco las del corazón. Lo que sucede en el nivel celular es muy interesante, pero muy complejo. Me basta con que nos hayamos asomado a él, pero en general hemos abordado la cuestión de la vejez a unos niveles superiores a los de las moléculas y las células. Es decir, nos hemos movido más en los niveles del individuo y de la especie. Por eso hemos ahondado en el asunto de la dieta paleolítica y su nicho, que, de rebote, nos ha obligado a estudiar el tema de la autofagia o la limpieza celular, ¿recuerdas?

Me dio la impresión de que el paleontólogo trataba de hacer un alto en el camino para echar un vistazo atrás, a lo ya estudiado, un poco a modo de resumen, al tiempo de informarme, sin explicitarlo, de que estábamos llegando al final de nuestro trabajo. La idea de acabar, de súbito, me produjo nostalgia, quizá la misma que le afligía a él, sentado sobre una piedra, en medio del valle del Lozoya, el valle del Silencio. Me pareció, además, que trataba de decirme, subliminalmente, que, si no profundizábamos más en la cuestión celular, era debido a mis insuficiencias culturales. Y llevaba razón: ya en los radicales libres y en los telómeros y en la telomerasa había tenido que hacer un sobresfuerzo para entender lo que trataba de explicarme. Le agradecí íntimamente que me expusiera la cuestión con tanta delicadeza. El paleontólogo, que solía ser muy duro con la ignorancia de los otros, tenía a veces ataques de piedad con aquellos ignorantes que, como yo, mostraban interés por aprender.

—¿Entonces? —dije por darle pie a continuar.

—Entonces —concluyó él—, vida sana, ejercicio diario, eliminar estrés de nuestras vidas, dormir a pierna suelta, una buena alimentación, nada de tabaco ni de drogas y no estar comiendo todo el día, sino cuando nos lo merezcamos.

—Epicureísmo —concluí.

—En algún momento —añadió él— deberíamos hablar de la diferencia entre epicureísmo y hedonismo, porque se confunden y lo cierto es que no tienen nada que ver. Estamos asistiendo a una pandemia de sobrepeso y obesidad patológica, lo que guarda más relación con el hedonismo que con el epicureísmo.

—Ya.

—Por lo que a ti y a mí respecta, lo que nos estamos preguntando es por qué hay especies de vida muy corta y especies de vida muy larga. Hemos preferido trabajar con los prismáticos, más que con el microscopio, y es lo que vamos a seguir haciendo en nuestros próximos encuentros.

En esto oigo un ruido en la ventana y veo asomar al gato, que me observa con desconfianza. La maleta abierta sobre la cama significa para él viaje, y el viaje significa jaula. Finjo no verlo, para que se confíe, con la esperanza de que se acerque y pueda darle caza.

—Continúa hablando —le digo a Arsuaga.

—¿Qué?

—Que sigas hablando. Acaba de aparecer mi gato y he de fingir naturalidad para que se acerque.

—Bueno, pues no sé qué decirte.

—Ya me extraña —me quejo—, por lo general no te callas ni debajo del agua.

—Tengo ese problema —confiesa—: Caigo en el silencio cuando la gente más me necesita.

—Pues haz el favor de levantarte y de seguir hablando. Si no se te ocurre nada, recita la tabla periódica de los elementos.

—Vale, Millás —continúa tras aclararse un poco la garganta—, nos encantaría descubrir que cada especie tiene un reloj biológico en sus células, un reloj que marcara el ritmo de las edades de la vida. Ser embriones, fetos, bebés, niños, preadolescentes, adolescentes, padres, menopáusicas, abuelos, bisabuelos y finalmente morir. Y nos gusta la idea porque, de existir ese reloj y si fuéramos capaces de dar con él, quizá pudiéramos pararlo y de este modo volvernos eternos. Si la muerte estuviera programada, lo único que tendríamos que hacer sería desprogramarla.

—Tendría cura —digo observando disimuladamente los movimientos del gato, que ha entrado en el dormitorio y avanza con mil precauciones hacia la cama sobre la que permanezco sentado, junto a la maleta.

—¿Sigo hablando? —pregunta Arsuaga.

—Por supuesto, creo que el animal se está confiando.

—La alternativa a la teoría de la muerte programada —continúa— es la teoría Medawar/Williams, de la que ya hemos hablado. La muerte y la vejez, dicen ellos, no están programadas. Son simplemente el resultado de la acumulación de muchísimas mutaciones que la selección natural no ha podido eliminar a lo largo de nuestra historia evolutiva porque se expresan muy tarde, cuando ya no vive casi nadie, y quedan fuera de su radar. Y también el precio que hay que pagar por ser dioses en la juventud.

—No hay esperanza de inmortalidad en esa teoría —apunto.

—Ninguna —confirma él—. ¿Cómo va el gato?

—¡No te lo vas a creer! —exclamo—. Acaba de subirse a la cama y se ha metido dócilmente en la maleta, como si se hubiera rendido, por un lado, pero prefiriera, por otro, viajar en ella en vez de en su jaula.

Catorce. Shangri-La

Septiembre despertó de golpe, sin desperezarse, como si no tuviera tiempo que perder. El viernes, día 10, Arsuaga me citó en Rascafría, una pequeña localidad de la sierra de Madrid cercana al yacimiento neandertal de Pinilla del Valle, en cuyas excavaciones trabajaba. Me dejé guiar por el navegador de mi coche, que eligió el camino más largo y sin duda el más tortuoso, pues me llevó por Soto del Real y Miraflores en vez de por la carretera de Burgos, lo que me obligó a atravesar el puerto de la Morcuera, lleno de curvas y contracurvas a la salida de las cuales no era raro tropezar con vacas que cruzaban tranquilamente la angosta calzada en busca del pasto del otro lado. El pasto del otro lado siempre es el mejor.

El paleontólogo había estado investigando durante el verano si existía en la realidad uno de esos valles míticos que aparecen de vez en cuando en los telediarios, cuyos habitantes son más longevos de lo común. Pero no lo halló y no pudimos por tanto visitarlo. Solo había grupos de centenarios en las residencias de ancianos, instalaciones que no se correspondían con la idea que teníamos de un espacio natural. A cambio de eso, me anunció que había dado en los bosques de Rascafría con una señora interesantísima de más de cien años («bastantes más», añadió) que vivía sola y que estaría encantada de recibirnos y de revelarnos quizá los secretos de su longevidad.

Llegué al punto de encuentro a las nueve de la mañana. Hacía el fresco con el que septiembre avisa de la cercanía de octubre, pero yo iba razonablemente abrigado, aunque irracionalmente vestido, según deduje de la mirada del paleontólogo.

—Te advertí de que nos internaríamos en el bosque —dijo en tono de censura antes de estrecharme la mano.

—Todavía estoy esperando a que me lleves al Decathlon —me limité a contestar.

El paleontólogo había perdido peso en los dos meses que llevábamos sin vernos, tenía buen color y se acababa de cortar el pelo. Todo ello le daba ese aire de adolescente envejecido que tan grato le resulta y que tanta envidia provoca en mí.

Me esperaba con un hombre al que me presentó enseguida: José Antonio Vallejo, «guardabosques» del lugar, según la antigua nomenclatura, y «agente forestal», de acuerdo con la nueva. Vallejo, que conocía a la anciana centenaria, nos conduciría hasta ella, pues su vivienda, según deduje, no era muy accesible.

—¿Pero vive sola en medio del bosque? —pregunté.

—Sí, en una especie de cabaña. Los guardabosques la visitamos un día o dos a la semana por si necesita algo —respondió.

Nos metimos en el coche que el paleontólogo utiliza en sus excavaciones y que no es un automóvil propiamente dicho, sino un todoterreno de la factoría Santana, el Aníbal, que por lo visto es un Land Rover mítico del que yo jamás había oído hablar. Me pareció un cruce entre rinoceronte y tanque, pura biotecnología, en fin, pero no me atreví a decirlo por miedo a meter la pata, pues Arsuaga se mostraba enamorado de él. Incluso me obligó a agacharme para verle los bajos y comprobar con mis ojos que, además de amortiguadores, llevaba ballestas, un ingenio más propio, pensé, de las antiguas diligencias que de los vehículos modernos.

Como si me hubiera leído el pensamiento, el paleontólogo dijo:

—La ballesta revolucionó los carruajes. Debe de ser un invento del XVIII o así. Este coche es el último de la historia con ballestas y con él puedes subir paredes.

Lo cierto es que el trasto, de color burdeos, tenía una belleza bruta, una belleza antes de impuestos, podríamos decir.

Arsuaga se puso al volante y Vallejo, en el lugar del copiloto. Yo ocupé el asiento de la parte de atrás, que era duro e incómodo y cuartelero: hostil, en suma. El habitáculo presentaba manchas de barro seco aquí y allá.

—Vamos al monte Barondillo —dijo el guardabosques, que conocía el lugar como la palma de su mano, pues llevaba veinte años cuidando de él—. Llegaremos en coche hasta donde nos sea posible y luego caminaremos, aunque el calzado que traes no es el más adecuado.

—Ya —admití agachando la cabeza.

Pero me repuse enseguida y pregunté:

—¿Cómo es que una anciana de más de cien años vive en un lugar tan retirado?

—De eso se trataba —dijo Arsuaga—, de dar con una singularidad que fuera útil para nuestra investigación.

El primer tramo del viaje, pese a las incomodidades del transporte, resultó soportable, pero luego nos internamos en un bosque espeso cuyo suelo estaba lleno de irregularidades, de baches, de salientes y entrantes y de piedras como sandías por las que el todoterreno botaba como una chalupa en medio de un descomunal oleaje. No había en el interior del vehículo agarraderas suficientes para mantener la postura ni la compostura. Arsuaga, sosteniendo el volante como si manejara el timón de un barco en plena tormenta, reía con cada uno de estos saltos, orgulloso del Aníbal de la excavación. Todavía hoy, al escribir estas líneas, vuelvo a sentir el malestar de estómago que experimenté entonces y que no me atreví a manifestar, aunque debía de notarse en mi cara, que el paleontólogo observaba a través del retrovisor, preocupado, pensé, de que vomitara en el interior de aquel espacio sagrado.

Enseguida alcanzamos un camino de tierra no mucho más amable que el tramo anterior; en ocasiones, mucho menos. A un lado y otro de aquella especie de cortafuegos se elevaban hasta el cielo, con vocación de lanzas, pinos centenarios, algunos de ellos con las ramas tronchadas, supuse que por las inclemencias del tiempo y el peso de las nevadas invernales. Luego, a nuestra derecha, apareció un río —el Lozoya, me informaron—, que discurría en su parte alta, denominada Angostura. Pregunté, para aparentar que me interesaba por las cosas de este mundo, a qué altura estábamos y me dijeron que a unos mil seiscientos metros.

—Aquí es donde se nota la nobleza de las ballestas —dijo Arsuaga—. No sé si hay amortiguador moderno capaz de soportar esto.

—Debe de haberlos —dije—, puesto que se fabrican y funcionan.

—Nos detenemos un rato aquí —se limitó a responder, pensé que para que me repusiera del mareo.

—Vamos a ver la poza de Juanón —añadió el agente forestal.

Como la única experiencia que tenía yo de bosques tan tupidos, tan densos, tan abigarrados y umbríos, además de tan misteriosos, era la de las ilustraciones de los cuentos que me habían leído a mí y que yo había leído a mis hijos, tuve la impresión de hallarme en el interior de uno de aquellos relatos infantiles, más que en la realidad propiamente dicha.

—Fíjate en las moras —dijo Arsuaga señalando un matorral—, la mayoría aún están verdes porque aquí todo va con un mes de retraso. Gracias a los frutos silvestres logran sobrevivir hasta la primavera los animales del bosque.

El suelo aparecía tapizado también de unas flores moradas algo inquietantes, y sin tallo apenas, cuyos pétalos se abrían al aire como los dedos de una mano para mostrar su compleja intimidad venérea a quien quisiera asomarse a ella. Pregunté por su nombre.

—Quitameriendas —dijo Arsuaga—, es una herbácea. Se llama así porque aparece ahora, cuando la gente ya no viene a merendar al bosque, por el frío.

—En otros sitios —añadió Vallejo— las llaman espantapastores porque en esta época los pastores buscan otros pastos para las ovejas. Son una variedad del azafrán.

La poza de Juanón era una concavidad en la que el agua del río se remansaba provocando una mancha de color verde esmeralda que parecía colocada allí por un decorador de interiores, más que por la naturaleza. Tal era el problema, pensé, de conocer la representación de las cosas, como me había ocurrido a mí, antes que las cosas. Tomaba el paisaje por una copia de las estampas de los cuentos en vez de tomar las estampas de los cuentos por una copia del paisaje.

Para contribuir al sentimiento de irrealidad del que era víctima, descubrí que, justo antes de que se manifestara la poza, se elevaba sobre el cauce del río un hermoso puente medieval, con sus piedras desgastadas por el paso del tiempo y la intemperie y cubiertas de musgo: un puente, en fin, que, aun gozando de las tres dimensiones propias de los objetos reales, evocaba más la obra de un pintor romántico que la de un arquitecto práctico.

Con la excusa de orinar, me retiré detrás de unos matorrales y me lavé la cara en el río al objeto de recuperarme del mareo. El agua se manifestó fría y transparente como el aire que respirábamos. Una vez repuesto, observé el bosque con la esperanza de que me hubiera abandonado el sentimiento de irrealidad anterior. Lejos de eso, se acentuó al sentir que todo cuanto veía continuaba siendo una copia, una reproducción, un calco. Entonces me vino a la memoria aquella idea de Oscar Wilde: la de que la naturaleza imitaba al arte, de manera que yo, en medio de aquel facsímil del arte, era sin duda una falsificación también, una copia, pero una falsificación o copia de qué o de quién. ¿Dónde se hallaba entonces mi verdadero yo? Pensé en el cuento de Hansel y Gretel, que podía haber sucedido perfectamente en aquel extraño paraje, y me pregunté si la vieja a la que nos disponíamos a visitar se parecería también a la bruja del célebre cuento de los hermanos Grimm.

Ocurrió, en todo caso, algo que me frustró, y es que no logré comunicarme con aquella naturaleza feraz (y feroz). No logré entrar en comunión con el agua ni con los arbustos ni con las piedras del puente medieval ni con los insectos que zumbaban alrededor de la vegetación ni con los pájaros que iban de rama en rama como las obsesiones van de cabeza en cabeza. Me dirigí telepáticamente a todos estos elementos, que me ignoraron por completo, como si no existiera. Entre la naturaleza y yo había un muro de incomprensión insalvable que no sufría sin embargo el paleontólogo o el guardabosques que lo acompañaba. Se daba en mí una perversión que me dispuse a ocultar: la de que era capaz de disfrutar de la descripción o reproducción de un bosque, pero no del bosque, al que sentía como irreal porque también yo me percibía como irreal en sus entrañas.

Regresé a donde mis anfitriones, que me ilustraron sobre la roca dominante en el lugar y que no era granito, según había creído yo, sino una roca metamórfica, llamada así porque derivaba de la transformación de otra que, en el interior de la tierra, había sido expuesta a la presión, al calor y a diversos agentes químicos.

—Fíjate en los sauces —oí decir a Arsuaga.

Y luego:

—Mira los brezos.

Y enseguida:

—No te pierdas los helechos, con ese aire prehistórico, ni el abedul, ni los acebos...

El paleontólogo iba dando nombre a las plantas, también a los pájaros («mira, un arrendajo»), tratando de transmitirme un sentimiento de comunión con la naturaleza que yo fingía compartir.

Vallejo me informó de que los hermosos líquenes que colgaban de las ramas de algunos árboles se llamaban «barbas de druida».

—Sobra la explicación, ¿verdad? —dijo.

—Sobra —asentí yo recordando de nuevo las ilustraciones de antiguas lecturas protagonizadas por estos profetas.

—Hace un día espectacular —intervino Arsuaga—, qué limpio está el ambiente. Observad cómo tiemblan las hojas de ese abedul ante la brisa. Así debía de ser el paraíso.

De nuevo dentro del Aníbal, la poderosa bestia comenzó a trepar monte arriba reproduciendo tumbos y sacudidas más propias de una frágil embarcación sacudida por las olas que de un transporte terrestre. Regresó el mareo, que disimulé como pude.

Subíamos y subíamos y subíamos como por una pared de mar agitado mientras Arsuaga y Vallejo intercambiaban opiniones sobre los frutos silvestres que nos salían al paso.

—Las endrinas —dijo Arsuaga— no endulzan hasta después de la primera helada.

Transcurrido un tiempo indeterminado, el todoterreno se detuvo y descendimos de él.

—Desde aquí —expuso el guardabosques— iremos andando hasta la choza de la vieja.

Arsuaga me tomó del brazo y me invitó a que individualizara cuanto aparecía ante nuestros ojos.

—No lo veas todo como una mancha de formas indiferenciadas —dijo—. Esto, por ejemplo, es el escaramujo, también llamado rosal silvestre y tapaculos porque es astringente y gracias a él los animales no se mueren de diarrea.

—¿Cuánto falta para llegar a la choza de la vieja? —pregunté yo.

—Unos cien metros —respondió Vallejo.

Nos detuvimos enseguida frente a un árbol, de nombre tejo, del que me informaron que era el más viejo de España.

—Entre mil quinientos y mil ochocientos años —dijo el guardabosques.

—Es una hembra —añadió Arsuaga—. Su fruto, como verás, es rojo y su semilla, venenosa. Los cántabros, galaicos y astures que se enfrentaban a los romanos se suicidaban con una infusión de tejo cuando eran derrotados para no caer en sus manos. Lo cuenta Estrabón.

—El fruto —intervino Vallejo— se puede comer, pero dos semillas bastan para matar a una persona.

Incomprensiblemente, el guardabosques tomó una baya, se la metió en la boca y dio cuenta de ella escupiendo hábilmente las semillas.

—¿Lo quieres probar? —me invitó—. Es muy dulce.

—¡No! —respondí espantado—. ¿Y si se me cuela una semilla?

Observé atentamente el tejo hembra (¿no deberíamos decir «la teja»?), cuyo tronco era ancho como una casa y muy irregular y enormemente poderoso debido a las hercúleas nervaduras que, como músculos, lo recorrían de arriba abajo. Las zonas necrosadas, lejos de transmitir una impresión de fragilidad, le otorgaban un vigor ciclópeo. De aquel tronco repleto de formas orgánicas que evocaban algunas de las del cuerpo humano envejecido surgían numerosos brazos, algunos de ellos lignificados, que daban lugar a una inmensa copa repleta de hojas y de frutos. El monstruo ofrecía un aspecto extrañamente humano, pues reposaba sobre la ladera de la montaña, en un lugar donde el suelo, muy inestable, exhibía un depósito de rocas a las que las raíces someras del árbol se aferraban como dedos deformes de gigante de cuento de terror. En cualquier momento, pensé, podría ponerse a caminar sobre aquellos dedos, protegidos por una piel de musgo, a través de la ladera, de roca en roca, en busca de un rincón donde protegerse de nuestras miradas, en las que detecté un punto de obscenidad.

—El tejo —dijo Arsuaga— es el árbol sagrado por antonomasia de las culturas celtas. De esta madera salían excelentes arcos. Por cierto, que da la impresión de que el tejo se sujeta en las piedras, pero es el tejo el que las sujeta a ellas. Si el árbol muere, el sustrato muere con él.

Agotado por aquellos excesos de irrealidad, me di la vuelta y pregunté al guardabosques:

—Bueno, ¿y dónde está la vieja centenaria?

Arsuaga y Vallejo rieron y respondieron al unísono:

—¡El tejo es la señora!

Me sentí como un bobo por no haberlo adivinado antes y por creer ingenuamente que en aquellas profundidades selváticas podía vivir sola una mujer de más de cien años.

—Habíais dicho que vivía en una especie de choza —me defendí.

Entonces me mostraron, aunque yo ya lo había visto, que el árbol centenario estaba protegido por una cerca que en cierto modo constituía su habitáculo.

De regreso, comimos (mal) en un restaurante de la zona en el que Arsuaga pidió, para compartir, unos caracoles que resultaron mezquinos y cuya salsa, para mi gusto, picaba demasiado. Vallejo y yo elegimos de segundo un pescado que quizá habían descongelado deprisa y corriendo, pues estaba estropajoso. El paleontólogo prefirió unos huevos fritos con patatas que estuve mirando con envidia hasta que desaparecieron del plato.

—Corolario —dijo al poco de sentarnos, mientras extraía un caracol de su concha con la ayuda de un palillo—: La longevidad, tanto en el mundo animal como en el vegetal, depende de la velocidad del desarrollo. El abedul, el sauce y el álamo crecen rápido, pero no viven más allá de los cien años. El tejo o la secuoya, que son de crecimiento lento, pueden superar los mil. Yo tuve una larguísima niñez, de modo que quizá viva mucho. Lo digo en broma, pero anota esto, Millás: quien crece rápido muere pronto.

—Eso ya lo sabíamos —dije yo llevándome a la boca un trozo de pan que parecía recién descongelado—: El ratón y el elefante, las estrellas de rock, etcétera. Lo que ahora pretendíamos era averiguar por qué hay especies milenarias, qué es lo que produce esas longevidades. Y aún no me lo has explicado.

—Sí. Te lo expliqué en aquella comida que hicimos en Zoko Retiro, donde comimos caviar, ¿te acuerdas?

—Todavía conservo el sabor en el paladar.

—Pues allí, aunque de forma implícita, quedó dicho todo lo que vamos a explicitar ahora. Hay especies milenarias, eternas, tanto en el mundo vegetal como en el animal, porque son especies que no dejan nunca de crecer y cuanto más crecen mayor es su capacidad reproductora. Y hay especies de crecimiento limitado, como la nuestra, en las que en un momento equis el crecimiento se detiene, lo que coincide con el comienzo de la reproducción; a partir de ese momento se mantiene la capacidad reproductora, pero no va a más. En todo caso, va a menos.

—Eso de que hay especies que no dejan nunca de crecer parece sacado de un relato fantástico. Dime una.

—El tejo, por ejemplo, en el mundo vegetal, y el bogavante, del que dimos buena cuenta también cuando el caviar, en el mundo animal.

—En ese caso —repliqué—, debería haber por ahí bogavantes milenarios del tamaño del Empire State.

—Los habría de no ser por la teoría de los tubos de ensayo de Medawar. ¿No recuerdas la copa que se le rompió al camarero en aquel restaurante?

—Perfectamente.

—Nos dijo que en seis meses se rompían la mitad de las copas; en un año, quedaba la cuarta parte; en año y medio, la octava parte y así de forma sucesiva. Al final desaparecían todas, pero por causas externas. En aquella comida te dije que el pulpo vivía dos años, curioso, ¿no? Luego pedí que nos trajeran caviar para hablar del esturión, que vive más de cien años sin mostrar ningún signo de envejecimiento, aunque algunos tienen mala suerte y caen en una red. El salmón del Pacífico, sin embargo, muere en la primera freza... Como ves, hay una cantidad enorme de longevidades y cada cual tiene su explicación.

—¿Estás cerrando el círculo abierto en aquella comida? —indagué.

—¿Cómo era aquello de Chejov y la pistola? —preguntó él a su vez.

—Decía que cuando aparece una pistola en el primer acto de una obra de teatro, alguien debe dispararla en el segundo.

—Pues nuestra pistola era el bogavante, que viviría indefinidamente, y siempre joven, si no acabara comiéndoselo un tiburón. En otras palabras: se puede morir de dentro afuera, como nosotros, o de fuera adentro, como el bogavante o el tejo —afirmó el paleontólogo.

—No sé —dudé.

—No sabes porque no logras desprenderte del todo del sentido común, que es el peor enemigo de la ciencia. Te lo diré una vez más: la ciencia es antiintuitiva. Y, por favor, suprime el «para», que lo utilizas mucho, de tus razonamientos. No hay fines en la naturaleza. Nada ocurre por algo. Todo es muy sutil y muy complejo.

—En cuanto al bogavante o el tejo... —dije para reconducir la conversación.

—Son especies que mueren por causas externas, del mismo modo que se rompen las copas de los restaurantes. Y una cosa más, por si no hubiera quedado claro: ¿por qué en las especies de crecimiento ilimitado, que estamos llamando inmortales, no se expresan los genes que producen el deterioro y que sí se expresan en las de crecimiento limitado, como la especie a la que pertenecemos nosotros?

—Por eso mismo, porque son inmortales —aventuré.

—Eso es una forma de pensamiento circular, Millás. Escúchame bien: no mueren porque la selección natural no deja que se expresen o activen nunca los genes de la vejez. ¿Por qué?

—Dímelo tú.

—Vale: no lo permite porque la selección natural ve que, pese a su antigüedad, estos individuos se siguen reproduciendo en grandes cantidades, más incluso que cuando eran más tiernos. Como es fácil de comprender, de los miles de bogavantes que nacen cada año, van quedando, a medida que pasa el tiempo, menos individuos porque se los come un depredador o porque una ola los estrella contra una roca. Por lo que sea. Pero los que quedan compensan esa pérdida con una mayor capacidad reproductiva, de modo que una cosa por otra. ¿Me sigues?

—Creo que sí. Lo mismo pasa entonces con el tejo: que cada vez hay menos de una generación equis porque los parte un rayo o porque la tierra se abre, pero los que quedan compensan esas pérdidas reproduciéndose en mayor cantidad.

—Es difícil, pero lo vas pillando.

—O sea, que mientras te reproduces saludablemente, la selección natural no se mete contigo —deduje.

—Más o menos. Ahora bien, eso no ocurre con las especies de crecimiento limitado, como la nuestra. Cada año que pasa, quedan menos individuos de tu generación, pero eso no se ve compensado por un aumento de la descendencia de los que sobrevivís. Por eso los viejos sois menos relevantes y por eso permanecéis fuera del radar de la selección natural.

—En otras palabras —intenté resumir—: cuanto mayor es la contribución de los individuos de una edad determinada a la siguiente generación, más visibles son a la selección natural, que impedirá que envejezcan. Y así hasta que queden muy pocos individuos de edad avanzada que producen en total muy pocos hijos.

—Entonces —continuó Arsuaga—, ya no los ve la selección natural. Si los cuidamos para que no mueran de fuera adentro, envejecen y mueren de dentro afuera, como los animales domésticos, los del zoo y nosotros. Y ahora, para ver si lo has entendido, te pregunto una vez más: ¿por qué se expresan los genes responsables del ictus o de la diabetes o del alzhéimer en las especies mortales como la tuya y la mía?

—Esto empieza a parecer un estribillo: porque a la edad en la que aparecen ya deberíamos estar muertos y por eso mismo quedamos fuera de la influencia o el radar de la selección natural.

—Ahora sí —remató Arsuaga mojando un trozo de pan en la salsa de los caracoles.

Regresé de nuevo por la Morcuera y me detuve en el punto más alto del puerto. Comenzaba a atardecer en la naturaleza, pero también en mí, que pertenecía a una pobre especie de crecimiento limitado, de las que mueren de dentro afuera, aunque de vez en cuando se estrellan con el coche también para perecer de fuera adentro. Apoyado en el capó del automóvil, contemplé el valle que se abría a mis pies mientras pensaba en los misterios de la vida y en la historia fantástica de la evolución, cuando un cuervo pasó graznando muy cerca de mi cabeza.

«Hola, cuervo», le dije telepáticamente.

Pero el animal no me oyó o fingió no hacerlo.

Quince. Ventajas e inconvenientes

El 30 de septiembre Arsuaga acababa de cumplir años, pero daba la impresión de haberlos descumplido.

—Te veo en forma —le dije mientras me abrochaba el cinturón de seguridad del asiento del copiloto de su Nissan Juke.

—Deberíamos haber quedado a las ocho —respondió al tiempo que ponía en marcha el automóvil.

Era su modo de reprocharme que nos hubiéramos encontrado a las nueve, debido a mi insistencia en retrasar la cita.

—Para quedar a las ocho —le dije—, tendría que levantarme a las cinco. Soy muy lento por las mañanas.

—Ya no tiene remedio —concluyó, enérgico—. Nos vamos.

Cuando vi que tomábamos la carretera de Colmenar Viejo, le pregunté por nuestro destino.

—Vamos a ver cosas sorprendentes y cercanas —contestó—, porque lo sorprendente siempre está cerca. Hoy se van a atar algunos de los cabos que hemos dejado sueltos a lo largo de nuestros encuentros anteriores. Vas a comprender cosas que hasta ahora has fingido entender.

—No finjo, Arsuaga —me disculpé—. Lo que pasa es que las comprendo en el momento en el que me las explicas, pero cuando vuelvo a casa, no me acuerdo del recorrido lógico por el que alcancé a entenderlas.

—Eso es porque sigues aferrado a las lógicas convencionales.

—¿Pasaremos frío? —pregunté al ver una señal en la que ponía San Agustín del Guadalix, una localidad cercana a la sierra.

El paleontólogo echó un vistazo a mi vestuario y compuso una expresión de duda de la que colegí que quizá sí.

Tras cuarenta o cincuenta minutos de marcha, nos detuvimos en las cercanías de una rotonda de tráfico en donde al parecer habíamos quedado con alguien. Nos bajamos del coche y golpeamos los pies contra el suelo para entrar en calor. Junto a un camino de tierra, había un cartel en el que ponía «Vía pecuaria». El resto se parecía a la nada, a la pura nada. Aunque fresco, el día era soleado y el cielo estaba completamente azul, sin una nube. Pero aquel conjunto yermo de rotonda de tráfico, vía pecuaria y cielo azul resultaba desasosegante.

—Esto parece un no lugar —dije sin recibir respuesta alguna.

Pasaron unos minutos y vi un conejo que atravesaba sin prisas la vía pecuaria.

—¡Mira, un conejo! —exclamé.

—Toma nota —dijo él—, apúntalo. Un conejo.

Tomé nota. Luego vi que Arsuaga alzaba la vista y señalaba con el dedo un pájaro grande.

—Un buitre —dijo—, anótalo también.

Al poco, detrás de ese buitre pasaron dos más y luego, a intervalos regulares, otra media docena. Parecía una línea aérea de buitres.

En esto llegó un Kia que se detuvo al lado de nuestro Nissan y del que descendió José Antonio Vallejo, el guardabosques que había sido nuestro anfitrión en Rascafría.

Nos saludamos. Pasó un ciclista, vi otro conejo.

—¿Nos vamos ya? —pregunté.

—Esperamos a alguien —dijo Arsuaga.

Al poco apareció otro coche (un Toyota, creo) del que descendió otro agente forestal, al que me presentaron como Gustavo González. Tras los saludos de rigor, cada uno se metió en su automóvil y seguimos al guardabosques González a donde quisiera que fuese.

Por el camino, en parte asfaltado, en parte de tierra, iba viendo nidos de cigüeñas a derecha e izquierda, algunos en viejas chimeneas; otros, en los postes de la luz, pese a las defensas ingeniadas para evitarlos. Luego, a lo lejos, descubrí en el cielo una sombra enorme y rara, de forma aproximadamente redonda, que tapaba completamente al sol. Comprendí, al acercarnos, que se trataba de una nube de pájaros, la más densa que hubiera visto nunca. Una masa ingente de plumas se agitaba sobre una montaña en forma de zigurat que resultó ser el vertedero de residuos urbanos de Colmenar Viejo.

Detuvimos los coches y nos bajamos para contemplar, sobrecogidos, el espectáculo.

—Aquellas siluetas —dijo el guardabosques González señalando unas aves posadas sobre los bordes del zigurat— son las de los buitres; aquellas otras, las de las gaviotas.

—¿Y las de la derecha? —pregunté.

—Son las cigüeñas que ya no se van a África cuando termina el verano.

El guardabosques González abrió el maletero de su Toyota, del que extrajo un telescopio que instaló al borde del camino para que distinguiéramos bien unas aves de otras.

—Hay dos tipos de gaviota —me dijo—, la reidora y la sombría. Y dos clases de buitres, el leonado y el negro. Si giras un poco el tubo del telescopio, verás milanos reales, cuervos y grajillas.

—Si la mitad de todas esas aves nos atacara —añadió Arsuaga—, duraríamos cinco minutos.

—Ni eso —replicó el guardabosques Vallejo.

Ignoraba que había gaviotas reidoras y gaviotas sombrías, y no habría sabido decir cuáles daban más miedo agrupadas en conjuntos de cientos o de miles y tan lejos del mar, que era el espacio mítico al que las tenía asociadas. Dos milanos reales se peleaban o jugaban en pleno vuelo, ¿cómo saberlo?

—Puede que sean pollos de este año haciendo acrobacias —me aclaró el guardabosques González.

—No te pierdas esa bandada de buitres —apuntó a su vez el guardabosques Vallejo.

No dábamos abasto a mirar a un lado y a otro para asombrarnos de que aquella enorme cantidad de prodigios de la naturaleza, tan bellos y poderosos todos, hubieran quedado reducidos a indigentes de estercolero. Dado que el zigurat evocaba la torre de Babel, tal como se representa en algunas pinturas clásicas, resultaba lógico también que aquella diversidad de bestias voladoras se agrupara por especies, pues hablaban idiomas diferentes cuyos ecos se mezclaban en el aire como los de un debate parlamentario en el que nadie escucha a nadie.

No se entienden, pensé.

—Antropoceno puro —dijo Arsuaga.

Nos subimos de nuevo a los coches para acercarnos más al estercolero de Babel y observarlo desde otra perspectiva. Al bordearlo, vi un colchón viejo y sucio abandonado en la cuneta, y luego otro y otro. Qué tristeza, la de los colchones amortizados. La vegetación, escasa, crecía aquí y allá irregularmente, como el pelo de un enfermo recién salido de la quimioterapia. Era todo muy lúgubre, pese al sol reinante. Al fondo, muy al fondo, aparecía a ratos la línea del cielo de Madrid con sus nuevas torres difuminadas por la niebla de la contaminación.

Tras dejar los coches a los pies de la montaña de basura, ascendimos por un talud de unos diez metros desde cuya altura todo resultaba, si cabe, más desasosegante.

—El otro día —dijo el guardabosques González señalando unos cables próximos de alta tensión— sacamos un buitre completamente frito de ese tendido eléctrico.

—¿Qué pasará —pregunté— cuando no se pueda acumular más mierda sin peligro de que se produzca un derrumbe?

—Se cubrirá todo con una capa vegetal —dijo González— y habrá que montar el vertedero en otro sitio, lo que no es fácil. Nadie los quiere cerca.

—Hace doce mil años —dijo Arsuaga—, aquí había leones y hienas.

—Aquí —añadió González— tenéis todas las rapaces nocturnas y, de las diurnas, casi todas. Por eso no veréis una rata.

—Pues yo, antes, vi un conejo —dije.

—Ya me extraña —replicó él.

Me alejé del grupo por un momento para inspeccionar los alrededores y descubrí una tela metálica que protegía las vías de un tren medio ocultas en una especie de hondonada. En la tela metálica habían quedado atrapados restos de bolsas de plástico, procedentes del vertedero, que ondeaban al viento como banderas de no sé qué patria. Cuando me reincorporé al grupo, Arsuaga y los guardas forestales hablaban de la vida. El guardabosques González decía en esos momentos:

—Todos tenemos dos vidas; la segunda empieza cuando te das cuenta de que solo tienes una.

—¿Y cntonces? preguntó Arsuaga.

—Entonces, lo único que quieres es tener una casa en Asturias.

Me sentí afortunado, pues tal era mi caso.

—Los seguidores de Zoroastro —dijo Arsuaga señalando a un grupo de aves carroñeras— colocaban los cadáveres en los árboles para que se los comieran los buitres.

—Es el modo más rápido de volver a la naturaleza —aseguró el guardabosques González—. Yo soy partidario de la incineración.

—Ahora hacen diamantes con las cenizas —añadió el guardabosques Vallejo.

Los buitres empezaron a sobrevolarnos como si estuviéramos muertos y sobre la manga de mi chaqueta se posó una mosca grande y peluda, muy fea, la verdad. Insinué que quizá deberíamos salir de allí, pero ellos siguieron hablando un rato de la vida.

—Hemos pasado de la mierda a la filosofía —concluyó Arsuaga.

Allí mismo nos despedimos del guardabosques González, que era como el dios de toda aquella fauna. Arsuaga y yo nos metimos en el Nissan Juke y seguimos al coche de Vallejo, pues la jornada, por lo visto, no había terminado todavía.

—¿Adónde vamos ahora? —pregunté al paleontólogo.

—Ya lo verás —respondió él cambiando de velocidad.

—De acuerdo —dije rescatando del bolsillo mi cuaderno de notas, pues intuí que se disponía a decirme algo interesante.

En efecto, al poco, y sin perder de vista el coche del guardabosques Vallejo, se volvió hacia mí y dijo:

—Te preguntarás qué tiene que ver todo esto con nuestro libro.

—Pues sí —confirmé.

—Mira, las aves tienen un metabolismo basal que es una vez y media el de un mamífero de su mismo tamaño. Significa que un pájaro que pese cien gramos necesita más calorías que un mamífero de su mismo peso. Una vez y media más calorías. ¿Recuerdas qué era el metabolismo basal? Lo hablamos en el Museo de Ciencias Naturales.

—El número de calorías —dije yo— que necesita un animal en reposo y a temperaturas agradables para realizar sus funciones vitales y mantenerse vivo.

—De acuerdo, ¿y qué tiene que ver esto con la longevidad?

—No caigo —dije.

—Piensa un poco —insistió él—, algo hablamos ya entonces: recuerda el ejemplo del ratón y el elefante.

—Si la duración de la vida —aventuré— dependiera de la tasa de metabolismo basal, las aves deberían vivir menos que los mamíferos de su mismo peso, pues volar requiere un esfuerzo suplementario.

—Una tercera parte menos —confirmó Arsuaga—. Esa es la teoría de los kilómetros que comentamos también en el desguace. Cuantos más kilómetros haga un coche, antes se funde. Tú no pagarías lo mismo por un coche de segunda mano que ha hecho diez mil kilómetros que por uno que lleve doscientos mil a las espaldas.

—Y por eso —añadí— los ratones, cuyo metabolismo es frenético, viven menos que los elefantes. Cuanto más frenéticamente viva una especie, menos años vivirán sus miembros.

—Y, sin embargo —dijo entonces asegurándose de que tomaba nota—, todos los pájaros que hemos visto viven muchos más años que los mamíferos de su mismo peso. Son la excepción a la norma.

—Pues en mi casa, de pequeño, había gallinas y no recuerdo que tuvieran una vida muy larga.

—Me refiero a las aves voladoras: los buitres, los cuervos, los milanos, los cóndores, los albatros, las águilas. Los loros, por poner un ejemplo conocido, son muy longevos. También los flamencos, los flamencos viven décadas. Las gallináceas, entre las que se incluyen las perdices y los faisanes, viven menos que sus equivalentes en tamaño entre los mamíferos.

—¡Curioso! —exclamé.

—¡Y tanto! —ratificó el paleontólogo—. Imagina que le regalas un hámster a tu hijo de cinco años y que cuando cumple cuarenta y cinco el hámster sigue dando vueltas en el interior de la rueda, delante de tus nietos.

—Sería horroroso —dije.

—Un cóndor vive cien años —añadió él—. Sin embargo, su ritmo de vida es alto, mucho más que el de un mamífero de su tamaño. Consumen muchas energías cuando vuelan, pero viven más.

—Algo tiene el vuelo que hace más longevas a las aves —deduje.

—No sé —dijo Arsuaga—, tendremos que estudiarlo si de verdad nos interesa el asunto de la vejez.

—De todos modos —se me ocurrió entonces—, las aves, a fin de cuentas, no son mamíferos. Puede que haya en su biología un mecanismo que solo se pueda aplicar a ellas.

—No son mamíferos, pero son vertebrados de sangre caliente, como tú y como yo. Son, junto con los mamíferos, los únicos animales que regulan su temperatura corporal produciendo el calor desde dentro para no depender del calor de fuera, que es lo que les pasa a los reptiles y demás animales de sangre fría.

—Sigo sin estar seguro de que lo que vale para las aves valga para nosotros —dudé.

—Pues lo entenderás en el sitio al que nos dirigimos ahora.

Dicho esto, Arsuaga me pidió que cerrara el cuaderno porque me quería comentar algo de lo que prefería que no tomara notas.

—A los de arriba —dijo señalando con el dedo hacia el techo del Nissan— les disgusta que hagamos planes sin contar con ellos. Los dioses utilizan mucho el infarto para castigar este tipo de insolencia. El cáncer es más responsabilidad nuestra, hay muchos cánceres ambientales, pero el infarto es el modo de ejecución preferido por los dioses.

—Ya —dije dudando si hablaba en serio o en broma.

—¿Cuál hemos dicho que es el peor pecado del ser humano? —preguntó entonces.

—La soberbia —me apresuré a responder.

—Pues planificar algo sin el permiso de los dioses constituye un acto de soberbia.

—¿Y a qué viene todo esto?

—Ayer, en una entrevista que te hicieron en no sé qué periódico, dijiste que estábamos escribiendo un libro sobre la vejez y la muerte.

—Y lo estamos haciendo. De hecho, estamos terminándolo.

—¿Por qué crees que la gente utiliza tanto las muletillas de «si Dios quiere» o «Dios mediante»? Porque la gente sabe que los dioses no soportan que no los tengas en cuenta a la hora de hacer un proyecto. No sigas diciendo por ahí que estamos escribiendo un libro hasta que no lo hayamos terminado, porque corres el peligro de gafarlo.

—¡Joder! —exclamé—. Eres más supersticioso que yo.

—Es que tengo pruebas. El infarto es inexplicable. De repente, a alguien que no fumaba ni bebía, que estaba bien, que se acababa de hacer un chequeo, que llevaba una vida ejemplar, plaf, se le rompe el corazón. ¿Por qué? Por hacer planes sin contar con los dioses. Conozco casos que te estremecerían.

—Mejor no me los cuentes.

—Pues no vuelvas a decir que estamos escribiendo un libro.

—Vale —dije con una inquietud no fingida.

Entre tanto, llegamos a un paraje bellísimo, con abundante vegetación, perteneciente a Lozoyuela, una pequeña localidad de la Sierra Norte de Madrid. Si me hubieran dicho que habíamos muerto y que aquel valle era el paraíso, me lo habría creído, sobre todo por oposición al vertedero de Colmenar, del que procedíamos y que habría podido representar sin problemas el infierno. Allí, en medio del campo, nos esperaban otros tres guardas forestales: Beatriz del Hierro, Pilar Moreno y Jorge Cicuéndez. El paleontólogo señaló hacia una elevación algo lejana y dijo:

—Aquello es el puerto del Medio Celemín, que era la cantidad que se cobraba en su día por atravesarlo. Y ese pico —añadió moviendo el dedo hacia la derecha— es el Mondalindo. Observad lo bien que se aprecia desde aquí el espaldar de La Cabrera.

Uno de los guardabosques nos informó de que seguiríamos la ruta de la Cañada Real Segoviana.

—¿Para ir adónde? —pregunté.

—Ya lo verás —se limitó a responder Arsuaga.

De modo que nos volvimos a meter en los coches para seguir al de los nuevos guardabosques que habían entrado en nuestras vidas. La Cañada Real era un camino de tierra reservado para el tránsito del ganado. Se trataba, en fin, de una vía pecuaria, pero que no tenía nada que ver, por la belleza vegetal de cuanto la rodeaba, con la que habíamos visto en las cercanías del vertedero de Colmenar. La luminosidad espléndida del día se reflejaba como en un espejo en la vegetación, inyectando en nuestros espíritus un optimismo que evocaba el que producen algunos fármacos estimulantes, aunque sin sus efectos secundarios.

Nos detuvimos enseguida en un rincón del paraíso más acogedor aún que el anterior, nos bajamos de los coches y respiramos con gusto aquel aire limpio, que se encontraba, además, a la temperatura perfecta, pues no hacía ni frío ni calor.

Entonces, el guardabosques Vallejo, que había sacado algo del maletero de su coche, me entregó una linterna de minero y un casco. Me los puse con su ayuda temiéndome lo peor.

—¿Para qué es esto? —pregunté.

La respuesta se encontraba a unos metros, pues tras descender por un talud cercano, que había permanecido oculto a mi vista, apareció una valla metálica con una puerta cuya cerradura abrió uno de los guardabosques. Al otro lado aparecieron las vías de un tren y a la derecha de ellas, a unos veinte metros, un túnel de una oscuridad intestinal que contrastaba con la luz del mediodía.

—Por esta vía —nos informaron— discurría el tren que iba de Madrid a Irún, pero está en desuso. Se inauguró en el 68 y se dejó de utilizar hacia el 2000, tuvo una vida corta.

—Yo he dormido en este tren para ir a París, era el famoso Puerta del Sol —dijo Arsuaga.

Olía muy bien, porque había a los costados de la vieja vía multitud de plantas aromáticas.

Ocupamos el centro de la vía con los frontales encendidos, como el ojo de Polifemo, y apenas atravesada la frontera entre la luz del día y las tinieblas del túnel la temperatura descendió al menos diez grados. El suelo, muy irregular, ya que estaba compuesto de piedras de granito, obligaba a colocar bien el pie antes de descargar sobre él todo el peso del cuerpo sin el peligro de torcerse un tobillo y hacerse un esguince.

—Estas piedras —me dijo Arsuaga— se llaman *balasto* y su función es la de fijar las traviesas o piezas de cemento sobre las que se posan las vías.

Caminábamos más o menos en fila. Las piedras, al ser removidas por nuestro calzado, producían un ruido algo siniestro que la oquedad del túnel multiplicaba. Las paredes, de un hormigón viejo, supuse, filtraban el agua de la montaña bajo la que nos hallábamos, de modo que al frío reinante se sumó enseguida una humedad que lo hacía más áspero. Yo miraba continuamente hacia atrás, para no perder la referencia de la salida, pero el agujero de luz se iba achicando a medida que nos adentrábamos en las entrañas de la tierra.

—¿Seguro que no pasan trenes? —pregunté medio en broma, medio en serio.

Uno de los guardabosques que iba cerca de mí sonrió al tiempo de mostrarme con su linterna la caja torácica de un corzo que sin duda había sido devorado allí mismo por algún animal.

Tuve la impresión de que me faltaba el oxígeno, pese a que la corriente de aire, aunque muy delgada, era continua.

Al poco, nos detuvimos frente a una gran mancha negra que apareció en el suelo, junto a la vía. Nos informaron de que se trataba de excrementos de murciélago. El guardabosques Vallejo se agachó y tomó un puñado con la mano para mostrármelos. Me pareció que eran largos, como trozos de lana. Luego los trituró con los dedos y se convirtieron en polvo.

Entonces comprendí lo que hacíamos allí: habíamos ido a ver murciélagos. Se lo dije a Arsuaga y me lo confirmó.

—¿Dónde mejor —añadió— que en un túnel en desuso?

Pero los murciélagos no se dejaban ver, por lo que nos internábamos más y más en la oscuridad del túnel. Yo seguía volviendo la vista atrás de vez en cuando para comprobar el tamaño del agujero de luz de la entrada, que estaba convirtiéndose ya, peligrosamente, en una mera rendija.

—Ahora —dijo alguien— se ven menos porque están activos, pues todavía hay insectos. Para hibernar, se juntan en racimos en el techo y resulta muy fácil observarlos.

Por fin, incrustado en una grieta del hormigón, descubrimos uno, que, alarmado por las luces cruzadas de nuestros ojos de cíclope, abandonó su refugio y atravesó el espacio entre pared y pared, rozándonos casi, como un grumo de oscuridad más negra aún que la que reinaba en el túnel. A partir de ese instante, se empezaron a manifestar. Inquietos, debido a nuestra presencia, aleteaban atolondradamente delante de nuestros rostros.

—Son ratones alados —dijo Arsuaga—. Mamíferos con alas. Aquí tienes otro ejemplo del Antropoceno. A fin de cuentas, estamos dentro de una neocueva.

—El último año —dijo uno de los guardabosques— contamos más de doscientos, casi todos de herradura.

Como la finalidad de la excursión era ver murciélagos y ya los habíamos visto, alguien sugirió que iniciáramos el camino de vuelta, propuesta que acogí con entusiasmo, pues el punto de luz que se apreciaba en la lejanía no era ya mayor que el del agujero de una aguja.

Entonces, frente al alivio de regresar, mi tensión nerviosa descendió y me di cuenta de que tenía las orejas y las manos heladas. Sentía además en la espalda el frío de una corriente continua que temí que me provocara una pulmonía.

La vuelta, quizá por la ansiedad de salir a la luz, se hizo más larga que la ida, pero lo cierto es que a medida que avanzábamos el agujero de luz crecía provocando un efecto de perspectiva lineal con su punto de fuga, nunca mejor dicho, ya que, para mí al menos, se trataba de escapar de aquella trampa.

Tras agradecer sus atenciones a los guardabosques y despedirnos de ellos, el paleontólogo y yo iniciamos el regreso a Madrid en el Nissan Juke.

—Recordarás —dijo mientras nos poníamos los cinturones de seguridad— que las aves voladoras, no las gallináceas, viven más que los mamíferos de su tamaño, pese a consumir más calorías que ellos. Los murciélagos, además de vertebrados y de sangre caliente, son mamíferos. Eso es lo que quería que vieras: un mamífero que vuela y que vive más que un mamífero sin alas de su mismo tamaño. Mucho más que un ratón.

—¿Cuánto vive un murciélago?

—No sé, hasta veinte años, creo, pese a que su metabolismo basal es muy superior al de un ratón. Un ratón de laboratorio, bien cuidado, bien alimentado y sin depredadores no vive más allá de cuatro o cinco años. La diferencia es brutal. Luego la cuestión de la longevidad, en este caso, no hay que buscarla en el metabolismo.

—¿Dónde entonces? ¿En el hecho de que vuela?

—Para responderte —dijo arrancando el coche— voy a darte un par de datos sobre la vida de los murciélagos. El primero es que solo crían una o dos veces al año y que cuidan al recién nacido, que es único por lo general, con esmero. El segundo es que su crecimiento es lento comparado con el de los roedores o insectívoros de su tamaño.

—Todos los animales que viven mucho tiempo tienen un desarrollo lento —afirmé.

—Ajá. Lo dijo el naturalista Buffon en el siglo XVIII y lo vimos en el Museo de Ciencias Naturales. Solo tienes que multiplicar por tres el tiempo que tarda una especie en alcanzar su tamaño definitivo para obtener aproximadamente su longevidad. En nuestro caso, si multiplicas veintiuno por tres, te acercas bastante a la longevidad de nuestros antepasados prehistóricos. A Buffon le salían mejor las cuentas porque consideraba que un hombre aún tenía que «ensanchar» después de haber crecido en altura y eso le llevaba unos años más, hasta los treinta. Te recuerdo, por si acaso, que la longevidad es la duración máxima de la vida, lo que vive el más viejo de la tribu. Conviene no confundirla con la esperanza de vida, que es la edad en la que se ha muerto la mitad de la tribu.

—Lo recuerdo bien. Pero me interesa afianzar esta idea: la de que las especies de crecimiento lento viven más que las de crecimiento rápido.

—Lo que determina la longevidad de una especie es la tasa de mortalidad que sufre —sentenció observando de reojo si tomaba nota de la frase.

—Eso parece un juego de palabras. No te sigo —exclamé con desánimo.

—Las especies que tienen mucha mortalidad como el conejo o el ratón, ¿recuerdas?, crecen deprisa y se reproducen cuanto antes, a lo bestia, porque, si no, se quedan sin descendencia y sus genes no se transmiten.

—¿Y cómo se hace para tener poca mortalidad? —pregunté intentando que fuera más concreto.

—Evitando que te coman —dijo.

—¿Y cómo se logra que no te coman? —insistí.

—Haciéndote muy grande, por ejemplo, como un elefante, o como una ballena. Para lo cual, evidentemente, necesitas un periodo de crecimiento largo. No se hace una ballena adulta de un día para otro. ¿O sí?

—Claro que no. Pero si eres muy grande —se me ocurrió—, necesitas mucha comida.

—Ya lo ves: si eres pequeño, necesitas poca comida, pero te comen todos. Si eres grande, no te come nadie, pero puede que no comas lo suficiente y mueras de desnutrición. ¿Qué es preferible?

—No sé —proferí con un resoplido.

—Otra forma de que no te coma nadie —continuó el paleontólogo— es haciéndote muy listo gracias a un gran cerebro, como el de los seres humanos. En tal caso, no necesitas crecer tanto como una ballena o un elefante. Pero un gran cerebro tampoco se consigue de un día para otro y su mantenimiento es caro, muy caro. Ese kilo y medio escaso de materia gris que llevas sobre los hombros apenas representa el dos por ciento de tu peso total, pero consume más del veinte por ciento de tus calorías diarias, es decir, más de la quinta parte de tu presupuesto energético, de tu economía corporal. Puedes ser muy listo, pero morirte de hambre si no consigues cada día las calorías precisas para alimentarlo. Un cerebro pequeño es más barato, pero te da menos recursos para enfrentarte a la vida. Todo es así en la naturaleza: ventajas e inconvenientes, soluciones de compromiso, lo que los ingleses llaman *trade offs*.

—Suena raro hablar de las calorías en términos económicos.

—Es poco romántico para un temperamento como el tuyo —respondió irónicamente.

—Estoy pensando que si adquieres la capacidad de volar, como un pájaro o como un murciélago, te libras de muchísimos depredadores.

—De hecho, las aves voladoras apenas tienen depredadores. El albatros es probablemente la que más vive, tanto como una persona. Pero para volar necesitas más tiempo de desarrollo. Un murciélago tampoco se hace en un día. Un murciélago es tecnología aeronáutica de alta gama. Se orienta por el oído en la más negra de las oscuridades.

—Y si eres capaz de vivir bajo la tierra —dije entonces—, también escapas de los depredadores.

—Me alegro de que te acuerdes de la rata topo desnuda que vimos en Faunia. Todos los círculos que abrimos en nuestros primeros encuentros se van cerrando en estos últimos. Y nos faltaba uno: la tortuga gigante de las islas Galápagos, que vimos en el Museo de Ciencias Naturales. Si eres grande y tienes un caparazón que te protege de los depredadores, puedes vivir la tira de años.

—Recuérdame, de forma muy sintética, por qué existe la vejez solo en los seres humanos modernos, en los animales del zoo y en los domésticos.

—Vale, toma nota —dijo reduciendo la velocidad, pues habíamos entrado en un atasco considerable—.

Utilizaré el ejemplo de los murciélagos que acabamos de ver. Supón que los murciélagos no envejecieran, que fueran eternamente jóvenes.

—Ya lo he supuesto. Sigue.

—Pero eso no querría decir que no murieran por causas externas. Un murciélago puede sufrir un accidente aéreo y estrellarse contra los cables de la luz. Puede pelearse con un congénere y quedarse inválido para el vuelo, lo que lo mataría de hambre enseguida. Puede que un año haya pocos insectos y perezca por falta de alimento. Además de los accidentes, todas las especies son víctimas de parásitos que los debilitan.

—Pensamos poco en los parásitos —reflexioné.

—Pues forman parte de los ecosistemas, los hay en todos lados. Anota también los virus, las bacterias, los hongos y demás agentes externos productores de enfermedades.

—Te sigo: no envejecen, pero tarde o temprano mueren por causas externas, como las copas del restaurante o los tubos de ensayo de Medawar.

—No te apresures. Imagina ahora que ninguno llega a los veinte años porque han ido muriendo por causas externas.

—De acuerdo.

Ahora bien, todos, incluidos tú y yo, somos mutantes. Las mutaciones aparecen como errores de copia en el ADN. Si la mutación provoca trastornos en el desarrollo, puede que ni lleguemos a nacer o que muramos antes de reproducirnos. Pero lo normal es que esas mutaciones no tengan consecuencias y que llevemos una vida normal y que se las transmitamos a nuestros hijos, que también llevarán una vida normal, etcétera. ¿Me sigues?

—Hasta aquí, sí.

—Ahora imagina que un murciélago nace con una mutación que produce una enfermedad a los veinticinco años de su nacimiento. ¿Qué pasará?

—Nada, porque casi ningún murciélago pasa de los veinte.

—Eso es lo que ocurre en la naturaleza, que casi ninguno pasa de los veinte. Pero imagina que coges a un murciélago, te lo llevas a casa y le ahorras todas las causas externas de muerte: lo desparasitas, le garantizas la comida, lo proteges de las inclemencias del tiempo, etcétera.

—En ese caso —deduje— moriría a los veinticinco porque a esa edad se expresaría ese gen mutado de efectos letales.

—Pues eso es exactamente lo que nos pasa a los seres humanos modernos y lo que les ocurre a los animales salvajes del zoo y también a nuestras mascotas: que, sobrepasada la edad en la que habríamos muerto de vivir en la naturaleza, comienzan a expresarse los genes de efectos perjudiciales, pero tardíos, que se han ido acumulando a lo largo de la evolución de la especie. No me canso de repetirlo: la selección natural no podía ver esas mutaciones perjudiciales porque nunca se expresaban, ya que sus portadores morían antes. Al no verlas, tampoco podía eliminarlas.

—Eso es la vejez.

—Eso es la vejez, que no se da en la naturaleza porque actúan de manera implacable las causas externas de muerte.

—Ya —dije.

—Lo dejamos por hoy, que te veo agotado. Disfruta del atasco.

—Solo una cosa que se me acaba de ocurrir con relación a los murciélagos.

—¿Qué?

—Que hibernan. En otras palabras, pasan varios meses con un metabolismo reducido al mínimo, consumiendo muy pocas calorías. Quizá su gasto energético sea menor que el de los ratones, quizá por eso viven más.

—No te pases de listo, Millás. Resulta que los murciélagos, en la España mediterránea, cada vez duermen menos porque con el cambio climático tienen insectos casi todo el año. Además, hay una variedad de murciélago tropical de gran tamaño, llamado zorro volador, que consume frutos y que no hiberna porque en el trópico no hay estaciones. Curiosamente, son los que más viven, y los que tienen desarrollos más lentos porque son muy grandes. Te los intenté mostrar en Faunia en nuestra primera salida, pero te había dado la hora de comer y ya no atendías a nada que no fuera tu hambre.

El hambre, dije para mis adentros dándole vueltas a la idea materialista del presupuesto energético.

—Te voy a tener que dejar en la plaza de Castilla porque llego tarde a una cita —concluyó Arsuaga.

Dieciséis. Aquí no hay nada programado

El lugar era tan hermoso que me dio vergüenza preguntar al paleontólogo a qué habíamos ido allí, como si a los lugares hermosos hubiera que ir a hacer algo. Hablo de una pradera inmensa, rodeada de montes que producían el efecto de una gran olla de paredes no muy altas en cuyo fondo nos encontrábamos nosotros. «Nosotros» éramos Arsuaga, Ángel Gómez, director del Parque Nacional de Cabañeros, y yo.

Caía la tarde sobre el herbazal y sobre la sierra que nos rodeaba, pero aún no había comenzado a oscurecer. El silencio nos seguía como le sigue a uno su sombra. No podíamos despegarnos de él ni siquiera al hablar, pues las palabras eran absorbidas por su materia, sea cual sea la materia del silencio.

—Justo aquí, debajo de nosotros, en nuestras antípodas, se encuentra el Parque Nacional de Tongariro, en Nueva Zelanda —dijo el paleontólogo.

—¿Tongariro? —repetí yo añadiéndole un matiz interrogativo.

—Un lugar sagrado para los maoríes —aclaró Arsuaga.

Habíamos abandonado el todoterreno en un punto estratégico, situado en el centro de la olla, desde el que se disfrutaba de un paisaje capaz de despertar los sentimientos religiosos de la persona menos dada a la metafísica. Hablo de la religión en su sentido etimológico, aquel que le otorga el verbo latino *religāre*, es decir, el de la unión con el entorno, especialmente con la naturaleza, de la que los seres humanos ya no formamos parte.

En medio de aquella especie de sabana africana, surgía la nostalgia de unos tiempos remotos en los que también nosotros fuimos aquello que ahora contemplábamos con el asombro con el que un miembro amputado contemplaría, muchos años después de la separación, el cuerpo del que procedía.

Ángel Gómez dijo:

—Este paisaje es conocido como el «Serengueti español» por su semejanza con el Parque Nacional de Tanzania.

—¿No es entonces un disparate imaginar que estamos en África? —pregunté.

—No —dijo—. Es más, si te trajeran hasta aquí con los ojos cerrados, al abrirlos, durante unos instantes, pensarías que te habían abandonado en medio de la sabana africana.

De entre la espesura de la hierba alta y seca por la falta de lluvia surgía, salpicando el paisaje aquí y allá, la cornamenta de algún ciervo tumbado cuyo cuerpo se confundía con la vegetación. Pero tampoco era raro verlos en grupos itinerantes o en conjuntos más pequeños, de tres, por lo general una hembra con dos cervatos nacidos en la primavera anterior.

El Parque Nacional de Cabañeros, con una superficie de más de cuarenta mil hectáreas, es un espacio natural protegido y situado en las provincias de Ciudad Real y Toledo, en la comunidad de Castilla-La Mancha.

No fue necesario preguntar a qué habíamos ido allí, pues Arsuaga me lo reveló enseguida:

—Te he traído para que asistas a una de las manifestaciones más soberbias del celo de los ciervos.

—¿La berrea? —pregunté yo.

—La berrea —respondió Arsuaga—. También se llama brama, por el sonido que emiten los machos para llamar la atención de las hembras.

—No escucho nada —dije.

—La fiesta no empieza hasta el crepúsculo.

De modo que mientras el crepúsculo llegaba estuvimos dando vueltas por el gigantesco herbazal. Los ciervos, a nuestro paso, se detenían y permanecían observándonos en estado de alerta. Nos miraban, nos mirábamos los ciervos y nosotros, y daba la impresión de que en aquel cruce de miradas estaba siempre a punto de saltar la chispa del sentido.

—Las ciervas —nos informó Ángel Gómez— tienen un celo al año, precisamente ahora, en octubre, que coincide con la berrea, claro.

Esparcidos por el suelo de la sabana, se manifestaban innumerables cantos de cuarcita procedentes, según me explicó Arsuaga, de la erosión de los Montes de Toledo, que formaban la sierra de la que nos hallábamos rodeados.

—A este terreno se le llama raña. Mal sitio para los conejos por la dificultad de excavar galerías.

Se apreciaban aquí y allá, dispersos a lo largo de la llanura, grupos de encinas, algunas de las cuales, debido a la oscuridad creciente, recordaban formas humanas contrahechas o en estado de decrepitud.

—No damos de comer ni de beber a los ciervos —intervino Ángel Gómez—, se buscan la vida, igual que en la naturaleza.

Pensé, sin manifestarlo, que en el sintagma «espacio natural protegido» había una ligera contradicción en los términos.

—Pero carecen de depredadores —dijo Arsuaga como si me hubiera leído, lo que no es infrecuente en él, el pensamiento.

—¿Se autorregulan —pregunté yo— para que no nazcan más de los que caben?

—Qué va —dijo Ángel Gómez—, tenemos que capturar en torno a mil cuatrocientos al año. Unos se venden a diferentes cotos de caza; otros, los que quedan, se destinan al consumo humano. Se reproducen a mucha velocidad. Ahora hay un ciervo por cada cuatro hectáreas y lo ideal es que hubiera uno por cada veinte.

—Eso de la autorregulación —añadió Arsuaga— vete quitándotelo de la cabeza. La naturaleza no se autorregula. ¿Por qué habría de hacerlo careciendo de propósito o de fin?

—¿Por el bien de la especie? —pregunté con inseguridad.

—No consigo arrancarle estas ideas románticas de la cabeza —dijo el paleontólogo dirigiéndose a Ángel Gómez. Y enseguida, volviéndose hacia mí, continuó—: A la selección natural le importa un pito el bien de la especie, te lo he dicho cien veces. Aquí lo que está en juego es, primero, la supervivencia del individuo al precio que sea. Te lo repito: la supervivencia del individuo al precio que sea. Y, después de sobrevivir, perpetuarse. Todo lo demás: el ecosistema, la población, la especie, le trae sin cuidado a la selección natural. Si en este parque los seres humanos no cumplieran la función depredadora de los lobos, los ciervos se cargarían el ecosistema en cuatro días. Ya lo has oído: mil cuatrocientos ciervos menos al año y todavía sobran ciervos por un tubo.

—Hicieron un experimento en una isla canadiense con ciervos wapitis —dijo Ángel Gómez—. Los dejaron sin depredador y empezaron a multiplicarse y a multiplicarse hasta que se lo comieron todo y al final se extinguieron.

—Toma nota —dijo Arsuaga.

—Estoy en ello —aseguré. Y, mientras tomaba nota, pensé en la selva del capitalismo neoliberal, donde «la mano invisible del mercado», lejos de regular las cosas, permitía que el ecosistema se deteriorara hasta los extremos que a la vista estaban.

—¿Qué proporción de machos y hembras tenéis? —preguntó entonces el paleontólogo.

—Nace el mismo número de machos que de hembras —respondió Gómez.

—¡Qué derroche económico! —exclamó Arsuaga dirigiéndose a mí.

—¿Derroche económico por qué? —inquirí.

—Cuando veníamos hacia aquí —dijo deteniéndose para que le prestara atención—, hemos visto varias explotaciones ganaderas en las que había un semental pongamos que por cada treinta vacas. Lógico, ¿no?

—Lógico —concedí.

—Por qué.

—Me lo has explicado tú. ¿Por qué van a tener un semental por hembra si un semental puede cubrir a treinta o a cuarenta, las que sean?

—Entonces ¿por qué nacen aquí el mismo número de machos que de hembras si un solo macho es capaz de cubrir a veinte o a treinta hembras?

—Yo creo —me atreví a decir más en tono de sugerencia que claramente afirmativo— que de ese modo los machos compiten entre sí y solo copulan los más aptos. De esta manera se perpetúan los mejores genes.

—O sea, porque la naturaleza es sabia, ¿no? —ironizó Arsuaga.

—Más o menos —dije.

—Pues la naturaleza no es sabia.

—Ni tiene propósito, ni fin, ni objetivo, ni se autorregula —añadí yo como en una letanía.

—Vale, a ver si a base de repetírtelo te lo acabas creyendo.

—¿Pero entonces por qué hay el mismo número de machos que de hembras? ¿Por qué ese excedente antieconómico de machos? —pregunté.

—Imagina una población de ciervos —expuso Arsuaga— en la que nace un macho por cada cincuenta hembras. Entonces, aparece en una hembra una mutación por la que solo produjera machos. Como lo que había era un déficit de machos, la que pare machos tiene asegurada la descendencia, y en gran número, que es de lo que va esto, de asegurarse la continuidad de los genes. Los machos, en tal situación, son cada vez más abundantes porque es mejor ser macho que hembra. Si tienes un hijo macho, tendrás muchos descendientes que a su vez se multiplicarán de forma exponencial... ¿Me sigues?

—Te sigo.

—Otra cosa es que se tratara de una especie monógama, pero no es el caso. ¿De acuerdo?

—De acuerdo.

—Entonces continúa creciendo la proporción de machos hasta que llega un momento en el que hay más machos que hembras. En ese caso, si fueras una hembra, te interesaría tener hembras porque todas tienen, al contrario de los machos, garantizada la cubrición y la descendencia. Aparecería ahí en una hembra una mutación por la que solo produjera hembras, etcétera. Y de este modo, del resultado de esa lucha entre individuos por ver quién tiene más nietos, se alcanza este equilibrio por el que al final nacen el mismo número de machos que de hembras. Recuerda, Millás, que esto va de tener nietos, porque de nada sirve tener hijos si estos no se reproducen.

—No era que la naturaleza fuera sabia —concluí.

—Claro que no, se trata de un asunto de pura matemática, de equilibrio de déficits. Si la naturaleza fuera sabia, insisto, en esta especie polígama nacería un macho por cada treinta o cuarenta hembras.

—Inviertes en machos cuando hay muchas hembras y en hembras cuando hay muchos machos —deduje.

—Eso es. Y de este modo, matemáticamente, se llega al uno por uno. Todos los biólogos evolutivos están de acuerdo en que en la naturaleza no hay pensamiento, ni sabiduría ni hostias. Pura genética y puro cálculo de probabilidades, nada más. Punto.

Entre tanto, el sol había ido declinando con pereza, con desgana. Ahora parecía detenido en ese punto desasosegante de la tarde en el que el día ha dejado de ser día sin devenir noche por eso. El este mostraba una voluntad de oscurecer que le era negada por los rayos ya casi horizontales del sol, que se mantenía suspendido en el oeste. Vimos a un ciervo aproximándose a tres hembras.

—Ese, por el número de puntas de la cornamenta —dijo Ángel Gómez—, es un segundo espada. Los primeros espadas están agotados de tanto follar, de tanto pelearse y se han retirado. Las hembras, en cambio, han comido bellotas, se han recuperado y contemplan la llegada de estos segundones, aunque seguramente ya están preñadas de los primeros espadas. Los machos solitarios no suelen pillar. Se acercan, ven un macho más vigoroso, más fuerte, y se retiran.

—Pobres —dije yo.

Vi, en el suelo, una cornamenta enorme, pensé que de un ciervo muerto, porque yo creía erróneamente que las cornamentas eran para toda la vida y que el número de picos equivalía a los años del ciervo. Pero resultó que no, que las perdían una vez al año y les volvían a crecer al modo de una estalagmita que procediera del interior del cráneo.

—¿Cuánto tarda en volver a crecerles? —pregunté.

—Unos dos meses —dijo Ángel Gómez—, lo que supone un gasto energético brutal.

—¿Y de qué depende el número de puntas?

—Sobre todo de la alimentación. Nosotros, cuando las pierden, las dejamos donde se les han caído porque los ciervos jóvenes las chupan para obtener calcio. Pero hemos de tener cuidado con los furtivos, que las roban para vendérselas a los chinos. Los chinos creen que la cornamenta del ciervo posee propiedades afrodisíacas.

En esto, miré el reloj y eran las ocho y media. Ya no se veía el disco del sol, pero quedaba, en medio de la oscuridad reinante, un resplandor como de sangre fresca detrás de las montañas. Entonces escuchamos el primer berrido. A ese primero lo siguió otro y otro. Los identifiqué como sonidos guturales agónicos, una suerte de mezcla entre la súplica y la demostración de poder. El concierto crecía a medida que la oscuridad aumentaba y se manifestaban las primeras estrellas en el cielo. Bastaba con que dejaras de mirar hacia arriba tres minutos para que, cuando volvías a levantar los ojos, hubiera aparecido media docena más, como si alguien las fuera colocando poco a poco, a medida que la noche crecía. En poco tiempo, el resplandor sanguinolento del oeste desapareció del todo y los tres seres humanos nos encontramos totalmente cercados por las tinieblas, que eran muy espesas debido a la ausencia de contaminación lumínica. Instintivamente, nos acercamos al todoterreno, como si se tratara de un arma defensiva, y apoyados en su carrocería nos dejamos estremecer por los bramidos que, procedentes de todos los rincones del parque, atravesaban el aire y se cruzaban sobre nuestras cabezas formando un tejido ancestral de manifestaciones venéreas.

En medio de aquella oscuridad total de la que formábamos parte al modo de tres grumos de sombra agrupados en torno al coche, los ciervos macho estarían ya entrechocando sus cornamentas, a veces con resultado de muerte, en una feroz batalla por la supervivencia de sus genes.

—Mira —dijo Arsuaga levantando su brazo oscuro al cielo—, se ven perfectamente Júpiter y Saturno.

Ángel Gómez nos condujo poco después a una especie de antigua alquería que se hallaba en las entrañas mismas del parque y que había sido restaurada para acoger a visitantes ocasionales como Arsuaga y yo. Una vez solos, recorrimos la casa, en la que se alternaban las estancias grandes, que en su día habían sido establos, y pequeños rincones misteriosos, con un grado de excitación casi adolescente. Los dormitorios y el baño poseían una austeridad conventual, igual que la cocina, en cuya encimera nos habían dejado para cenar una hogaza de pan blanco, un chorizo y un salchichón de ciervo, un queso de oveja y una conserva de perdiz escabechada, además de una botella de cabernet sauvignon que descorchamos con placer para acompañar las viandas.

Tras la cena, salimos al campo oscuro y misterioso, un poco sobrecogidos ambos por aquella extraña intimidad en la que nos habíamos precipitado. El paleontólogo, poco dado a las efusiones de carácter personal, salvó la situación invitándome a contemplar el cielo para mostrarme la constelación de Orión, el cazador, con su cinturón y su arco. Una vez localizada, me dijo:

—¿Ves una estrella roja, muy luminosa, en el hombro del cazador?

—La veo —dije.

—Se llama Betelgeuse. Es una gigante roja que en algún momento explotará y se convertirá en una supernova. Por su enorme tamaño y su proximidad a la Tierra, pues solo está a seiscientos cincuenta años luz, sería la mayor supernova contemplada por la humanidad. Se podría ver hasta de día.

—¿Y cuánto falta para que explote? —pregunté.

—Puede ocurrir en cualquier momento, puede que haya explotado ya o que lo haga dentro de unos millones de años. Ha habido otras supernovas más pequeñas para nosotros. La más famosa es la del verano del año 1054, que registraron los astrónomos chinos.

—Ya —dije sin dejar de observar a Orión, el cazador de la mitología griega que se había propuesto acabar con todos los animales de la tierra.

Me acordé entonces de que mi padre, en las noches de verano, se empeñaba en mostrarme las constelaciones y que yo miraba hacia arriba y fingía verlas, aunque jamás lo logré, jamás, hasta la noche de Cabañeros, con el paleontólogo de maestro.

Todavía permanecimos una hora a la intemperie, apurando los restos del cabernet sauvignon, defendiéndonos de aquella intimidad inesperada y atentos a los ruidos procedentes de la oscuridad hermética, de cuarenta mil hectáreas, en la que nos hallábamos como perdidos.

—¿Un jabalí? —preguntaba yo—. ¿Un zorro?

A las siete y media del día siguiente vino a recogernos Juan Antonio Fernández, agente medioambiental jefe («guarda mayor» en la antigüedad) y coordinador de la guardería.

A esa hora todavía era de noche, de modo que nos metimos en su todoterreno y nos fuimos a escuchar de nuevo las manifestaciones sonoras de aquellos cortejos amorosos que venían de todos los rincones del parque y que se sincronizaban extrañamente de tal modo que, al cabo de un rato, en vez de oír un bramido aquí y otro allá, lo que escuchabas era un clamor de súplicas disfrazadas de potencia vocal. Pensé que a la berrea se le venía dando una interpretación equivocada: tal vez no se tratara de una demostración de vigor sexual, sino de un despliegue de desamparo destinado a dar lástima a las hembras.

Por supuesto, no se me ocurrió transmitir esta impresión romántica al paleontólogo.

En el lugar oscuro donde abandonamos el coche, no éramos capaces de distinguir nada que se encontrara a más de medio metro de nosotros. Estirabas el brazo y dejabas de ver tu mano: se hallaba a la vista, pero no la veías. La oscuridad resultaba tan espesa, en fin, como un bloque de materia sólida que los bramidos ásperos de los animales parecían horadar y llenarla de túneles. Impresionaba saber que mientras nosotros permanecíamos estáticos y aún entumecidos por el frío de la madrugada, todo a nuestro alrededor era pura cópula ardiente, puro deseo animal, pura pulsión, pura vida.

Pasadas las ocho, al clarear, el silencio fue regresando paulatinamente al campo. Si mirabas hacia el este, veías recortados los Montes de Toledo sobre la luminosidad entre rojiza y blanca producida por el sol, todavía escondido detrás de ellos. Entonces nos atrevimos a alejarnos un poco del todoterreno y movernos por los alrededores de aquel Serengueti doméstico cuya hierba estaba impregnada por la humedad del rocío.

Juan Antonio Fernández, el guarda mayor, por utilizar la terminología antigua, se acercó a mí y me mostró un vídeo que había grabado unos días antes con su móvil en el que se veía a dos ciervos enganchados por los cuernos, uno de ellos muerto. Se habían trabado al medir sus fuerzas de tal forma que el vivo, pese a sus esfuerzos desesperados, no lograba liberarse de aquella atadura. Mientras cabeceaba con desesperación a izquierda y derecha, veía cómo un par de jabalíes, tras haber logrado abrir la tripa del cadáver, lo devoraban delante de sus ojos.

Juan Antonio nos explicó que estaban plantando muchas encinas, que era el árbol autóctono.

—Si pisáis bien el pasto —añadió—, veréis que, aunque a primera vista está seco porque ha llovido poco, por debajo se aprecia ya el verde gracias a esta humedad de las mañanas.

Sobre las ocho y cuarto, la claridad abundaba, aunque el sol aún no había asomado por encima de los montes. Diez minutos más tarde se manifestó en forma de disco amarillo que te dejaba ciego si volvías los ojos hacia el este. Poco antes de las nueve, sus rayos hacían brillar como un espejo toda la dehesa provocando sombras muy alargadas al chocar con el cuerpo de las encinas. Daba gusto exponerse a esos rayos para sacudirse el frío de mediados de octubre, con el otoño instalado ya en nuestros corazones.

—En invierno, las temperaturas pueden alcanzar los cuatro grados bajo cero —dijo el guarda mayor—. Los ciervos entonces se tiran al monte y sobreviven comiendo jaras, ramoneando mucho. Bajan de nuevo en primavera, pero no bajan debilitados porque por lo general se han alimentado bien.

Vimos un grupo de unos ocho o diez buitres leonados que volaban en la misma dirección.

—Posiblemente —dijo Juan Antonio— haya cerca un cadáver. Pero vamos a ver a los buitres negros.

—Esto —dijo Arsuaga abarcando el paisaje con la mirada— es lo más paleolítico que se puede ver.

De nuevo en el coche, pasamos cerca de un ciervo que golpeaba obsesivamente con la cornamenta el tronco de una encina para que cayeran las bellotas. Al rato, alcanzamos la ladera de uno de los montes, donde el guarda mayor instaló un telescopio para que viéramos un águila cuya silueta se recortaba, con autoridad, en lo alto de un pico. Tras observarla, sobrecogidos por su poderío, reparamos en la vegetación de la zona. Había jara, había mirto (muy oloroso) y tomillo y acebuche y alcornoque y madroño y labiérnago y brezo. El guarda mayor parecía crear toda aquella tupida vegetación al tiempo de nombrarla.

Descubrimos también una charca con mucho junco que procedía de las aguas embalsadas de un arroyo.

—Aquí —dijo Juan Antonio— se ven ranas, nutrias y muchos pececillos que solo se dan en ambientes muy puros, muy sanos.

Olía de un modo insuperable gracias, entre otras aromáticas, a la mejorana. Los líquenes, de tan abundantes y variados, formaban auténticos jardines.

Ascendíamos a pie monte arriba en busca de los buitres negros. Cada tanto nos deteníamos a comer madroños, que estaban en su punto de maduración.

—Alcanzaremos los novecientos metros —dijo Juan Antonio—, desde donde la vista de la dehesa resulta impresionante.

Probamos también unas bellotas, pero estaban todavía verdes y su sabor era amargo.

A las once, el sol se hallaba ya a media altura y comenzaba a calentar. Nos quitamos las chaquetas y los chalecos comentando la diferencia abismal entre las temperaturas del día y de la noche. Entonces, delante de nosotros, se manifestaron dos buitres negros llevando a cabo una exhibición de vuelo que parecía ensayada.

Cuando nos detuvimos a descansar, el paleontólogo me aleccionó:

—Lo que más pesa en un ecosistema es la vegetación, que se encuentra en la base de la pirámide y forma la mayor parte de la biomasa. Luego, los consumidores primarios que se alimentan de esa vegetación: ciervos, jabalíes y demás herbívoros. Después vienen los lobos y las águilas que se comen a los consumidores primarios y a los que llamamos, lógicamente, consumidores secundarios...

—Cada vez hay menos —apuntó Juan Antonio—. En Cabañeros quedan tres parejas de águilas imperiales. Linces, muy pocos, porque no hay conejos, pero hay linces en fincas próximas donde los suelos son más blandos y los conejos pueden hacer vivares.

—A los predadores secundarios —continuó Arsuaga—, si siguiéramos ascendiendo por la pirámide, los seguirían los superpredadores, el león, por ejemplo, cuando lo había en el Pleistoceno. Y en la cumbre de la pirámide, los necrófagos, representados aquí por los buitres, que se comen a todo dios. Cuanto más arriba de la pirámide está el depredador, más territorio necesita. Un águila real necesita un territorio inmenso. Esa pirámide se mantiene más o menos estable de no haber una catástrofe. En el Parque Nacional del cráter del Ngorongoro, por ejemplo, en Tanzania, que tiene una extensión similar a la de Cabañeros, ¿cuántos leones crees que había en el primer censo que se hizo?

—Ni idea —dije.

—Veinte adultos, más sus crías y los juveniles —dijo Arsuaga—. Han pasado ochenta años. ¿Cuántos adultos hay? Veinte. No hay más porque el territorio no da para más. Los números pueden fluctuar por un año malo, pero, por entendernos, se mantienen los tamaños poblacionales. Es lo que en ecología se llama «capacidad de carga de un ecosistema». Cabe lo que cabe de cada especie.

—Ya —dije recuperando disimuladamente la respiración.

—Llamamos a ese fenómeno «poblaciones en equilibrio demográfico», aunque en realidad es una utopía: el equilibrio demográfico no existe. Hay periodos de más abundancia y periodos de escasez, así que hablamos de un promedio. En un año bueno hay más ciervos; en un año malo, menos. Si una población es demográficamente estable, y España, por ejemplo, no lo es, cada pareja tiene dos descendientes. El promedio de la natalidad humana en España está por debajo de dos, de ahí que la población se reduzca si no hay inmigración. Se mueren los padres y dejan un niño y medio. En cambio, cuando la media de la natalidad pasa a tres descendientes por pareja, aparece el *baby boom*.

—Para ser demográficamente estable —concluí al objeto de demostrar que progresaba—, hay que tener, de media, dos descendientes por pareja generación tras generación.

—De media, en efecto —corroboró él—, no todo el mundo tiene dos porque hay algo que se llama selección natural. Los mejores tienen ocho y los peores ninguno. Pero al final, en una población estable, siempre sobreviven dos por pareja.

—¿Y qué pasa con los otros?

—Te lo acabo de decir: a los otros se los comen los depredadores o se mueren de hambre, sed, de enfermedad, por accidente, de frío o de lo que sea. En eso consiste la selección natural: nacen muchos, sobreviven y se reproducen solo dos. Hay muchas formas de morir. Mira lo que les pasó a los dos ciervos enganchados. Vaya muerte más tonta. ¿Pero es que acaso hay una muerte «lista»?

—¿Siempre, matemáticamente, quedan dos? —insistí—. Resulta un poco inverosímil.

—Si la población se mantiene estable, sí. En las dieciséis mil hectáreas de este parque que gestiona el Estado (el resto son fincas particulares) hay cuatro mil ciervos, la mitad machos y la mitad hembras. De las hembras, algo más de la mitad son reproductoras porque las otras son pequeñas todavía. Pongamos mil cuatrocientos úteros fértiles. Si cada útero produce un descendiente al año y no se muere ningún ciervo, hay un excedente de mil cuatrocientos al año.

—Por eso es preciso sacarlos de aquí —dije—, ya que no tienen depredadores, etcétera. Significa que este espacio natural es también un poco artificial.

—Lo importante es que por unas cosas o por otras siempre quedan dos, anótalo.

—¿No contradice eso la idea de que los espacios no se autorregulan, que es lo que decíamos ayer?

—Claro que se autorregulan.

—Ayer decíamos que no.

—Las que no se autorregulan son las especies. Los ciervos no se autorregulan. Los regulan los lobos o los gestores del parque. Pero llámalo como quieras, el caso es que se establece una estructura, una pirámide ecológica. Se estabilizan los tamaños de población y la pirámide ecológica se mantiene. Está, en la base, la masa vegetal, que pesa tanto; están, en el primer piso, los fitófagos, que pesan tanto; están, en el segundo, los carnívoros, que pesan tanto, y así de forma sucesiva hasta llegar a la cumbre. En un lugar demográficamente estable, insisto, demográficamente estable, cada pareja de cada especie, te pongas como te pongas, produce otra pareja reproductora. Tienen más crías, pero muchas mueren por accidente, por peleas, por hambre, por frío, porque se las comen... El resultado final siempre es el mismo: una pareja reproductora por cada pareja reproductora. Todas las especies del ecosistema llegan al mismo resultado por diferentes vías.

—El ser humano —dije— rompe esas reglas.

—Porque el ser humano inventó la agricultura y la ganadería. Si tú fueras ganadero y tuvieras unos prados en Asturias, sabrías cuántas vacas podrías mantener con la hierba que producen esos prados. Otra cosa es que las alimentaras también con pienso. Pero pongamos otros ejemplos: un ratón, al que se lo come todo dios. Puede vivir tres años. Madura pronto y tiene muchos hijos para ver si en esos tres años logra tener dos descendientes reproductores. El ciervo vive veinte años para hacer lo mismo porque su mortalidad es menor. ¿Por qué su mortalidad es menor? Porque los ciervos son más grandes, tienen cuernos y corren a velocidades increíbles, más que los caballos, lo que consiguen con un desarrollo más prolongado y recibiendo muchos cuidados de la madre, que los alimenta y protege. Por eso solo pueden tener uno al año. ¿Cómo termina nuestra historia?

—¿Cómo?

—Un ratón vive tres años y tiene muchos hijos de los que al final, por unas cosas o por otras, quedan dos. Un ciervo vive veinte años y al final solo deja una pareja reproductora. El resultado, en la escala geológica, en el tiempo, es idéntico. Mira, Millás, llevo un año diciéndote lo mismo de diferentes modos, pero no sé si lo pillas o no.

—Lo pillo a ratos —confesé.

—Imagínate el siguiente diálogo entre un conejo y un elefante en el Pleistoceno:

»Conejo: Tú vives mucho, elefante.

»Elefante: Porque soy listo y me he hecho grande y tengo pocos depredadores.

»Conejo: ¿Y eso es lo importante?

»Elefante: Para mí, sí.

»Conejo: Pero si te mueres sin descendencia tus genes no tendrán continuidad y será como si nunca hubieras existido. ¿Acaso quieres eso?

»Elefante: Para nada, esto va de perpetuarse en la descendencia.

»Conejo: Entonces no eres tan listo, elefante, porque has necesitado setenta años para tener dos hijos reproductores, que es lo mismo que consigo yo en tres años de vida. Además, hay muchos más conejos que elefantes. Nosotros ganamos en número.

»En eso —continúa Arsuaga—, pasan por allí unos humanos a los que se dirige el conejo:

»Conejo: Vosotros, humanos, sois listísimos, pintáis animales bellísimos en las paredes de las cuevas.

»Humanos: Sí, sí, somos muy sabios.

»Conejo: ¿Cuántos hijos reproductores tenéis los humanos de promedio?

»Humanos: Dos.

»Conejo: Los mismos que yo, pero vosotros necesitáis para obtener ese promedio sesenta o setenta años. Yo, solo tres.

»Humanos: Pero nosotros vivimos más.

»Conejo: Es que la vida no va de que los individuos particulares vivan más, sino de que sus genes sobrevivan.

Quizá no seáis tan listos porque, después de todo, los conejos somos más que vosotros. Este es el país de los conejos, no el país de los humanos.

»¿Quién es el más listo de los tres? —pregunta el paleontólogo.

—¿Quién? —repregunto yo.

—Si dentro de diez mil años seguimos por aquí y resulta que el elefante se ha extinguido y nosotros estamos a punto de hacerlo, como se han extinguido muchísimas especies de animales grandes y de vida larga, tendremos que deducir que el más listo era el conejo porque sigue aquí. Ya veremos.

—Distintas estrategias —concluí— para obtener los mismos resultados: la continuidad de los genes.

—Distintas estrategias —completó Arsuaga— para mantener la línea germinal de la que cada individuo es la cáscara. Y anota esto que viene ahora, porque es muy importante.

—Dime.

—Según los darwinistas, no hay una causa de la vejez. Tus huesos están diseñados para que duren setenta años.

—Eso suena a programación.

—Suena, pero no lo es. Es que los humanos, en el Paleolítico, no vivían más de setenta años. Te puse en el desguace el ejemplo de los coches. Si por causas extrínsecas, porque no paran de darse hostias, ningún coche durara más de diez años, ¿qué sentido tendría producir piezas que duraran veinte? Todo parece programación, pero no hay programación, hay selección natural. En ciencia, Millás, tienes que pensar siempre al revés. Parece que es el Sol el que gira alrededor de nosotros, pero no. Parece que la Tierra es plana, pero tampoco. Tardamos siglos en darnos cuenta de esas dos evidencias. Recuerda la frase de Niels Bohr a su discípulo: «Su teoría es disparatada, pero no lo suficientemente disparatada como para ser cierta».

—Vale —dije.

—En la selección natural, tenlo siempre presente, solo es el individuo el que cuenta, no hay nada que vaya contra el individuo o sus genes.

—¿La selección nunca trabaja para la especie? —pregunté.

—Es que la especie no se sabe lo que es, es una abstracción. La selección natural deja a los mejores individuos, entendiendo por mejores a los mejor adaptados a sus nichos ecológicos correspondientes, claro. Es decir, a los mejores conejos, a los mejores linces, a los mejores ciervos, a los mejores elefantes. A los mejores en lo suyo. ¿Quiénes tendrán hijos por lo tanto?

—Los mejores —dije yo—, lo que redundará en la mejor adaptación de la especie.

—Como efecto colateral —respondió Arsuaga—, pero no porque haya una programación previa. No hay una mente pensante. La selección natural, de hecho, no selecciona: criba. Anota ese matiz si crees que queda más claro.

—Es diabólico —dije—. Por volver a nuestro tema, todo apunta a que la vejez y la muerte están programadas, no me digas que no.

—No te digo que no porque la percepción es esa, del mismo modo que la percepción es que la Tierra es plana, pero se trata de una percepción falsa. Vuelve, para comprenderlo, a las causas externas de la muerte: un conejo no vivirá más de tres años mientras haya depredadores y limitación de recursos. No hay comida en el ecosistema para todos los conejos que paren las conejas. Por lo tanto, lo que ocurra después de esos tres años da igual, la selección natural no lo puede ver y no se ocupa. A partir de esa edad en la que ya debería estar muerto, se empieza a manifestar todo el lastre mutacional del que ya hemos hablado: la artrosis, las cataratas, lo que quieras.

—Eso es la vejez —dije.

—Exacto.

—¿La vejez no tiene entonces una causa general?

—No. Son genes distintos que van actuando aquí y allá provocando déficits a los que la medicina, en nuestro caso, va poniendo remedio.

—Parcialmente —dije.

—Bueno, parcialmente, pero no está mal. Te ponen una prótesis de cadera, te colocan una lente intraocular, te dan pastillas para el colesterol o la tensión, te implantan un stent cardiaco, un marcapasos... Y con todos esos parches alargamos y mejoramos la vida. Pero a nivel celular, nada. Se estima que con todos estos arreglos parciales muchos de los que nacen ahora podrán pasar de los cien años. Por eso, siempre digo que yo estaría encantado de que la muerte estuviera programada porque, de ser así, no habría más que dar con el modo de desprogramarla.

La vista de la dehesa, desde las alturas del monte, resultó, en efecto, sobrecogedora, incluso apreciada desde unos cristalinos desgastados como los míos.

Cuando los buitres negros decidieron poner fin a su exhibición aérea, iniciamos el descenso.

Diecisiete. La Reina Roja

Desde que el paleontólogo y yo acometimos este proyecto, me asomaba cada día a la ventana para ver llegar mi vejez. No ignoraba que vendría de dentro, pero el cuerpo está lleno de patios interiores a los que las ventanas de la clínica moderna permiten asomarse: análisis de sangre y de orina (incluso de heces), tomografías, radiografías, ecografías, radioscopias, electrocardiogramas, exploraciones manuales... Me sometí a todas para comprobar la salud de esos patios interiores, cuyo estado, pese a algunas humedades y desconchones evidentes, no era del todo malo.

Temía que la vejez me sorprendiera fuera de casa, en uno de mis frecuentes viajes de trabajo, como la joven, supongo, que teme que la primera menstruación la sorprenda en clase de gimnasia, a la vista de todos. Cogí un poco de miedo a los aeropuertos y a las estaciones de tren por si la vejez me diera caza en uno de estos no-lugares, alejado de la protección familiar y del amparo de los objetos-fetiche que me rodean mientras leo o escribo.

La vejez, de acuerdo con los cálculos de Arsuaga, debería haberme alcanzado ya, pero no estaba aquí, al menos yo no la notaba en mí como la percibía en la mayoría de las personas de mi edad. Es cierto que los viajes me cansaban, me agotaban incluso, pero también es verdad que tras dormir unas horas volvía a sentirme en forma para acometer un nuevo proyecto, una nueva aventura física o intelectual. Me sentía, en fin, como aquel militar de *El desierto de los tártaros*, la novela de Dino Buzzati en la que un oficial es destinado a dirigir la defensa de un fuerte que, según sus jefes, está a punto de ser atacado por el enemigo. Luego, los años pasan sin que el ataque se produzca, con el consiguiente extrañamiento del oficial, que ha puesto su vida al servicio de algo que no ocurre en la realidad, pero que no deja de suceder en sus creencias. Mi vejez no sucedía en la vida real, pero tenía una presencia constante en la imaginaria.

Días antes de iniciar la aventura de este último capítulo de nuestro libro, la SER me propuso llevar a cabo un reportaje sobre un crucero, lo que me obligaría a volar a Roma, donde embarcaría en el buque Costa Firenze para hacer el trayecto Roma-Nápoles-Mallorca, desde donde volaría de nuevo a Madrid. Acepté: nunca digo que no a una oferta de trabajo por miedo a estar diciendo que no a otra cosa oculta bajo esa oferta.

Nada es lo que parece.

La noche anterior a la salida apenas dormí por miedo a que la vejez se presentara de súbito y tuviera que suspender el viaje a última hora. Me levanté a las cinco de la mañana, pues el avión a Roma salía temprano, y me asomé brevemente a mis patios interiores, que estaban en orden. Ya en la T4 del aeropuerto de Barajas, me observé caminando por sus kilométricos pasillos, la maleta a cuestas, con la agilidad de un joven. No solo me sentía bien: me sentía eufórico. Mi compañera de viaje, Francisca Ramos, con quien suelo hacer este tipo de reportajes radiofónicos, me lo hizo notar.

—Te has despertado radiante.

Estuve a punto de decirle que no había dormido, pero me callé por miedo a que aquel estado de ánimo excepcional fuera producto de una excitación pasajera. Algo así como la mejoría que experimentan los agonizantes la víspera de su muerte.

Pero lo importante de esta historia ocurrió en el barco, donde tuve la oportunidad de conocer la vida en cautividad, de la que tanto me había hablado el paleontólogo al referirse a los animales del zoo, que no solo están libres de los peligros externos propios de la naturaleza, sino que están vigilados por veterinarios y cuidadores en general atentos a su salud. Por eso también viven más años de los que vivirían en la naturaleza, y de ahí que sufran enfermedades crónicas que la selección natural habría evitado si hubieran fallecido cuando les tocaba.

La vida cotidiana de los individuos de la especie humana constituye una de las formas conocidas de cautividad, ya que, como se explicó en su día, pertenecemos a un reino autodomesticado. Pero no somos conscientes de ello hasta que nos brindan una experiencia de cautividad exagerada como la que viví en el Costa Firenze. No se trataba de una cárcel, por supuesto. Debo apresurarme a señalar la diferencia entre cautividad y prisión. Entiendo por cautividad la de los animales que viven en espacios naturales protegidos, la de los que sestean en los modernos zoos que imitan los hábitats de los que proceden, incluso la de nuestros animales domésticos: gatos, perros, hámsteres, pájaros...

Tuve hace años un canario al que un día abrí la puerta de la jaula. El animal, pasado un rato, salió y revoloteó espantado por el salón hasta que halló el modo de regresar a la jaula, cuya puerta cerró con el pico. Como había nacido en cautividad, deduje que la jaula formaba en cierto modo parte de su cuerpo y que, al verse fuera de él, de su cuerpo, sufrió un ataque de pánico.

El recuerdo del canario me trajo a la memoria la visita que el paleontólogo y yo hicimos al Parque Natural Protegido de Cabañeros para asistir a la berrea. Ya entonces me pregunté hasta qué punto a un parque «protegido» se le puede aplicar el calificativo de «natural». De hecho, solo era natural a medias, ya que era preciso extraer mil cuatrocientos ciervos al año para mantener su equilibrio. Pese a esas muertes, que suplían las que en un espacio verdaderamente natural provocarían los accidentes, las infecciones o los depredadores, podríamos decir que los ciervos vivían bien, quizá con la extrañeza permanente de no tener que huir de ningún carnívoro.

Esto es lo que me pasó en el crucero, del que decidí no bajar en la escala de Nápoles (había una excursión programada) para vivir a fondo la cautividad de la que vengo hablando desde hace algunas líneas. Lo diré rápido: me sentí como un hámster en una jaula buena, en una jaula con todas las comodidades a las que un hámster nacido en cautividad podría aspirar. Cada día, a base de recorrer el perímetro del gigantesco buque, con el mismo tesón con el que el hámster se ejercita en su rueda, caminaba los diez mil pasos prescritos por mi médico. La brisa de la mañana y la visión del mar estimulaban mis sentidos. Había otros hámsteres como yo que hacían el mismo ejercicio. Algunos de ellos se detenían para hacer gimnasia en los numerosos aparatos repartidos por la cubierta de la embarcación. También los había que jugaban al minigolf o realizaban estiramientos en ingenios diseñados para ese menester.

Un día, tras el ejercicio en la rueda (en la cubierta), fui a cortarme el pelo. La joven estilista me «riñó» por las arrugas de debajo de mis ojos. Pero se trataba de una regañina cariñosa, la que le hacemos al gato cuando no se porta bien. Quiero decir que no ofendía; al contrario, parecía una muestra de preocupación.

—¿Te das algo? —me preguntó.

—Una crema —mentí.

Ella se fue y volvió al poco con un frasco diminuto de cuyo contenido me aplicó una gota en las arrugas. Luego extendió el líquido y tamborileó sobre mi piel con la yema de los dedos para que el elixir penetrara. A continuación, me pidió que me mirara en el espejo y, ¡milagro!, mis arrugas habían desaparecido. Me vi obligado a adquirirlo por sesenta y un euros, que me dolieron, supongo, del mismo modo que al perro doméstico le duele dar la patita a su amo cada vez que este se lo pide (cada uno paga con lo que puede la golosina que le ofrece su dueño). O sea, que lo hice con gusto porque empezaba a saborear los placeres de la vida en cautividad exagerada (por el corte de pelo pagué treinta y cinco, que viene a ser como levantar las dos patitas a la vez).

Comí muy bien en uno de los numerosos restaurantes del barco y mientras comía yo solo con la concentración de un hámster, me di cuenta de que allí todo era una especie de «como si»: como si los frescos de las paredes del spa (en el que también me solacé) fueran romanos, como si la grifería dorada fuera de oro, como si las copas para el vino de plástico fueran de cristal, como si las columnas de mármol falso fueran de mármol de verdad... Me vinieron a la memoria las piscinas de las pequeñas tortugas de agua en cuyo centro hay una palmera falsa. Yo estaba en una tortuguera para seres humanos donde las palmeras eran también de plástico, pero donde todo, si te dejabas llevar, evocaba la vida de lujo que nos venden los carteles de las agencias de viaje y la sociedad de consumo en general. También los ciervos del Parque Natural Protegido de Cabañeros pasaban sus días «como si» vivieran en libertad, lo mismo que los leones del zoo, cuya dieta diaria controlaba el veterinario.

Durante el crucero no me podía morir. Los animales en cautividad no mueren porque se reponen.

A los pocos días de mi experiencia de vida de cautividad exagerada, Arsuaga me citó a las ocho menos cuarto de la mañana en la puerta de su casa. No me dijo adónde iríamos, pero me aconsejó que fuera abrigado.

Ya en el interior de su Nissan Juke, me informó de que el coche tenía problemas neurológicos, aunque de mecánica seguía perfecto.

—Las neuronas las pongo yo —añadió para tranquilizarme.

Mientras abandonábamos Madrid por la carretera de Burgos, la conversación fue de un lado a otro, sin nada que captara mi atención, hasta que me contó que en Noruega, desde que no nevaba en invierno, habían aumentado los suicidios.

—¿Y eso? —pregunté.

—La nieve es muy luminosa —dijo— y levanta el estado de ánimo. Sin nieve, en esas latitudes, todo es oscuridad.

Lo anoté porque me pareció un dato digno de relato distópico sobre el cambio climático.

—Mi hija —añadió— vive en Londres, que no es Noruega, pero anochece a las cuatro de la tarde, de modo que se ha comprado una pantalla de luz que imita la del sol y que están muy de moda. Hay que colocarlas estratégicamente en la vivienda para combatir el pesimismo.

La pantalla de luz, pensé, es un «como si». «Como si» hiciera sol para ser exactos.

En el puerto de Somosierra la temperatura era de dos grados y sobre nosotros se cernía un techo amenazante de nubes bajas. Al comenzar el descenso, topamos con un grumo de niebla espesa que los faros del Nissan horadaban con dificultad. Circulábamos despacio, atentos a las luces rojas del coche de delante.

—Es una lástima que la niebla no nos deje ver la vegetación que nos rodea, pues los colores del otoño no tienen comparación con nada —dijo Arsuaga—. Los bosques como este se llaman butaneros porque cuando llegó el butano la gente dejó de talarlos para hacer leña.

La tensión provocada por el hecho de conducir a ciegas acabó sumiéndonos en un silencio aciago. *Aciago* y *a ciegas*, pensé, sonaban igual para convivir tan cerca. Busqué mentalmente un sinónimo de *aciago* y me vino *ominoso*, que siempre me ha hecho reír, no sé por qué. Me reí, pues.

—¿De qué te ríes? —preguntó el paleontólogo.

—Del término *ominoso* —confesé.

—Ya —dijo.

Me gustó que le pareciera normal reírse de una palabra tan aciaga. Una de las cosas buenas de Arsuaga es que acepta con naturalidad el sinsentido.

De súbito, salimos de la niebla como el que sale de un sueño y apareció ante nosotros la sierra de Atapuerca, que dejamos a nuestra izquierda para entrar en San Millán de Juarros.

—Estamos en la comarca de los Juarros —me informó el paleontólogo—. *Juarro* seguramente viene de «olmo» en euskera, y es como se llamaba este árbol en la Edad Media castellana. Nosotros vamos un poco más allá, a Salgüero, famoso porque hacen un campeonato internacional de esquileo.

—¿Esquileo de esquilar? —pregunté.

—¿De qué va a ser, si no?

—¿De esquilar ovejas? —insistí.

—Claro —concluyó.

—¿Y a qué vamos a Salgüero?

—Hemos quedado con unos amigos. Ya verás.

Llegados a la localidad, aparcó el coche frente a una especie de cantina que lo mismo que estaba en Burgos podría haber estado en Tijuana y entramos a tomar un café. El techo era bajo, bastante bajo incluso, como el techo de nubes (el día se resistía a abrir), lo que colaboraba a mantener el calor del local, muy necesario en un día cuya temperatura rondaría los cero grados.

—Acabará lloviendo —dije con la taza de café en la mano, señalando hacia fuera.

—No importa —dijo Arsuaga—. Cuando llueve, te mojas. Luego te secas y listo.

—Yo cuando me mojo me acatarro —advertí.

En una de las paredes del establecimiento descubrí un cartel que formaba parte de una campaña contra la amenaza de convertir la comarca en un gigantesco parque eólico. Se veía uno de esos molinos generadores de electricidad que están cambiando el paisaje acompañado de un lema francamente ingenioso: «No son molinos, son gigantes».

—Si se llevara a cabo ese proyecto —me informó Arsuaga—, significaría la desaparición de la comarca de los Juarros, y la gente del lugar ha tomado conciencia de ello. Hasta no hace mucho, venían unos señores con un maletín y decían a la gente: «Les pagamos tanto al año por poner un molino», y estaban encantados porque era como vivir de las rentas. Ahora se han dado cuenta del peligro ambiental que conlleva.

—¿Y cuál es la alternativa?

—Eso digo yo: ¿qué hacemos? Los molinos no nos gustan, la energía hidráulica tampoco, la nuclear ni en pintura. ¿Cómo salimos de este lío?

—No sé, ¿cómo?

—En cualquier caso, dejando de pensar en la ciencia como en una religión. Antes, los problemas los resolvía la Iglesia con las rogativas, las novenas, etcétera. Ahora, ante los problemas, la gente dice: «La ciencia lo resolverá». Y lo dicen porque no estamos dispuestos a renunciar a nada. Habría que dejar de volar, de consumir energía a lo bestia. Pero decimos que no, que eso no. La solución ha de ser de carácter mágico y debe ofrecerla la ciencia. No hay manera de que nos enfrentemos de un modo realista a los problemas.

—Ya.

—De todos modos, prefiero no hablar de los problemas del cambio climático desde que hace veinte o treinta años, durante unas jornadas sobre el medio ambiente que se celebraban en el pueblo de mi padre, Tolosa, cuando expliqué que estábamos metidos en un lío, el otro contertulio dijo: «Esto tiene una solución: el budismo». Pero esto no fue lo que me sorprendió, sino la ovación de la gente que llenaba el salón de actos. Pensé: no hay nada que hacer, no tenemos remedio.

Cuando nos estamos tomando el segundo café a la puerta de la cantina, aparece subido en un tractor un hombre al que el paleontólogo me presenta como Eduardo Cerdá, que es el director de Paleolítico Vivo, una iniciativa privada cuyo objetivo, tal como declaran sus responsables, «es el fomento y la conservación de la naturaleza, las especies amenazadas y su equilibrio con el hombre, dentro de la defensa y estudio de los ecosistemas».

En pocas palabras: Cerdá y los suyos han logrado reproducir a pocos kilómetros de Burgos unas doscientas hectáreas de Prehistoria en las que conviven el bisonte europeo; el caballo przewalski de Mongolia; el tarpán, caballo europeo salvaje recreado a partir de una raza doméstica con la que conservaba bastante parecido; el uro, una «reconstrucción» del toro salvaje obtenida por cruces de varias razas de ganado, y la vaca Highland, que es una raza escocesa.

—Dentro de dos meses —me dice Cerdá— llegan ciervos y renos. Estamos creciendo.

—¿Un parque natural protegido? —pregunto acordándome de Cabañeros y de los «como si» que viví en la travesía de Roma a Mallorca.

—Claro —responde—, está diseñado para acercar la Prehistoria y sus protagonistas a los visitantes. Yo me encargo más de la gestión turística, de la creatividad de los talleres y de la educación. Estefanía Muro, a la que conocerás luego, es la bióloga y se ocupa de los animales y del ecosistema.

—¿Entonces voy a tener la oportunidad de conocer el Paleolítico tal como era?

—Sí —dice—, vamos a desplazarnos quince mil años atrás.

Durante el breve trayecto entre la cantina y el parque, pregunto a Cerdá si participa en la campaña anti parque eólico.

—¡Sí! —responde—. Aquí todos estamos en contra porque Burgos ya es una de las provincias más castigadas de la Península. Los molinos se están colocando sin ningún control en los paisajes de nuestros abuelos. Todo su legado está siendo mancillado, destruido. Todo lo que antes era un paraje verde ha desaparecido por la intromisión de estos monstruos. Los de la última generación llegan a tener doscientos ochenta metros de altura. Al final, el paisaje se destruye para siempre, lo que conduce a una destrucción medioambiental masiva de aves rapaces, entre otras. Chocan con sus aspas y se parten en dos.

—¿Cuánto pagan por molino?

—¡Uuuuuf! Creo que lo mínimo está en seis mil euros o más al año. Si tienen diez, ingresan sesenta mil, tirando por lo bajo. Hay ayuntamientos que recaudan tanto dinero que no saben qué hacer con él y se dedican a podar el bosque para que los árboles queden bonitos.

—¿Los molinos solo están en terrenos municipales?

—No me consta que los haya en terrenos privados. Todo lo que se pretende meter aquí afecta al terreno público. Todos los pueblos están en contra. No quieren que pongan más molinos. No quieren el dinero porque, al final, con ese panorama, ¿quién va a venir aquí? ¿Quién arreglará esa casa que se está hundiendo? ¿Quién construirá un hotel rural? ¿Quién hará turismo de familia con todo eso ahí? ¿Cómo sobreviviría un Paleolítico vivo en un lugar rodeado de molinos? Es antinatural. Se trata de una energía preciosa, limpia, pero España tiene mucho litoral para sacar los molinos, como hacen los ingleses. En el litoral no harían tanto daño. Es injusto además que en lugares como el País Vasco o Cantabria no estén colocando casi ninguno. A los tontos de Castilla nos ponen los molinos, nuestro paisaje queda destrozado, pero quien se beneficia de esa energía limpia no somos nosotros, sino el resto del país.

Cuando descendemos del coche, tras haber recorrido un camino de tierra muy estrecho, con bosques asombrosos a ambos lados, las nubes se separan como las dos partes de una herida y el sol, por esa rendija, ilumina una pradera inmensa, con grupos de árboles aquí y allá, una pradera que evoca la imagen de paisaje prehistórico que acostumbramos a ver en las enciclopedias y en los documentales cinematográficos.

—Aquí —dice Arsuaga subiéndose la cremallera del anorak— no es que haga frío, es que vive el frío.

En efecto, el frío es intenso y de vez en cuando viene acompañado de una lluvia tan fina que podría confundirse con niebla. La masa forestal que se observa allá donde termina la pradera es excesiva, tanto que no soy capaz de digerirla mentalmente, no soy capaz de decirme algo original acerca de ella. Me conmueve con el poder de lo inefable, de lo que no se puede hablar, como si esas praderas y esos bosques hubieran despertado algo que dormía en mi interior y que acabara de despertar con tal brío que da un poco de miedo, si bien se trata de un miedo productor también de una extraña euforia. El aire húmedo penetra por mis fosas nasales, que me parecen unas fosas nasales prehistóricas, y escapa por la boca, en forma de vapor, tras haber hidratado mi calavera.

Así es como lo siento.

—En esta dehesa —dice Cerdá— había miles de cabezas de ganado hasta que entramos en la Unión Europea y todos esos animales fueron sacrificados, no quedó ni una vaca, todas al matadero. Daban mucho dinero por cada vaca sacrificada. La dehesa quedó desierta. Este suelo lo abonaban las vacas con sus boñigas. Me imagino a los escarabajos peloteros preguntándose qué había ocurrido, por qué de un año a otro no quedaba ninguna. Bueno, pues ahora han vuelto las boñigas.

Nos adentramos en el bosque. El suelo está lleno de hojas de roble.

—Algunos de estos robles —dice Arsuaga— tienen quinientos o seiscientos años. Son auténticas esculturas, monumentos. Estamos en un monte público que en tiempos se arrendaba a los ganaderos. Al desaparecer estos, se llevó a cabo el proyecto de Paleolítico Vivo, vinculado al yacimiento de Atapuerca.

Tras atravesar el bosque espeso, buscando de nuevo la luz relativa de ese día nublado, salimos a un claro donde vemos un grupo de caballos.

—¿Prehistóricos? —pregunto.

—Más o menos —dice Cerdá—. El caballo salvaje, llamado tarpán, se extinguió a lo largo del XIX. En realidad, se fue diluyendo en las razas domésticas. Esta es la raza konik, de Polonia, que conservaba un fenotipo bastante primitivo y se depuró para recuperar de alguna forma el fenotipo ancestral.

Nos acercamos a los caballos, que son grises y de poca alzada, lo que me llama la atención.

—Esta alzada —me informa Arsuaga— es la normal de los caballos primitivos, que eran todos ponis. En uno parecido a estos cabalgaba Alejandro Magno. El caballo alto es muy reciente, de la Edad Media, fruto de la selección. En el friso del Partenón aparece gente montada a caballo cuyos pies casi le llegan al suelo.

—El de color canela —dice Cerdá— es un przewalski. Es de Mongolia y se parece mucho al prehistórico. Es una de las joyas de este proyecto, pues solo quedan mil quinientos individuos vivos en todo el planeta. La mayoría, unos seiscientos, se encuentran en Mongolia.

—¿En libertad? —pregunto.

—No, en libertad hay menos de cuatrocientos. Conseguimos diez ejemplares a través de unos convenios con una asociación de Francia. Es prácticamente un animal extinto porque no puede ser domesticado. Tiene tendencia al pánico, como las cebras, por eso nadie, excepto algún domador, lo puede montar. Se cazaba como carne por eso mismo, porque no se podía montar.

Mientras la lluvia arrecia, me quedo contemplando al caballo mongol inserto en el extraño paisaje en el que nos encontramos. El siglo XXI visitando la Prehistoria, más bien una reproducción de la Prehistoria. Un «como si» fuera la Prehistoria. Pero la tendencia al pánico del przewalski, sin embargo, es real. Eso es parte de lo que queda de la Prehistoria: el pánico, que demuestran cuando hacemos el gesto de acercarnos.

—¿Hay machos y hembras mezclados? —pregunto.

—Sí —dice Cerdá—, las manadas están perfectamente diferenciadas y jerarquizadas, un macho con sus hembras.

—Este przewalski —añade Arsuaga de uno que se encuentra algo alejado del grupo— es un exiliado.

—Los przewalski —explica Cerdá— pelean hasta la muerte. El macho dominante expulsa a los jóvenes cuando empiezan a mostrar interés por las hembras y lo hace con muchísima violencia. No es como el resto de los caballos, que pelean un poco y uno huye. Estos pueden perder la vida y las heridas que se infligen son terribles.

—Pelean por la transmisión de los genes —dice Arsuaga.

—Para evitar que los visitantes, sobre todo si son niños, vean animales con heridas feas —continúa Cerdá—, a este grupo de machos los sacamos y dejamos al macho dominante con su harén.

—Mientras aguante —aventuro yo.

—Claro, porque en algún momento llegará otro más fuerte que él, lo echará, lo sustituirá y morirá aquí.

La lluvia cesa y se manifiesta momentáneamente el sol, una vez más, por un resquicio abierto en el cielo que enseguida se vuelve a cerrar, como si se hubiera tratado de un parpadeo. Las nubes, muy negras, parecen pesar toneladas.

Avanzamos sobre la hierba húmeda encontrando más manadas de caballos que parecen sacados de los dibujos de las cuevas prehistóricas.

—Aquí no hay depredadores —aventuro acordándome de Cabañeros.

—Hemos visto lobos de paso —aclara Cerdá—, pero nunca han atacado a los animales ni a nosotros. Tendría que ser una manada muy hambrienta.

—¿Tenéis que sacrificar entonces a algunos animales?

—Cuando hay una superpoblación de los caballos domésticos, que paren todos los años, sí. Se venden a tratantes o a empresas que los quieren para productos cárnicos. Con ese dinero autofinanciamos el proyecto. Tenemos que ser sostenibles porque no recibimos ayudas y una de las fuentes de ingresos es la venta de machos jóvenes —dice Cerdá tomando un camino estrechísimo entre los robles.

Compruebo con prevención que nos estamos alejando del coche, de modo que si se pone a llover fuerte (no dejan de caer gotas sueltas aquí y allá, como en una especie de lotería), nos empaparemos sin remedio.

—Parece el bosque de Sherwood, el de Robin Hood —apunta Arsuaga, al que el ozono presente en el aire parece estimular.

Nos detenemos ante un roble con varios brazos, como un colosal candelabro asimétrico, que evoca a la vez la figura de un cuerpo humano en actitud amenazante. Si veo esto de noche, pienso, me muero del susto. Las hojas de los robles, que forman una alfombra vegetal de un espesor considerable, crujen bajo nuestras botas, se quiebran como manos cortadas y amontonadas en el suelo. Pregunto si recogen estas hojas secas y me dicen que no, que no tocan nada.

—Lo que cae —añade Cerdá— que se pudra. Es importante que haya un filtro natural. La pudrición de las hojas enriquece el subsuelo y sirve de sustrato.

Al poco llegamos a una especie de círculo mágico formado por seis o siete robles centenarios, de extrañas y retorcidas formas, con mucho musgo en el lado más expuesto a la humedad. Se escucha el golpeteo de la lluvia sobre las ramas, pero el agua se pierde por el camino, sin alcanzar nuestras cabezas. Los tres tenemos ya las narices rojas, por el frío, y nos frotamos las manos para activar la circulación. Me dan ganas de proponer que regresemos, pero no me atrevo, pues tengo la impresión de que todavía me quieren mostrar algo.

—Este roble tan ancho —dice Cerdá deteniéndose—, al que ni tres personas lo abarcarían rodeándolo con los brazos extendidos, estaba seguramente aquí cuando Colón partió a las Américas. Tiene casi seiscientos años y todavía le quedan hojas.

Cuando llegamos al pastizal, la lluvia ha vuelto a cesar, pero el frío se nota más que en el bosque. Arsuaga se acerca a mí, me toma del brazo y me señala un punto al otro extremo de la dehesa.

—¿Qué ves allí?

—¡Un bisonte prehistórico! —exclamo.

—Eso —confirma Arsuaga—, hay bisontes, otro animal prácticamente extinguido, como el przewalski.

Pese a que nos hallamos todavía lejos del animal, su perfil es inconfundible. Está grabado en la memoria colectiva desde que vimos con asombro el bisonte hiperrealista de Altamira. Todos llevamos ese bisonte dentro, de modo que verlo fuera, como proyectado por la imaginación, en medio de un paisaje prehistórico y en el transcurso de una jornada desapacible de otoño que empezábamos a sentir también como paleolítica, desata, en mí al menos, una emoción que me pertenece solo en parte, pues se trata de una emoción que llega hasta mis entrañas cabalgando sobre las de mis antepasados, como si entre el cordón umbilical de los hombres y las mujeres que se habían asomado a esa dehesa hacía miles de años y el mío no se hubiera producido corte alguno y la sangre de sus cuerpos fuera la misma que bombeaba, ahora con una fuerza inusual, mi corazón.

Enseguida, al cuerpo del bisonte que se nos había mostrado de perfil se sumaron otros congéneres cuya silueta, recortada contra el día lluvioso y gris, que parecía hecho a carboncillo, resultaba también inconfundible.

—Esto sí que es Prehistoria en estado puro —dice Arsuaga—. Estos animales pacerían en pastizales idénticos a este.

—Se trata de devolver la especie a la naturaleza, pero solo donde le corresponda vivir —apunta Cerdá—. Aquí había bisontes en el Pleistoceno, por eso se adaptan tan bien y se reproducen, aunque los bisontes de aquella época eran de una especie algo diferente. Nosotros, junto con otros parques naturales, formamos parte de una red de reproducción y conservación tanto del przewalski como del bisonte. Estos animales —añade— tienen una consanguinidad brutal porque vienen de unos pocos supervivientes que procedían de zoológicos. Si estuvieran todos juntos y se declarase cualquier epidemia, morirían todos. Como hay tan poca variedad genética, lo que mata a uno mata a todos. La manera de eludir ese riesgo es criándolos en núcleos separados de manera que, si se declara la epidemia en los bisontes de aquí, no se pueda transmitir a los que viven en Polonia, que es donde se encuentra el grupo principal.

—¿Formáis parte de una red mundial de parques? —pregunto con asombro.

—Claro. Hay un organismo que gestiona toda la especie.

—Ahora —dice Arsuaga acercándose a mí— quizá empieces a entender por qué existe el sexo existiendo la partenogénesis. En la partenogénesis, que es el medio de reproducción de muchos animales, no interviene el macho, no hay machos. Es el caso, por ejemplo, de algunas especies de salamanquesas, que producen clones exactos de la madre sin que haya habido fecundación. Clon es un término que se utiliza para un individuo que es idéntico a su progenitor, pero cuando surgió se refería a una línea, a un conjunto de individuos genéticamente iguales. Ahora se ha puesto de moda y se utiliza más para el individuo. Los clones se perpetúan en el tiempo sin que se modifique su genética y pueden durar miles o millones de años.

—Entonces —pregunto—, ¿para qué hace falta el sexo, que tantas satisfacciones pero también tantos disgustos nos da?

—Cuando una hembra es partenogenética —responde Arsuaga—, en su hija están todos sus genes, mientras que si se reproduce con un macho la descendencia solo tiene la mitad. Desde el punto de vista de la lógica darwinista de los intereses genéticos del individuo, el sexo implica la renuncia a la mitad de los genes en los descendientes. La otra mitad la pone el individuo del otro sexo.

—¿Por qué esa renuncia? —insisto.

—Si no hay diversidad genética —dice—, las líneas genéticas son siempre las mismas. En su carrera armamentística contra los patógenos, los protozoos, las bacterias y los virus, sin embargo, van evolucionando. Si la especie no evoluciona también para defenderse de sus patógenos mejorados, antes o después perecen todos.

—Ya —digo respirando la humedad ambiental, sin perder de vista a los bisontes paleolíticos, por si repararan en nosotros y se decidieran a atacarnos.

—Todos los seres vivos —añade el paleontólogo— mantienen una carrera armamentística constante contra los patógenos. Lo hemos visto en el caso de la covid. Si no hubiera aparecido la vacuna, habría muerto la parte de la población más susceptible a la enfermedad.

—Y los que hubieran sobrevivido —deduzco— se habrían reproducido transmitiendo esa inmunidad a sus descendientes.

—Ya está, punto —concluye Arsuaga—. Es exactamente lo que ocurrió con la gripe española: murieron los que eran débiles frente a ese virus y la especie siguió adelante. Se acabó el problema. Desde el punto de vista de la especie humana, claro, porque fue una catástrofe para la sociedad.

—O sea —digo—, que el sexo es un gran invento.

—Un invento para enfrentarse a la escalada armamentística de los patógenos —insiste él—. La aparición del sexo produce variedad genética, lo que significa que no hay dos individuos iguales, todos son combinaciones genéticas diferentes, todos son únicos, menos los gemelos, claro está, que son genéticamente idénticos. Si se produce una gripe española, habrá individuos que resistan y otros que no. Los que resistan transmitirán la inmunidad a la descendencia. Pero los virus volverán a mutar y etcétera.

—El sexo —aventuro— favorece entonces más a la especie que al individuo.

—En efecto, porque al individuo le interesaría más la partenogénesis. He hablado de patógenos, pero lo que vale para los patógenos vale también para el ambiente. Imagina que cambia el clima: si son clones, a lo mejor desaparecen todos, mientras que, si hay variedad genética, unos resistirán y otros no. En otras palabras, podrán evolucionar. Lo que se te tiene que meter en la cabeza es que hay una relación directa entre la variación genética de una especie y la velocidad a la que evoluciona. Las especies con poca variación genética evolucionan más despacio que las que tienen mucha variación genética.

—¿Y no hay una contradicción entre la teoría darwinista, según la cual a la selección natural solo le interesa el individuo, y la aparición del sexo, que favorece a la especie? ¿Cómo explica el darwinismo esa contradicción?

—Porque hay, efectivamente, un nivel de selección por encima del individuo: la selección de grupo.

—¿Y eso lo admite el darwinismo?

—¡Qué remedio! Es la única explicación posible para entender esto del sexo.

—De modo —deduzco— que el sexo existe no porque convenga a los individuos, sino porque le viene bien a la especie. ¡Ya sabemos para quién follamos!

—Imagina que esos bisontes son clones y que no evolucionan. De hecho, casi lo son por culpa de la consanguinidad. Hay cruce sexual, pero no hay diversidad genética: los genes del macho son casi iguales que los de la hembra. A todos los efectos, podemos decir que son clones.

—Oye —digo intentando emprender la huida—, ha empezado a llover otra vez, nos vamos a calar.

—No importa, luego nos secamos. Escucha esto: a su alrededor, alrededor de esos bisontes, todo cambia. Los lobos, por ejemplo, se hacen más rápidos, más fuertes y mejores; el clima se modifica y, en vez de robles, proliferan las coníferas. Por supuesto, los hongos, los protozoos, las bacterias, los parásitos y los virus van evolucionando para ser más eficaces en lo suyo, que es vivir y reproducirse a costa de otros.

—Pero los bisontes siguen igual —intervengo, para acelerar el discurso.

—En esta carrera armamentística, ellos devienen cada vez más débiles.

—Vale.

—Se llama teoría de la Reina Roja. En *A través del espejo* hay una reina de ajedrez roja. En un momento dado, Alicia y la reina roja están junto a un árbol. La reina le coge la mano a Alicia y dice: «Vamos a correr». Corren y corren cada vez más deprisa. Alicia se asfixia.

Grita: «Ya no puedo más, paremos». Se paran y Alicia exclama con sorpresa: «Pero si estamos en el mismo sitio, junto al mismo árbol». «¿Y qué tiene de extraño?», pregunta la reina. «En el país del que yo vengo —responde Alicia—, cuando corres terminas en otro sitio». «El tuyo debe de ser un país muy lento», dice la reina.

—Es decir —añado—, que desde el punto de vista evolutivo hay que correr mucho para quedarse en el mismo sitio.

—Ahí lo tienes. Si todos corren y tú te quedas parado, te comen todos los que tienen reproducción sexual. Tiene que haber variabilidad para que se seleccionen los mejores y las mejores combinaciones. Si te quedas quieto, *kaputt.*

—O sea, que llevas diciéndome toda la vida que a la selección solo le importa el individuo y ahora resulta que también está preocupada por la especie.

—¡No, no! Es que no favorece a la especie. Es que estás pensando al derecho y así no vas a ningún sitio. Tienes que pensar al revés. El sexo no favorece a la especie. Eso es finalismo. Pensamiento mágico. El sexo no favorece a nadie. En la naturaleza no hay propósito, no hay preferencias, sé un poco epicúreo por una vez. Solo hay átomos que se combinan y se separan.

—¡Pero si me lo acabas de decir, coño!

—No he dicho eso.

—¡Sí lo has dicho!

—He dicho —añade sonriendo bajo la lluvia— que tienes que estar corriendo todo el tiempo para quedarte en el mismo sitio.

—Has dicho que hay una selección por encima del individuo: la selección de grupo.

—Cierto. A Jacques Monod le dieron el Nobel junto a François Jacob y André Lwoff. Jacob dice que en los animales hay tres tipos de memoria: la del sistema nervioso (la experiencia que se almacena en las neuronas), la del sistema inmunitario (te infectas por un patógeno y, si sobrevives, te queda un recuerdo que es una forma de vacuna, pues has desarrollado defensas contra él) y la memoria filogenética, que es la memoria evolutiva: ese árbol que ves ahí tiene en sus genes memoria de sus antepasados, procede de sus antepasados modificados. Hay una diferencia importante entre estos tres tipos de memoria. Con la que se almacena en la del sistema nervioso y en la inmunitaria aprendes de los errores: una vaca se da un calambrazo en el pastor eléctrico y no vuelve a acercarse. Si contraes una gripe, el sistema inmunitario aprende a defenderse del virus. Pero con la memoria evolutiva solo se aprende de los éxitos, jamás de los errores.

—El error es la muerte.

—La extinción. La genética de la especie es el resultado de los antepasados, que aprendieron de los éxitos y solo de los éxitos. No hay segundas oportunidades. Pero el sexo no aparece «para» nada. Olvídate de una vez por todas del «para». Hay especies sexuales y especies asexuales. Punto. Ocurre que a las especies asexuales, cada cierto tiempo, les va mal en la evolución. Aparecen y desaparecen porque antes o después se produce un cambio climático o se manifiesta un agente patógeno a los que no se pueden adaptar. No es que haya sexo para que dentro de millones de años, si se produce un cambio climático... No. La evolución no tiene ojos para el futuro. Se producirá un cambio climático o aparecerá un patógeno y las especies que no tengan variación genética y reproducción sexual desaparecerán.

—Pues no sé si lo entiendo —digo quitándome el agua de la cara, resignado a coger una pulmonía, quizá a morir de ella. Me consuela que solo falta este capítulo para acabar el libro y que podría terminar de escribirlo el paleontólogo. Sería una bomba desde el punto de vista editorial. Casi estoy deseando que arrecie la lluvia helada para observar desde la muerte el éxito de un libro que trata precisamente de la muerte.

—Vale —concluye Arsuaga algo irritado—, si quieres que te diga que hay un nivel de selección superior al individuo en el tiempo geológico, sí, hay una selección por encima del individuo en el tiempo geológico, y subrayo lo del tiempo geológico, cuya unidad de medida, para que te hagas una idea, es un millón de años.

En esto llega bajo la lluvia Estefanía Muro, la bióloga del proyecto Paleolítico Vivo. Dice que el bisonte americano, que tampoco tiene variación genética porque casi se extinguió, como le pasó al europeo, sufre una enfermedad vírica rarísima que afecta al pene, al glande, y que ha tenido que sacrificar muchos, por lo que están a punto de extinguirse todos.

—La única solución —confirma Arsuaga— es cargarse a todos los que tienen la enfermedad. Están muy expuestos porque los virus van evolucionando, siguen a lo suyo, mutando, y ellos continúan igual que siempre: la teoría de la Reina Roja.

—De hecho —apunta Estefanía—, una de las ideas de este proyecto, y mientras llega la diversidad genética, es la creación de diversos núcleos poblacionales. Si conseguimos, por ejemplo, que no todos los bisontes se queden en Polonia y vamos colocándolos en distintos puntos, facilitamos que, si llega el virus a Polonia, mueran los de allí pero conservemos un reservorio de genes. Aquí, en el caso del przewalski hemos tenido problemas de endogamia: hubo un macho dominante anterior a cuyas crías no les funcionaban los tendones. Algunas nacían directamente muertas o no llegaban a sacar más que la cabeza y morían la madre y la cría. Retiramos a ese individuo, pusimos a otro y de momento no hemos tenido problemas.

En este instante, las nubes se abren una vez más y asoma otro rayo de luz moribundo que me recuerda a la cabeza del potro asomando por los genitales de la madre. Pese a todo, continúa lloviendo con menos intensidad, por lo que enseguida se manifiesta también el arcoíris. La naturaleza, pienso, se pone a veces muy retórica. Demasiados fenómenos juntos para ser apreciados.

—Este año —continúa Estefanía— hemos sacado de aquí a la primera hija que tuvo este nuevo macho. Tiene cuatro años y a partir de ahí son fértiles. Para evitar que el macho monte a su hija, la hemos movido a otra reserva, en este caso de Palencia. Con los bisontes vamos a tener el mismo problema. Tenemos que sacar a la primera hembra que nació para evitar que la monte el padre.

Me desasosiega la idea de tanto padre intentando montar a tanta hija. Me desasosiega la idea de la endogamia, me desasosiegan los genes, la reproducción sexual, el facsímil partenogenético, el arcoíris retórico, me desasosiegan la lluvia, el sol, el frío. Me desasosiega el pequeño grupo de bisontes prehistóricos tan expuestos, pobres, a los patógenos por culpa de la teoría de la Reina Roja. Se encuentran lejos de nosotros, pero de vez en cuando el macho dominante, cargando una joroba que me recuerda a la piedra de Sísifo, vuelve la cabeza y nos observa como preguntándose cómo han caído cuatro personas del siglo XXI en plena Edad de Piedra. Me gustaría explicarle que es justamente al revés, que son cuatro animales prehistóricos que han viajado a la era de las computadoras.

La bióloga se pone en marcha en dirección al grupo de bisontes y el resto la seguimos asombrados del efecto anímico que produce el bosque observado desde el pastizal.

Cuando nos hallamos cerca de los animales pregunto a Estefanía si son pacíficos.

—Depende —dice—, tienen sus momentos. Pero han comido ya y no hay ninguna hembra en celo. Mira, son tres machos, uno de ellos es el dominante. Los otros dos viven muy mal.

—En condiciones normales, no en un parque protegido, sino en plena naturaleza, ¿esos dos habrían abandonado el grupo?

—Habrían formado su propia manada, sí. Estoy peleando para que uno de ellos salga de aquí porque no conseguimos que esté bien. Está sometido a un estado de ansiedad constante.

Miro al bisonte ansioso y no me cuesta reconocer su desazón anímica, que se manifiesta en un físico repleto de carencias si comparamos su corpulencia con la del jefe.

—Lo hemos requetedesparasitado —apunta la bióloga— y le hemos dado vitaminas, pero no progresa.

—En la naturaleza —dice Arsuaga— se habría ido fuera a pasarlas putas. Lo de irse de casa no es tan fácil. Fuera de la manada hace mucho frío. Normalmente, el macho dominante está en el mejor sitio, es el que tiene el mejor pasto. Junto al macho dominante, pese al estrés, se encuentran en el mejor pastizal. Renunciar al grupo implica irse a las peores zonas del territorio.

—¿El dominante es el que más folla o el único que folla?

—Lo que tenemos que procurar es que no nos folle a nosotros —dice Arsuaga—. ¿Tú qué tal corres?

—Yo mal.

Cerdá y Estefanía se ríen.

—Apartémonos de su camino —aconseja la bióloga.

—Si nos quitamos de su camino, ¿no pasa nada? —pregunto.

—Ya veremos —dice.

Observado de perfil el rostro del bisonte, se le aprecian, curiosamente, rasgos humanos idénticos a los que se pueden ver en los bisontes de las cuevas prehistóricas.

—Esta hembra —dice Estefanía señalando a uno de los bisontes más cercanos— es muy sociable. Es la preferida del macho dominante y la que manda en el grupo.

Ha dejado de llover de nuevo al tiempo de cerrarse la llaga por la que había asomado el rayo de sol minusválido que colaboró a la aparición del arcoíris, que se ha esfumado. El techo irregular de nubes negras se encuentra más cerca de nuestras cabezas, como si pesara demasiado para mantenerse en suspenso.

Aunque no hemos recorrido, ni de lejos, la totalidad del parque, logro ponerlos de acuerdo en iniciar la retirada antes de que el cielo se abra sobre nosotros. Todos llevan ropas más adecuadas que la mía.

Mientras nos dirigimos al coche, Arsuaga me dice:

—Del mismo modo que el sexo no tiene explicación desde el punto de vista de la selección natural individual y solo se entiende desde una escala geológica, hay unos pocos biólogos que opinan que igual podría pasar con la muerte. La selección natural solo favorece el éxito y la muerte es un fracaso, nadie quiere morir.

—Será inexplicable, pero debe de formar parte de la información genética porque todos morimos —digo.

—Eso es lo que dicen los partidarios de la muerte programada, que es una adaptación de la especie. Pero yo no lo creo, primero porque no hay una sola causa de muerte. No parece que haya un mecanismo que programe la muerte porque las causas de muerte son múltiples. El mejor ejemplo es el del cáncer, que es difícil de eliminar porque los hay de muchos tipos. Si la muerte estuviera programada, todos moriríamos de lo mismo. Y no se ven las ventajas de la muerte programada.

—Deja espacio a los que vienen —digo.

—Eso hay que concretarlo. Se dice que la muerte es adaptativa porque controla el tamaño de la población. En Cabañeros vimos que no. Los ciervos no se autorregulan. Proliferan hasta que se lo comen todo. ¿No has visto ese documental en el que se cuenta cómo la reintroducción de lobos en Yellowstone redujo drásticamente la población de ciervos e hizo que se recuperara la vegetación esquilmada?

—Pero la mosca del vinagre, por poner un ejemplo, envejece de un modo muy parecido al del ser humano.

—Cierto. Y el pulpo y el salmón del Pacífico mueren muy rápidamente después de la reproducción, sí, pero con todos los estigmas de la vejez. Literalmente mueren de viejos.

—¿Podríamos decir entonces que la vejez está programada?

—Hay argumentos para el debate y tú acabas de proporcionar uno. Hay que dar un poco de cancha a los partidarios de la Pachamama —ironiza—. De todos modos, no olvides que la hipótesis de la muerte programada implica la existencia de un algoritmo genético encargado de esa programación y que no habría más que hackearlo para conquistar la vida eterna. Ahora bien, si no hay muerte programada y cada una de los miles de enfermedades de las que morimos dependiera de un algoritmo genético distinto, habría que hackearlos todos. Complicado. Los partidarios de la muerte programada, en fin, te están prometiendo una vida eterna que antes te prometía la religión. Hemos cambiado de proveedor, no de objeto.

Comimos (bien) en Los Claveles, un restaurante de la zona que había crecido, como tantas cosas, al calor del proyecto de Atapuerca y donde conocían al paleontólogo desde que comenzara a trabajar en el yacimiento hace cuarenta años. Nos vino a saludar toda la familia y nos recomendaron lo mejor de su carta. En el cuarto de baño, antes de sentarme a la mesa, me había secado un poco la cabeza con el secador de manos y me había aseado en general, pues venía directo de la Prehistoria, hecho polvo por el viaje, y la gente me miraba raro. De paso, me hice un rápido chequeo respiratorio para comprobar el estado de mis bronquios y, milagrosamente, estaban bien. No había principio de pulmonía, ni siquiera los primeros síntomas de un catarro común. A lo mejor llevaba razón Arsuaga: si te mojas, te mojas. Luego te secas y ya está.

La comida y el vino, además del todavía sorprendente estado de salud con el que había salido de la fría y lluviosa experiencia, me levantaron el ánimo y acudí con buena disposición a la siguiente actividad del día, que tendría lugar en el Museo de la Evolución Humana (MEH) de Burgos, el único del mundo dedicado al ser humano y de cuyos contenidos Arsuaga es el responsable.

Lo primero que llama la atención de este museo es su continente, diseñado por el arquitecto Juan Navarro Baldeweg y compuesto por una gigantesca caja de cristal de cuatro pisos cuyas partes evocan los distintos rincones de la trinchera donde se encuentra el yacimiento de Atapuerca, a pocos kilómetros del lugar. Las virtudes del edificio, pensado expresamente para la función que desempeña, son tales que merece la pena visitarlo solo para disfrutar de la inteligencia de sus espacios. El modo en que los volúmenes se relacionan con la luz tiene mucho que ver con la manera en la que los seres humanos nos relacionamos con el sol. Da gusto perderse por sus entrañas como en los instantes que anteceden al sueño nos perdemos por nuestro interior hallando rincones de pensamiento, de miedos ancestrales o de afectos remotos de cuya existencia ni siquiera podíamos sospechar. Se trata de una visita que nadie que tenga un poco de curiosidad por sí mismo y por la especie a la que pertenece se debería perder. De ese museo se sale transformado, como si uno, sin haber dejado de ser quien era al entrar, hubiera sumado a su identidad, durante el recorrido, toda la carga existencial de quienes nos precedieron en el duro trabajo de devenir en hombres y en mujeres.

La visita al museo constituye en gran medida un ejercicio de responsabilidad.

Arsuaga y yo fuimos directamente a la zona del edificio en la que aparecen, formando un extraño círculo, diez imágenes de látex hiperrealistas de otros tantos individuos que dan cuenta de los diferentes pasos de la evolución. El círculo empieza con la australopiteco Lucy y se cierra con el *Homo sapiens*, pasando por el *Homo habilis*, el *Homo erectus*, etcétera. El realismo de las esculturas es de tal calibre que si un visitante de carne y hueso permaneciera quieto junto a una de ellas, sería tomado por una de las piezas del museo, quizá por la del *Homo digitalis*.

Plantados en medio de este grupo de antepasados nuestros, y como si formáramos parte de la familia, el paleontólogo dijo:

—A lo largo de estos dos años hemos hablado de las posibilidades de alargar la vida humana. Te he traído aquí para que veas que ya lo hemos hecho, y que por lo tanto podríamos volver a hacerlo. Veremos cómo. De momento fíjate en esta homínida, Lucy, una *Australopithecus afarensis* que vivió hace unos tres millones y cuarto de años. Sabemos de ella que vivía lo que un chimpancé, unos cuarenta o cincuenta años en plena naturaleza. Sin embargo, los humanos, incluso los de la época de Altamira, alcanzaban los setenta si tenían suerte.

—El salto es increíble —digo hablando en voz baja como si el conjunto de muñecos que nos miran pudieran también oírnos.

—Lo hemos hecho, pues —insiste Arsuaga—. Hemos prolongado la vida de los cuarenta y tantos a los setenta años más o menos. Es decir, de cinco décadas a siete décadas. Lo que hay que averiguar es lo que pasó durante el tiempo que va de Lucy al habitante de Altamira, que vivió hace catorce mil. Lucy, como sabes, era bípeda. Cuando murió tendría unos doce o trece años y estaba embarazada o acababa de dar a luz. No había completado su desarrollo, no tenía los huesos completamente fusionados.

—¿Cuánto medía?

—Poco más de un metro. Pesaría en torno a los veintisiete kilos. Pero aunque Lucy murió muy joven, los adultos de su especie de australopiteco llegarían hasta los cuarenta y cinco años, y alguno muy afortunado, o muy bien adaptado, incluso se acercaría a los cincuenta. ¿Cómo podría un australopiteco evolucionado aumentar su longevidad? El mecanismo es este: si, por lo que sea, consigues que un gran número de individuos alcancen los cincuenta y cinco años, este grupo entra en el radar de la selección natural, puede actuar sobre ellos la selección natural, de modo que los que viven más tienen ventajas sobre los que viven menos por la sencilla razón de que tienen un hijo más, o quizá dos. Yo he conocido una hembra de chimpancé en libertad de cuarenta y cinco años que cuidaba de un hijo de dos. Llegar a los cincuenta y cinco es una ventaja importante, con efectos en la generación siguiente. Imaginemos que los que pasan de los cincuenta años tienen en general mejores genes que los que no llegan. Están mejor adaptados. Los genes de esos individuos estarán más representados en la siguiente generación, porque tienen uno o dos hijos más. De ese modo, cada vez habrá en la especie más individuos que sobreviven después de los cincuenta. Así es como actúa la selección natural, amigo mío. Su radar no es, en realidad, nada más que una criba.

—Pero tienen que llegar muchos a esa edad —digo—, a los cincuenta y cinco, para que la expresión de los genes desfavorables se retrase. Un individuo o dos longevos no cambian nada porque sus genes, aunque sean estupendos, se diluyen en el océano de genes de la especie.

—Claro. Es preciso que vivan muchos individuos más de cincuenta años para que la longevidad pase de cinco décadas a seis.

—¿Influyó la postura bípeda en el alargamiento de la vida?

—No, porque Lucy era bípeda y no vivía más de lo que vive un chimpancé. Sería otra cosa, no la postura bípeda. Aquí —añade señalando otra escultura— tenemos la especie de los australopitecos sudafricanos. Son de otra parte distinta de la de Lucy, pero viven lo mismo que ella y lo mismo que un chimpancé: unos cuarenta y cinco años, como mucho cincuenta.

—Aún no se ha dado el salto —digo.

—No, aunque no solo son bípedos, sino que su mano, si te fijas, se parece bastante a la nuestra. Pero no son más longevos todavía.

—¿Y este? —pregunto señalando la siguiente escultura, pues los vamos observando de izquierda a derecha, como si leyéramos un texto.

—Este es el *Homo habilis* —dice Arsuaga—. Su aspecto sigue siendo el de un australopiteco, pero su cerebro es un poco más grande. Es el primero en fabricar tecnología. Sabemos poco de él, pero está más cerca de los que hemos visto hasta ahora que de los siguientes.

—¿Todavía no hay salto desde el punto de vista de la longevidad?

—Quizá algo. Pero el cambio cualitativo lo tenemos aquí —añade Arsuaga señalando la escultura hiperrealista que representa al *Homo erectus*—. Estamos hablando de hace unos dos millones de años. Para empezar, en el *Homo erectus* se produce un aumento de estatura que afecta también al cerebro. Compara su tamaño con el de los anteriores.

—Lo veo —digo evitando la mirada del *Homo erectus*, que parece querer decirme algo.

—Este homínido es más tecnológico que el *Homo habilis* y su tiempo de vida es algo superior al del chimpancé.

—Vale —digo.

—Y aquí tienes al *Homo sapiens* —dice señalando la última de las figuras del círculo en cuyo centro se hallan dos *Homo digitalis*, representados por el paleontólogo y por mí. Nuestra carne es idéntica a la de las esculturas de látex que nos observan desde una distancia espacial de dos o tres metros, aunque desde una temporal de hace miles o millones de años—. La gente que viene al museo —añade— se da cuenta intuitivamente de que hay como dos tipos de especies en la evolución humana: la de aquellos bípedos que están más cerca del chimpancé, pese a la postura erguida, y la de los que son como nosotros, lo que sucede a partir del *Homo erectus.* La prolongación de la vida empieza en el *Homo erectus*, en quien se observa un aumento de la estatura y del tamaño del cerebro, además de una riqueza tecnológica y una complejidad social que no se aprecian en los anteriores.

—Vale. ¿Y adónde quieres ir a parar?

—A que la prolongación de la vida empezó hace dos millones de años. Si lo piensas, ha sido muy rápido. Hablando en tiempos geológicos, hemos logrado un aumento de dos décadas en la duración de la vida en apenas dos millones de años. ¡Una década por cada millón de años! Hemos pasado de la longevidad del chimpancé a la nuestra en un plis plas geológico.

—¿Eso qué quiere decir?

—Quiere decir que hay algunos botones que se pueden tocar para hacerlo porque ya lo hemos hecho.

—¿Por botones te refieres a genes? ¿Es cuestión de tocar algunos genes?

—Toma nota bien de esto: los chimpancés y nosotros tenemos el mismo número de genes, unos veinte mil. Las diferencias entre las dos especies se encuentran tan solo en un uno por ciento de los genes, el noventa y nueve por ciento restante son idénticos. Hasta no hace mucho, se pensaba que la diferencia entre los genes de un chimpancé y los nuestros era enorme, no digamos la diferencia entre la mosca del vinagre y los seres humanos. Ahora sabemos que no, que incluso con la mosca del vinagre las diferencias no son tan grandes. Deduzco de ahí que el aumento de la longevidad en el ser humano no depende tanto del número de genes que han mutado como de su regulación.

—¿Qué entendemos por regulación?

—Los genes son como interruptores de la luz. Pueden estar en *on* o en *off*. Decimos de los que están en *on* que se expresan. De modo que hay genes apagados y genes encendidos o genes que se expresan y genes que no se expresan. ¿Cómo se explica que habiendo una diferencia genética tan pequeña entre los chimpancés y nosotros seamos tan distintos en términos de anatomía y de conducta?

—¿Quizá porque hay genes que se han expresado en nosotros y no en ellos?

—Se trata más bien de cuándo se expresan los genes en el desarrollo y dónde, en qué células. Esa es la clave de las diferencias entre nosotros y los chimpancés, aparte, claro, del uno por ciento de genes distintos que tenemos. Los genes son una parte de nuestro ADN, de nuestro genoma, pero se trata de una porción muy pequeña porque la mayor parte de nuestro ADN no se expresa. Es decir, no se traduce en enzimas, que es a lo que se dedican los genes, a prescribir enzimas.

—Es una especie de materia oscura.

—No sabemos para qué sirve, pero está ahí.

—¿Es lo que algunos llaman el ADN basura?

—Lo llamaban, ya no. Precisamente nuestros conocidos Jacques Monod y François Jacob son los descubridores de que los genes se pueden poner en *on* y en *off*. Antes no se sabía que los genes podían estar apagados o encendidos. El desarrollo consiste en activar genes aquí y allá en este momento y en aquel otro. Quizá en ese ADN que no se expresa, lo que tú llamas materia oscura, esté la clave de la regulación genética.

—En resumidas cuentas —me atrevo a conjeturar—, no es mucho el ADN que hay que retocar para aumentar la longevidad.

—Ahora mismo —aclara Arsuaga— estamos lejos de poder hacerlo. Nuestro escaso conocimiento de la genética del desarrollo no nos lo permite. Pero, puestos a soñar, no es una aberración pensar que se puede prolongar la vida. Como te digo, ya lo hemos hecho, y en muy poco tiempo, además. Cambiando muy pocos genes y su regulación hemos logrado dar el salto del australopiteco al *Homo sapiens*, un salto que afecta a todo, pero también a la longevidad. Se puede hacer, por tanto.

—La eternidad como utopía.

—No sé si tanto como la eternidad, pero te repito que ya lo hemos hecho, ya hemos alargado la vida mucho y en muy poco tiempo. Y sin magia. Es pura biología molecular. Si algún día llegáramos a conocer del todo la genética humana y se pudiera controlar artificialmente la expresión de los genes...

Regresamos a Madrid esa misma noche, con los limpiaparabrisas del Nissan Juke trabajando a destajo, pues llovía a mares. Ya en el puerto de Somosierra, a oscuras, guiándonos en parte por las luces de los camiones, por los rayos que de vez en cuando iluminaban la carretera empapada y por el conocimiento de Arsuaga, que llevaba haciendo ese viaje todas las semanas desde hacía años y bajo todas las condiciones climatológicas posibles, me dijo:

—Hagamos de nuevo un ejercicio que ya te he propuesto en otras ocasiones.

—Tú dirás.

—Imaginemos que en el futuro se consiguieran suprimir muchas de las causas internas de la muerte. Las puramente estructurales: el cristalino te lo cambian por una lente. El corazón te lo sustituyen por uno mecánico o por el de un cerdo. Aparece un tratamiento que cura el alzhéimer o lo previene. Te reemplazan las articulaciones gracias a prótesis que mejoran las piezas naturales. Los cánceres se solucionan potenciando el sistema inmunitario. Todas las causas desaparecen de un día para otro. Incluyamos los trastornos neurodegenerativos, que son muy jodidos porque las células nerviosas solo pueden morirse, no se dividen: no se recuperan las que se pierden. Conseguimos solucionar por un lado todo lo que es mecánico y conseguimos que el sistema inmunitario, lejos de decaer, sea más eficaz, sin pasarnos de rosca, claro, porque un sistema inmunitario excesivamente potenciado podría empezar a destruir nuestras propias células. Está bien que haya policía, pero no queremos un Estado policial. Finalmente, actuamos a nivel celular eliminando el estrés oxidativo y otros problemas, como el del acortamiento de los telómeros, también con mucho cuidado para evitar que se produzcan tumores.

—Al final —apunto— solo quedan las causas externas de muerte.

—Vale —dice Arsuaga—, pero las vamos eliminando también. Eliminamos el hambre, el frío, el calor, la sed, los parásitos, los patógenos. ¿Qué nos queda? La violencia. Pongamos que la eliminamos también, que la ONU establece un orden mundial, no el del Gran Hermano, un orden mundial justo que acaba con la violencia. Es utópico, pero supongamos que funciona.

—¿Qué nos queda? —pregunto.

—Nos queda el puerto de Somosierra a las doce de la noche un día de lluvia como el de hoy con una persona cansada y mayor como yo al volante. Una persona con la vista deteriorada, con los reflejos algo decaídos. Nos quedarían los accidentes.

—Bueno —digo un poco asustado—, tú pon atención al volante, yo ya he reunido bastante material para este capítulo.

—Espera —dice con gravedad mientras escucho la metralla del agua golpeando sobre el techo del Nissan—, espera, que me he aprendido una frase de *León el Africano*, la novela de Amin Maalouf, para recitártela en un momento como este. Apúntala palabra por palabra.

—Vale.

—Un musulmán muere en el norte de África y el ulema que se dispone a enterrarlo dice: «Si la muerte no fuera inevitable, el hombre habría perdido su vida entera evitándola. No habría arriesgado ni intentado ni emprendido ni inventado ni construido nada. La vida habría sido una perpetua convalecencia. Sí, hermanos, demos gracias a Dios por habernos dado el regalo de la muerte para que la vida tenga un sentido; la noche, para que el día tenga un sentido; el silencio, para que la palabra tenga un sentido; la enfermedad, para que la salud tenga un sentido; la guerra, para que la paz tenga un sentido. Agradezcámosle que nos haya dado el cansancio y las penas, para que el descanso y las alegrías tengan un sentido. Démosle gracias. Su sabiduría es infinita».

El paleontólogo recitó con tal gravedad este texto generosamente aprendido para mí que hicimos el resto del viaje en un silencio religioso. Dentro de esa burbuja de silencio, yo pensaba que, en efecto, si la muerte fuera evitable, no nos habríamos arriesgado a viajar de Burgos a Madrid en una noche invernal tan desapacible como aquella. Si a lo único que hubiera que renunciar para evitar la muerte fuera al movimiento, nadie saldría de su casa por miedo a que le cayera una teja en la cabeza o le alcanzara un rayo.

Por suerte, Arsuaga me dejó sano y salvo en mi casa y él llegó sano y salvo a la suya, como sanos y salvos hemos alcanzado el final de este capítulo y de este libro.

No obstante, quizá porque las despedidas evocan en mí pérdidas insoportables, al día siguiente le llamé por teléfono.

—No hemos hablado suficientemente del altruismo —le reproché.

—La cooperación y el altruismo —dijo—. Por supuesto, querido Kropotkin. Y la conciencia. El gran problema de la ciencia es la conciencia y la consciencia, la existencia del tú y el yo. La aparición de la consciencia tiene que ver con la cooperación. Pero eso, si seguimos soportándonos, lo dejamos para otro libro.

—¿Un libro sobre la inteligencia artificial?

—Un libro sobre la consciencia, la inteligencia y la cooperación. Ahí se incluye todo, también la inteligencia artificial.

—Vale —dije por decir la última palabra.

Este libro se terminó
de imprimir en
Móstoles, Madrid,
en el mes de
septiembre de 2024

«—Tú y yo podríamos asociarnos para hablar de la vida; levantaríamos un gran relato sobre la existencia. ¿Lo hacemos? —dijo el escritor.
—Lo hacemos —contestó el paleontólogo.»

Hace años que el interés por entender la vida, sus orígenes y su evolución resuena en la cabeza de Juan José Millás, de manera que se dispuso a conocer, junto a uno de los mayores especialistas de este país en la materia, Juan Luis Arsuaga, por qué somos como somos y qué nos ha llevado hasta donde estamos. La sabiduría del paleontólogo se combina en este libro con el ingenio y la mirada personal y sorprendente que tiene el escritor sobre la realidad. Porque Millás es un neandertal (o eso dice), y Arsuaga, a sus ojos, un sapiens.

Así, a lo largo de muchos meses, los dos visitaron distintos lugares, muchos de ellos escenarios comunes de nuestra vida cotidiana, y otros, emplazamientos únicos donde todavía se pueden ver los vestigios de lo que fuimos, del lugar del que venimos. En esas salidas, que al lector pueden recordarle a las de don Quijote y Sancho, el sapiens trató de enseñar al neandertal cómo pensar como un sapiens y, sobre todo, que la prehistoria no es cosa del pasado: las huellas de la humanidad a través de los milenios se pueden encontrar en cualquier sitio, desde una cueva o un paisaje hasta un parque infantil o una tienda de peluches. Es la vida lo que late en este libro. La mejor de las historias.